Reihe Hanser 193
Lars Gustafsson/Jan Myrdal
Die unnötige Gegenwart

In einem Streitgespräch in Form von Brief-Essays unterhalten sich der Marxist Jan Myrdal und der Nicht-Marxist Lars Gustafsson über »den gegenwärtigen Zustand der Welt«. Die Geschichte der letzten 125 Jahre, seit der verpaßten Revolution von 1848, war unnötig, behauptet Myrdal: es war eine Geschichte der Fehleinschätzungen und falschen Entscheidungen. Über die katastrophalen Folgen für die Verhältnisse der Menschen und der Staaten untereinander ist man sich einig – nicht aber über deren Aufhebung, wenn es denn eine theoretisch formulierbare gibt.

W0171577

Lars Gustafsson/Jan Myrdal
Die unnötige Gegenwart
Acht Unterhaltungen über die Zukunft
der Geschichte

Aus dem Schwedischen von
Verena Reichel

Carl Hanser Verlag

Titel der Originalausgabe:
Den onödiga Samtiden
Bokförlaget PAN/Norstedts, Stockholm 1974

Reihe Hanser 193
ISBN 3-446-12083-1
Alle Rechte vorbehalten
© Lars Gustafsson und Jan Myrdal 1974
© dieser Ausgabe Carl Hanser Verlag, München-Wien 1975
Ausstattung: Heinz Edelmann
Gesamtherstellung:
Friedrich Pustet, Regensburg
Printed in Germany

Inhalt

Jan Myrdal
Die unnötige Gegenwart

Wer nicht zugleich privilegiert, unwissend, dumm und phantasielos ist, muß – wenn er es wagt, sich umzusehen – die Gegenwart als schrecklich empfinden. Nun läßt sich diese Schrecklichkeit erklären. Marx hat es getan.

Angenommen, Karl Marx hätte recht. Ich selbst meine, daß es so ist. Aber nicht deshalb, weil seine Schriften Worte der Offenbarung wären, die ausgelegt und als Rohmaterial für irgendeine akademische marxistologische Scholastik benutzt werden sollten. Karl Marx war ein arbeitender Intellektueller. Ein Revolutionär, dessen gesamte intellektuelle Arbeit der Diskussion und Überprüfung zugänglich ist.

Der Argumentation wegen schließe ich jedoch erst einmal die notwendige Diskussion kurz und gehe davon aus, daß wir uns darüber einig sind, daß Karl Marx recht hatte. Das bedeutet, daß wir darin übereinstimmen, daß die Revolution in Europa in der Mitte des vorigen Jahrhunderts eine echte Möglichkeit darstellte. Die Entwicklung des Industriekapitalismus hatte das Proletariat hervorgebracht, und somit schlug die »vollkommenere Gesellschaftsordnung«, die die Utopisten erörtert hatten, von Sozialkritik und allgemeiner Vision in politische Notwendigkeit um. Diese wirklich mögliche und eigentlich notwendige Revolution in Europa war – wie Freiligrath an die Demokraten in Köln schrieb – der neue Aufruhr; der allgemeine Aufruhr: der, dessen Fahne rot war.

Seitdem sind fünf Generationen vergangen.

Im Jahre 1848, vor 125 Jahren, wurde also die Revolution in Europa notwendig und wirklich möglich. 125 Jahre sind eine lange Zeit. Wenn wir diese 125 Jahre nehmen und sie von 1848 an zurückdrehen würden, befänden wir uns im Jahre 1723. Damals war Jonathan Swift in aller Heimlichkeit dabei, »Gullivers Reisen« zu schreiben. Graf de Boulainvilliers war zwar im Jahr davor gestorben, aber es sollte noch fünf Jahre dauern, bis sein Werk veröffentlicht wurde.

Die »Glorreiche Revolution« von 1688 hatte in England Jakob II. vertrieben und Wilhelm von Oranien auf den Thron gebracht. Durch die Revolution war die Macht des Parlaments gesichert worden, nicht aber das Wahlrecht, für das die Puritaner gekämpft hatten. Das Glorreiche an dieser Revolution war, daß sie die Machtübernahme der Kapitalisten und Grundbesitzer bedeutete. Es war der Durchbruch des Kapitalismus, und die allgemeine Not brachte die großen Fortschritte hervor. Im Jahre 1723 war Jonathan Swift damit beschäftigt, seinen bitteren Kommentar zu dieser Wirklichkeit zu formulieren. »Gullivers Reisen« ist wahrhaftig kein harmloses Kinderbuch.

In Graf Henri de Boulainvilliers' Manuskript, das damals, im Jahre 1723, auf seine Veröffentlichung wartete, war der Rassenbegriff zum ersten Mal auf eine politisch effektive Art formuliert worden. Mit dem Anspruch auf Wissenschaftlichkeit hatte er in seiner »Histoire de l'ancien gouvernement de la France« das rassisch begründete Herrschaftsrecht des Feudaladels geltend gemacht. Die fränkische Rasse – die Aristokratie – besaß Frankreich und herrschte kraft ihrer Eroberung des Landes über die Gallier – also auch über den Dritten Stand. Es ist beachtenswert, daß der Rassenbegriff zuerst als politische Legitimation formuliert wird; der Rassenbegriff ist nicht ein biologischer Begriff, der politische Bedeutung erhalten hat – es ist eine politische Ideologie, die sich dann ein biologisches Alibi gesucht hat. Aber im Jahre 1723 hatte diese Aristokratie, die später versuchen würde, sich dem Dritten Stand entgegenzustellen – in Frankreich und auf dem gesamten Kontinent – noch nicht einmal ihre Ideologie definiert.

Die zeitliche Perspektive ist wichtig. Von Marx aus gesehen bewegen sich Swift und de Boulainvilliers in der Vergangenheit. Für Marx ist Swift bewundernswert und scharfsinnig, aber er ist kein Zeitgenosse. Dieses Verhältnis hat der fünfundzwanzigjährige Augustin Thierry 1820 im »Censeur Européen« beschrieben, als er sich mit dem 18. Jahrhundert auseinandersetzte:

> »Mit Ausnahme dieser zehn Jahre ist dies ganze Jahrhundert für uns wie eine andere Welt . . . diese Leute sind beinahe unsere Zeitgenossen; und doch liegen Jahrhunderte zwischen ihnen und uns.« (Augustin Thierry: Dix ans d'études historique. 4. Auflage, Paris 1842, S. 314.)

Die Gleichzeitigkeit ist also kein chronologisches Verhältnis, sondern ein soziales und historisches. Die Grenze der Ausdehnung unserer Zeit in die Vergangenheit hinein variiert. Wenn sie sich in Frankreich um 1790 herum befindet, so liegt sie in Schweden etwa bei 1870, während sie in Deutschland und Dänemark die Periode nach 1830 markiert. Es ist eine wirkliche Grenze.

Denn es liegen – wie Thierry hervorgehoben hat – Jahrhunderte zwischen uns und den Leuten, die im Jahre 1770 in Paris erscheinen. Aber Augustin Thierry selbst redet mitten unter uns, hier und jetzt.

Seit langer Zeit – seit der Mitte des vorigen Jahrhunderts – gilt diese unsere zeitgenössische Zeit als »rastlos« und in »unaufhörlicher Veränderung« begriffen; es ist die Rede von »gewaltiger Expansion« und »Erneuerung«. Diese Veränderlichkeit ist jedoch seltsam unbeweglich. In der skandinavischen Literatur hat dies wohl am treffendsten der Däne J. L. Heiberg beschrieben, im Chor der Danaiden in seinem 1840 entstandenen Stück »En Sjael efter Döden« (»Eine Seele nach dem Tode«):

»Ewge Hast!
  Keine Rast!
  Vorwärts, vorwärts, gute Leut!
  Niemals stockt das Rad der Zeit,
  niemals ruht der Arbeit Last!
Die Jahre vergehn,
  bleiben nicht stehn,
  eilen auf den Abgrund zu,
  hier gibt's keine Rast noch Ruh,
  während sich die Zeiger drehn.
Dulde viel,
  denn zum Ziel
  kommst du nicht in Ewigkeit.
  . . .
  Eile, Eile heißt die Losung,
  Eile bis zum Jüngsten Tag.«

                    (J. L. Heiberg: En Sjael efter Döden, V. Akt)

Nun war ja Heiberg an Hegel geschult, und seine Hölle war die einer Existenz ohne Leben: Bewegung ohne Entwicklung. Im dritten Akt erklärt Mephistopheles der anständigen Seele:

». . .
  hier sind Ebnen ohne Ende;
  hier ist alles selbständig und frei,
  . . .
  hier ist am Beginn ein Staat,
  der, wie sehr er sich auch eilt,
  immer nur am Anfang weilt,
  auf der Stell' dreht sich das Rad:
  vom vor'gen so verschieden gemacht

wie vom Morgenlicht die Nacht,
und beginnt das *A* so leicht,
nie jedoch das *B* erreicht.«

Die Seele, ein fortschrittlich gesinnter und – wie gesagt – anständiger Liberaler, begreift nichts von den mephistophelischen Ausführungen über das Reich der Unmittelbarkeit, das in seinem ewigen Beginn immer nur das bleibt, was es war. Diese anständige Kopenhagener Bürgerseele findet also im Jahre 1840 voller Zufriedenheit ihren Platz.

Es läßt sich auch anders sagen: Europas großes und notwendiges 1848 hat sich in unserer Gegenwart abgespielt, aber diese wirklich mögliche Revolution hat noch nicht stattgefunden.

Es gibt verschiedene Gründe dafür, warum ich gerade Augustin Thierry als Beispiel gewählt habe, um Gegenwart zu definieren. Ich hätte auch andere Namen nennen können. Die Beschreibung, die er von der Grenze der Gegenwart gibt, ist nicht einzig in ihrer Art. Ich habe mich vor allem deshalb für Augustin Thierry entschieden, weil dieser junge Sekretär Saint-Simons zum Vater des Klassenkampfs in der französischen Geschichtsschreibung wurde, wie Marx schrieb. Dadurch wird der unauflösliche Zusammenhang zwischen Marx und der großen utopischen Tradition deutlich. Wenn man Marx auf Ricardo und Hegel beschränkte, auf englische Volkswirtschaftslehre und deutsche Philosophie, dann würde er herzlos. Dann würden ihm die große Französische Revolution, der Jakobinismus, Utopismus, Sozialismus und die Geschichte des Klassenkampfs genommen. Marx hat aber die ganze große bürgerliche Tradition bis zu ihrer Aufhebung verfolgt und zu Ende gebracht. Darum können wir auch sehen, wie er Augustin Thierry durchläuft und wie er Augustin Thierry die Vorzeichen ändern läßt.

Wenn wir der Auffassung sind, daß Marx recht hatte, wird die vollkommenere Gesellschaftsordnung nicht bloß wünschenswert – wie im Jahre 1814 für Saint-Simon und Thierry –, sondern dann ist die soziale Revolution mit dem Aufkommen des Proletariats wirklich möglich – daher bleibt 1848 notwendig.

Das, was notwendig und wirklich möglich ist, ist bei all seiner notwendigen und wirklichen Möglichkeit jedoch nicht Wirklichkeit geworden. Wir kennen die schreckliche Geschichte der letzten 125 Jahre. Wenn Marx recht gehabt hat, dann ist diese unsere Gegenwart nicht notwendig.

Dies ist kein Spiel mit Worten. Es ist eine Kernfrage für uns hier in Europa. Denn wenn die Gegenwart unnötig ist, so bedeutet das, daß es bei mehreren Gelegenheiten möglich gewesen wäre, das notwendige 1848 in Europa durchzuführen. Aber 1973 ist keine magische Jahreszahl. Die Schrecklichkeiten haben in den letzten 125 Jahren zugenommen. Der kommende Abschnitt unserer unnötigen Geschichte wird vielleicht einer voll solcher Schrecklichkeiten sein, daß die schon begangenen Greueltaten als relativ unschuldig erscheinen könnten. Ich stelle mir vor, daß die euphemistische Parole in unseren Ländern (die mit einer Umschreibung I-Länder genannt werden) dann so lauten wird:

»Aktive Geburtenkontrolle und Sicherung der Energiequellen in den Entwicklungsgebieten.«

Nun kann man sagen, daß die Völker in Asien, Afrika und Südamerika auf lange Sicht in der Lage sein werden, den verschiedenen Arten von imperialistischen Verwüstungen Einhalt zu gebieten. Aber Europas 1848 kann ebensowenig in Asien bewerkstelligt werden wie die notwendige chinesische Revolution in London hätte durchgeführt werden können. Wir sind es, die 1848 hier zu Ende führen müssen.

Vielen fällt es schwer, Marx zu lesen, denn in Osteuropa und in den NATO-Staaten ist Marx einer akademischen Behandlung in offiziellen Institutionen unterzogen worden. Man hat ihn in Zitatensammlungen und Konkordanzen abstrahiert und denaturiert und ihn als Rohmaterial für scholastische Gebäude benutzt. Aus seiner großen Arbeit sind tönende Worte und klingende Sätze gemacht worden. Marx ist zu einer Figur geworden, zu einem Bild, einer Ikone. Aus dem Marxismus ist eine Ideologie geworden. Und diese Ideologie hat als Legitimation für eine neue Klassenherrschaft und erneute Ausbeutung gedient.

Aber angenommen, Karl Marx hätte recht.

Lars Gustafsson
Der notwendige Skeptizismus

Deine Vorstellung von einer unnötigen Zeit fasziniert mich. Dieser bittere Gedanke hat eine poetische Leuchtkraft von der paradoxen Art, wie sie nur gewisse sehr einsame Gedanken haben können.

Deine Vorstellung von der unnötigen Zeit hat natürlich eine ihrer wichtigsten Wurzeln bei Hegel, in seiner Idee, daß die Weltgeschichte eine logische Struktur habe. Denn was du eigentlich sagst, ist, daß der Zustand, der jetzt in der Welt herrscht, nicht mit logischer Notwendigkeit herrsche. Man kann deine Gedanken natürlich auch interpretieren als ein Hegelsches: »umso schlimmer für die Tatsachen«.

Wir wissen ja, daß die berühmte Umkehrung der Hegelschen Philosophie, die Marx vorgenommen hat, indem er, wie man sagt, auf die Füße stellt, was ursprünglich auf dem Kopf gestanden hat, d. h. die materielle Welt als Basis der Geschichte nimmt und die Hegelsche Ideenwelt als ihren Überbau, möglicherweise keine so totale Umkehrung ist, wie oft behauptet wurde.

In deinem Aufsatz gibt es ein starkes platonisches Element, und ich sperre mich nicht dagegen. Ich habe es immer als sympathisch, wenn auch als unrealistisch empfunden, wenn man sagt: »umso schlimmer für die Tatsachen«.

Und zugleich: was für abscheuliche Konsequenzen hat nicht der Gedanke, daß alles, was seit 1848 gewesen ist, nicht notwendig gewesen sei!

In einer kanadischen Fabrik gab es ein paar Arbeiterinnen, deren Aufgabe es war, Maschinenteile in Seifenwasser zu spülen. Tagein, tagaus standen sie dort und spülten, ihre Finger wurden deformiert, sie schmerzten immer mehr und verkrümmten sich durch Rheumatismus im fortgeschrittenen Stadium, was die unausbleibliche Folge ist, wenn man die Finger den ganzen Tag im kalten Wasser hat.

Eines Tages kam ein neugieriger junger Ingenieur vorbei und prüfte die Wassertemperatur. Es war vermutlich der erste Ingenieur, der das jemals getan hat.

– Aber das Wasser ist ja verdammt kalt, sagte er. Das muß anders werden. So geht das doch nicht, ihr könntet ja Rheumatismus kriegen. Ab morgen lassen wir warmes Wasser in den Behälter fließen, dazu braucht nur etwas an einer kleinen Wasserleitung geändert zu werden.

Dies hatte einen gewaltigen Streik zur Folge, der sich über die ganze Fabrik ausdehnte.

Das könnte unlogisch erscheinen, ist es aber nicht.

Solange diese Arbeiterinnen ihre abscheuliche Arbeitssituation als notwendig ansahen, ertrugen sie sie.

Unerträglich wurde es in dem Augenblick, als sie erkannten, daß dies alles völlig unnötig war.

Der Tag, an dem die Völker Europas die gleiche Entdeckung machen wie die kanadischen Arbeiterinnen, wird ein entsetzlicher Tag sein.

Soweit sind wir uns einig.

Freundschaften sind eine heikle Angelegenheit. Wenn man sehr jung ist, haben sie bekanntlich einen schwärmerischen Charakter. Man braucht jemand, den man bewundern kann, man will selbst bewundert werden. Man schließt Freundschaft aus gegenseitiger Bewunderung. Dann beginnt man, seine Ansichten gegenseitig anzupassen und sich im Gespräch einander anzunähern.

Das ist keine gute Basis. Man wird enttäuscht, unweigerlich, und damit ist die Freundschaft zu Ende.

In einer anderen Altersstufe entstehen die zynischen Freundschaften, die darauf basieren, daß man sich gegenseitig hochjubelt.

Diese richten eine Menge Schaden an, beispielsweise in literarischen Kreisen. Sie führen dazu, daß die Stipendienausschüsse dauernd mittelmäßige Begabungen fördern und bewirken in der Regel, daß die intellektuelle Entwicklung des Landes verzögert wird.

Im übrigen sind sie so bedeutungslos, daß sie kaum der Rede wert sind.

Was unserer Freundschaft eine ganz beträchtliche Standfestigkeit verliehen hat, ist der Umstand, daß wir niemals gemeinsame Ansichten vorgetäuscht haben, wenn wir keine gemeinsamen Ansichten hatten.

Kurz gesagt, es ist eine Freundschaft, die darauf beruht, daß wir miteinander reden.

Nun möchte ich dieses Gespräch dazu benutzen, zu versuchen, mich selbst und die Welt ein bißchen besser zu verstehen.

Ich bin nicht ganz sicher, wo ich landen werde, wenn ich zu schreiben anfange, und ich bin auch nicht sicher, inwieweit mich deine Argumente beeinflussen werden.

Wenn es uns gelänge, ein paar von den Fragen aufzuhellen, mit denen sich alle vernünftigen Menschen in diesem Jahrzehnt herumquälen, so wäre das ein großartiges Resultat. Wenn es uns gelänge, ein paar von den Problemen zu erörtern, über die gewöhnlich nicht diskutiert wird, dann wäre das gar nicht so schlecht.

Letzten Sommer tauchte ein jüngerer Artikelschreiber in *Ny Dag* (»Neuer Tag«) auf, nachdem wir im Fernsehen ein Gespräch über den Skeptizismus geführt hatten, und ließ sich darüber aus, was für ein entsetzlich nachlässiges und sonderbares Verhalten es von dir sei, in einem ruhigen und besonnenen Tonfall mit einer Person zu reden, die klar und offen erklärt hat, kein Marxist zu sein.

Was mich an solchen Menschen interessiert, ist diese eigenartige Aufgebrachtheit. Neunzig Prozent der Menschheit sind mit Sicherheit keine Marxisten. Was will er mit denen anfangen?

In gewisser Weise verstehe ich ihn. Auch ich bin genußsüchtig. Auch mir gefällt es, mich in solchen Kreisen im Sessel niederzulassen, wo alles, was ich sage, von allen anderen für richtig und treffend und gut gefunden wird.

Auch mir gefällt es, wenn alle klugen Menschen meiner Ansicht sind, und alle dummen und unmoralischen Menschen die gegenteilige Ansicht haben.

Meine Wißbegierde ist jedoch größer als meine Genußsucht. Wenn es um Ideen geht – nicht beim Zahnarzt, aber wir alle haben eben unsere Grenzen.

Wenn ich nach diesem Rezept in *Ny Dag* handeln würde, sagt mir meine Wißbegierde, dann wird der Tag kommen, an dem ich nichts anderes mehr höre als das hektographierte Echo meiner eigenen Repliken vom Vorjahr.

Kurz gesagt, wozu es auch immer gut wäre, der Wahrheit wäre es jedenfalls nicht dienlich, wenn wir aufhören würden, mit denen zu reden, die nicht die gleichen Ansichten haben wie wir selbst.

Und was den Marxismus in Schweden betrifft, so hat er gute Chancen, sich zu einer hübschen kleinen Subkultur in der Art des Esperantismus und des Vegetarismus zu entwickeln, mit hübschen kleinen Zeitschriften und anständigen staatlichen Subventionen, falls er sich an dieses Rezept hält.

Wie wir beide wissen, ist die Gefahr groß, daß er auf dem Weg ist, genau das zu tun.

Mein Problem ist im Grunde genommen sehr einfach:

Ich betrachte die Welt und sehe, daß sie krank ist, aber die Heilmittel sehe ich nicht.

Indem ich so rede, habe ich natürlich schon gesagt, daß es eine Reihe von Punkten gibt, wichtige Punkte, über die wir uns einig sind. Ich werde versuchen, sie ganz rasch zu skizzieren, um dann zu dem überzugehen, was viel interessanter ist, nämlich die Diskrepanzen zu formulieren.

(1) Der Kapitalismus in seiner modernen, hochindustrialisierten Form treibt die Entwicklung bestimmter Bereiche der Gesellschaft (unserer Lebensbereiche also) ungeheuer voran, zum Preis der ungeheueren Verelendung anderer Bereiche.

Das moderne Schweden, das neue Reich, welches sich jetzt herausbildet, liefert uns – wenn auch in begrenztem Umfang – ein außergewöhnliches und erschreckendes Illustrationsmaterial, und wir werden sicher Anlaß haben, darauf zurückzukommen.

Die ungeheure Verelendung bestimmter Lebensfunktionen auf Kosten anderer nimmt sich auf der konkreten Ebene manchmal aus wie das Leben in einem okkupierten Land. Die konsequente Analyse zeigt, daß es der Arbeiter am Fließband ist, der mit einem verelendeten, einem sinnlosen Leben dafür bezahlt. Beschnittene Kontaktflächen zwischen den Menschen, ein beschnittenes Gefühlsleben, menschliches Wachstum, das in seiner Entwicklung gehemmt worden ist, Unselbständigkeit, und das immer gegenwärtige Gefühl, daß man von jemand (der unsichtbar ist) in seiner Bewegungsfreiheit eingeschränkt wird.

Die konsequente Analyse zeigt, daß es immer ein Mensch, ein einzelnes Leben ist, das von der Ausbeutung betroffen wird.

Auf der physisch wahrnehmbaren Ebene reichen die Auswirkungen von den Wäldern Värmlands, wo eine Bevölkerung, die ursprünglich vom Wald hätte leben können, auf ein mobiles und wehrloses Saisonproletariat reduziert und dazu benutzt wird, in möglichst kurzer Zeit die Wälder abzuholzen und abzutransportieren, bis hin zu den sogenannten Pornovierteln in Stockholm, wo die Erotik in der Form von Vibrationsapparaten als Ware zu Markte getragen wird und junge Mädchen aus Norrland und Österbotten gegen Barzahlung dem triefäugigen geschlechtlichen Haß zur Verfügung gestellt werden.

(2) Eine entsetzliche Verelendung bestimmter Lebensfunktionen auf Kosten anderer. (Wohlgemerkt leugne ich also nicht, daß die Arbeiterklasse heute mehr Autos und Kühlschränke hat als 1902, ich verlagere bewußt den Schwerpunkt meiner Überlegung von Begriffen wie »Bruttosozialprodukt« und »Lebensstandard« auf Begriffe wie »Lebensfunktion«. Diese Umformulierung der Frage nach dem relativen Wert des Lebens in einer bestehenden Gesellschaft ist nicht willkürlich, sondern notwendig, denn mit Scheinformeln wie »Lebensstandard« lassen sich die wichtigsten gesellschaftlichen Probleme überhaupt nicht formulieren. Man sehe sich die europäischen Gewerkschaften an, die nun schon Gott weiß wie viele Jahrzehnte lang für Lohnerhöhungen kämpfen und die Verhältnisse am Arbeitsplatz niemals ernst genommen haben, den Lärm, den Schmutz und die Krankheiten, ganz einfach deshalb, weil sie unbewußt die Vorstellung der Gegenpartei geschluckt haben, wie der Fortschritt gemessen werden soll.) Diese Verelendung führt zu einer bestimmten Machtstruktur, die geprägt ist von der Aushöhlung des parlamentarischen Lebens zugunsten außerparlamentarischer pressure groups. Zur wachsenden Bedeutung der öffentlichen Lüge und zu einer systematisch inszenierten Doppelsprache, die die zeitgenössischen Intellektuellen in einen Zustand partieller Aphasie versetzt.

Unsere Ideale wie auch unsere kritischen Einwände lassen sich nur mit äußerster Schwierigkeit formulieren, da sowohl die Sprache der Ideale wie die der Kritik schon für andere Zwecke in Anspruch genommen, usurpiert worden sind.

Ein Beispiel: Der Ausbildungssektor, in dem Begriffe wie »Gleichheit« dazu benutzt werden, eine Ausbildung zu schaffen, die geschichtslos, marktorientiert und dazu angetan ist, bei den Studierenden die Entwicklung zu einer intellektuellen Selbständigkeit zu verzögern.

Ich sage: »dazu angetan, zu verzögern«. Die Solidaritätsbewegung der sechziger Jahre für die Sache Vietnams war eine große Manifestation, die zeigt, daß die Selbständigkeit der Jugend dennoch zu wachsen scheint.

(3) In diesen Dimensionen treibt der Kapitalismus die Entwicklung bestimmter Gebiete der Erde voran, zum Preis der Verelendung anderer. Das ist es, was man Imperialismus nennt.

(4) Langsam, aber sicher, beginnt sich die Unvereinbarkeit des modernen Kapitalismus mit den staatsbürgerlichen Grundrechten zu zeigen, die gewöhnlich als Folge von 1789 dargestellt werden.

Die Freiheit des Staatsbürgers ist in einem großen Teil der Welt heute stärker eingeschränkt als sie es vor hundert Jahren war.

Ein lokales, aber nicht unwichtiges Beispiel ist die Behandlung der staatsbürgerlichen Grundrechte in dem neuen schwedischen Verfassungsentwurf, und nicht nur das, sondern auch die mit zynischer Offenheit vorgeführte Verachtung des Verfassungsentwurfs angesichts der bloßen Vorstellung, daß eine Verfassung etwas sein könnte, das den Staatsbürgern Schutz vor den Launen der Gesetzgeber bietet.

Das Entscheidungsrecht über die Verfassungstreue von Gesetzen, das vom Bundesverfassungsgericht in Karlsruhe ausgeübt wird, gibt dem westdeutschen Staatsbürger tatsächlich eine viel weitergehende Rechtssicherheit als ein Schwede sie haben wird, wenn die neue Verfassung vom Reichstag angenommen worden ist.

Dies ist die formale Seite der Freiheit. Und man muß sich sehr davor in acht nehmen, zu glauben, »formal« bedeute »irreal«.

Aber es gibt auch eine Unfreiheit, die nicht formal ist.

Nimm die Waldarbeiter in Värmland. Sie haben nicht um Arbeitsverhältnisse gebeten, die sie dazu zwingen, am Wochenende Hunderte von Kilometern weit zu fahren, um überhaupt ihr Heim zu sehen.

Denk an die jugoslawischen Fremdarbeiter in Zürich, die Türken in Berlin, die Finnen in Stockholm.

Es ist ja eine ziemlich einleuchtende Definition von Leibeigenschaft, daß den Arbeitern die Freiheit in der geographischen Dimension genommen wird.

In der Epoche der klassischen Leibeigenschaft äußert sich diese Unfreiheit in der Weise, daß man den Ort nicht verlassen darf, in dem man geboren ist.

In unserer Zeit äußert sich die gleiche Unfreiheit in der Weise, daß man nicht an dem Ort bleiben darf, wo man geboren ist, nicht einmal in dem Land, in dem man geboren ist.

Die Unfreiheit ist in beiden Fällen die gleiche.

(5) Der Militarismus. Es wird oft vergessen, daß die Welt immer noch am Rande eines globalen Atomkriegs balanciert. Es gibt

keinen Grund, diese Tatsache zu leugnen. Die Raketen, die zu Anfang der sechziger Jahre startbereit in unterirdischen Bunkern in Nevada und Sibirien gestanden haben, sind immer noch dort.

Die Berichte, die SIPRI (Stockholm International Peace Research Institute) seit 1970 regelmäßig veröffentlicht, zeigen, daß tatsächlich unentwegt aufgerüstet wird.

Galbraith hat für die Ansicht, daß zwischen der militärischen Aufrüstung und der Stabilität der amerikanischen Wirtschaft ein zwingender Zusammenhang bestehe, sehr gute Gründe aufgeführt.

Ich bin vollständig davon überzeugt, daß es innerhalb der Wirtschaft des sowjetischen Imperiums den gleichen Zusammenhang gibt.

Eine Seite dieses globalen Militarismus, der in unmittelbarem Zusammenhang mit dem Kapitalismus, beziehungsweise dem Staatskapitalismus steht, stellen selbstverständlich die Kolonialkriege dar. Selbstverständlich sind wir uns darüber einig, daß unsere Einstellung zum Vietnamkrieg und unser Engagement für die Solidaritätsbewegung mit der antikapitalistischen Haltung zusammenhängen, die uns gemeinsam ist.

Und zuletzt: um ein gewisses pedantisches Bedürfnis zu befriedigen, muß ich sagen, daß es noch zahllose andere Punkte gibt, in denen wir übereinstimmen, aber es ist nicht so originell, sich einig zu sein, daß dieser Umstand irgend jemand interessieren könnte.

Keiner von uns ist der Ansicht, daß es zu den staatsbürgerlichen Grundrechten gehöre, Drogen unter die Jugendlichen zu bringen, keiner von uns ist der Ansicht, daß das Recht, brutale Filme zu zeigen, oder das Recht, Bordelle zu eröffnen, Rechte seien, die es wert wären, verteidigt zu werden. Wir sind uns auch darüber einig, daß es keinen Radikalismus gibt, der es mit sich brächte, daß man alten Damen nicht mehr über die Straße hilft.

Da dies Punkte sind, in denen neunundneunzig Prozent aller Menschen mit uns übereinstimmen, können sie in dieser Diskussion keine wichtige Rolle spielen.

Ich gehe zum Interessanten über: die Uneinigkeit zu formulieren.

In deiner Überlegung zur unnötigen Zeit schließt du für einen Augenblick einen Kreis kurz und sagst: laß uns annehmen, daß der Marxismus eine korrekte Philosophie sei. Dann wird die Welt nach 1848 zu einer unnötigen Welt.

Man kann sich natürlich fragen, wie sich die Sache von einem marxistischen Standpunkt aus darstellt. Ich brauche dich nicht über Marx' Einstellung zu den Ereignissen von 1848 zu belehren, und auch nicht über die zögernde Haltung, die Marx und Engels gegenüber der Pariser Kommune einnehmen und die sie in dem Augenblick überwinden, als sie vor einer vollendeten Tatsache stehen: einer spontanen sozialistischen Revolution mitten in Europa.

Ich kann mir sehr wohl eine Interpretation von Marx vorstellen, in der diese Zeit keine unnötige Zeit wäre, sondern ein notwendiges Durchgangsstadium.

Wichtiger ist, daß – wie du sehr wohl weißt – die Prämissen der Argumentation nicht auf diese Weise kurzgeschlossen werden können. Nach einer hundertjährigen Existenz hat die marxistische Philosophie nicht viele Millimeter an Selbstverständlichkeit gewonnen. Im Gegenteil: die historische Entwicklung hat sie zu einer immer überholteren, immer akademischeren Philosophie gemacht.

Als der vernünftige Mann, der du bist, bittest du Gott oft darum, dich vor jeder Art von Dogmatismus zu bewahren. Du pflegst zu sagen, daß es nichts gäbe, was darauf hinwiese, daß Marx verbalinspiriert gewesen sei. Er habe eine sozialwissenschaftliche Methode erstellt, und es sei unsere Aufgabe, sie zu erproben. Für die neoscholastischen Abstraktionen, wie sie dicke Zeitschriften in den radikalen Buchläden Europas füllen, hast du nicht viel übrig. Woran du glaubst, das ist der Marxismus als lebendige Methode.

Schön und gut. Laß uns also die Ärmel hochkrempeln und sie erproben:

Die kapitalistischen Produktionsverhältnisse sind dadurch gekennzeichnet, daß die Klasse, die im Besitz der Produktionsmittel ist, eine andere Klasse ist als die, welche die produktive Arbeit verrichtet.

Deshalb ist es der einen Klasse möglich, der anderen Arbeitskraft zu stehlen. Konkret stellt sich dieser Diebstahl so dar, daß der Kapitalist sich den Mehrwert aneignet, den der Arbeiter produziert. Oder anders gesagt: Wenn der Arbeiter vier Stunden Arbeit benötigt, um das zu produzieren, was er zum Leben braucht, zwingt ihn der Eigentümer der

Produktionsmittel unter Ausnutzung seiner Vormachtstellung dazu, eine bestimmte Anzahl von Stunden zusätzlich zu arbeiten, sagen wir vier.

Die Lösung dieses Problems besteht darin, daß die bestohlene Klasse die Produktionsmittel erobert. Dadurch treten neue Produktionsverhältnisse in Kraft, die sozialistischen, und die Ausbeutung des Mehrwerts hört auf. Die Eroberung der Produktionsmittel geschieht durch ihre Verstaatlichung.

Diese Theorie ist das Herzstück des Marxismus, sie ist so zentral, daß man sie auf keine andere Art interpretieren oder sie abtrennen kann und zugleich behaupten, man sei noch Marxist.

Die besten Einwände gegen diese Theorie sind meiner Meinung nach solche, die für gewöhnlich als naiv abgetan werden. (In den Ausnahmefällen, wo man es mit wirklich einfältigen Menschen zu tun hat, wird sie für gewöhnlich damit abgetan, daß man nur deshalb *für* den Kapitalismus sei, weil man gegen diese spezielle antikapitalistische Theorie sei. Aber für meine Überlegung ist es eine selbstverständliche philosophische Voraussetzung, daß andere antikapitalistische Theorien als der Marxismus, fixierte oder ungeschriebene, logisch möglich sind.)

Ein recht guter Einwand gegen diese Theorie, der für gewöhnlich als bodenlos naiv abgetan wird, auf den ich aber eigentlich noch nie eine überzeugende Erwiderung gehört habe, ist folgender:

(1) In der DDR ist der Sozialismus verwirklicht worden. Es herrscht die Diktatur des Proletariats, die Produktionsmittel befinden sich in den Händen der Arbeiterklasse.

(2) In einem Land, in dem diese Produktionsverhältnisse herrschen, arbeitet die produktive Arbeitskraft nur vier Stunden am Tag.

(3) In der DDR arbeitet man heute ebenso viele Stunden wie in der Bundesrepublik.

(4) In der Bundesrepublik herrschen kapitalistische Produktionsverhältnisse.

Wenn du anerkennst, daß (3) und (4) wahr sind, und das mußt du wohl anerkennen, dann folgt aus (3) und (4) in Verbindung mit (1) und (2), daß mindestens einer von den Sätzen (1) und (2) falsch ist.

Das heißt, daß man entweder folgern muß, die DDR verfüge

nicht über sozialistische Produktionsverhältnisse, oder aber, daß die marxistische Theorie ganz einfach nicht stimme.

Wenn ich mit kommunistischen Freunden über diese Schlußfolgerung diskutiere, pflegen sie immer auf die besonderen Schwierigkeiten hinzuweisen, die gerade die DDR gehabt habe. Die Schwierigkeit, eine Nachkriegswirtschaft aufzubauen. Die sowjetischen Demontagen der Fabriken.

Diese Argumente sind zu schlecht, um ernst genommen zu werden. Es ist ganz richtig, daß die DDR nach 1945 vor der Aufgabe stand, eine überhaupt nicht existierende Wirtschaft aufzubauen, aber dasselbe galt auch für die Bundesrepublik, und die kapitalistische Bundesrepublik hat die stärkste Wirtschaft Europas aufgebaut, während die sozialistische DDR eine bedeutend schwächere aufgebaut hat. Die Marshall-Hilfe erklärt nicht alles.

Das Argument der »besonderen Schwierigkeiten« ist inakzeptabel, weil es keine besonderen Schwierigkeiten gibt. Alle Länder haben besondere Schwierigkeiten. Entweder ist die marxistische Theorie gültig, oder aber sie ist nicht gültig, und wenn sie gültig ist, muß sie in den gleichen Situationen erfolgreich sein, in denen der Kapitalismus erfolgreich ist. Eine etwas differenziertere Form desselben Arguments besteht darin, daß man sich auf den sozialistischen Begriff des Plans bezieht. Man sagt also, daß die vier Stunden, die die Arbeiter in der DDR eigentlich nicht arbeiten sollten, die sie aber trotzdem jeden Tag ableisten, dazu benutzt würden, um Kapital für die zukünftige Entwicklung zu horten.

Der Begriff des Plans ist kein marxistischer Begriff, sondern eine spätere Erfindung. Er hat in der klassischen Theorie keinen Platz.

Daher wird es möglich, die Frage nach der Ausbeutung auf eine andere Art zu stellen:

Ob ich dazu gezwungen werde, vier Stunden pro Tag Mehrwert zu produzieren, den ein Kapitalist sich aneignet, oder ob ich dazu gezwungen werde, vier Stunden lang Mehrwert zu produzieren, den sich der Staat für Re-Investitionen aneignet – wo liegt da der Unterschied, der einen dazu berechtigt, das eine Ausbeutung zu nennen und das andere nicht? Für meine Situation als Proletarier hat das ja zur Folge, daß sich an meiner Lage in absehbarer Zeit nichts ändern wird, obwohl die Produktionsverhältnisse verändert worden sind.

Die Argumentation mit dem Begriff des Plans führt rasch zu der Frage, ob es so etwas wie einen Staatskapitalismus gibt.

Das Gegenargument, das neben dieser Argumentation am häufigsten benutzt wird, ist die Behauptung, die DDR habe den Sozialismus nicht verwirklicht, d. h. (1) wäre falsch.

Dies ist natürlich für westeuropäische Marxisten ein verlockender Ausweg. Aber ein abenteuerlicher.

Bei derartigen Überlegungen besteht die Gefahr, daß man die marxistische Philosophie in so etwas wie einen ständig entgleitenden Schatten verwandelt.

Ich kenne Leute, die sagen, das wahre Christentum sei gut, und es mache die Menschen gut. Dann frage ich sie nach den Judenpogromen des Mittelalters, den Ketzerverbrennungen der Inquisition und nach den Kindern, die in Mora wegen Hexerei hingerichtet worden sind.

Darauf antworten mir diese Leute, die Dinge, von denen ich rede, seien nicht das wahre Christentum, sondern entartete Formen des Christentums, die man nicht so recht in Betracht ziehen könne. Dann frage ich sie, ob sie mir irgendein Beispiel für eine historische Situation nennen könnten, in der die Handlungen der Menschen von einem wahren Christentum bestimmt worden seien. Dann werden sie böse auf mich, als ob es meine Schuld wäre, und gehen weg.

Etwas Entsprechendes gilt für den verwirklichten Sozialismus. Es gibt keine sozialistische Revolution, angefangen mit 1917 bis zu Allendes Chile, von der man nicht auf irgendeine Weise behaupten könnte, sie habe nicht die Chance gehabt oder habe *noch* nicht die Chance gehabt, den Sozialismus im Sinne der Übernahme der Produktionsmittel durch den Staat zu verwirklichen.

Ich kann mir eine Reihe von möglichen Einwänden gegen den Sozialismus in der DDR vorstellen, Einwände von sozialistischer Seite. Aber ich kann wirklich nicht sehen, daß einer von diesen Einwänden ins Schwarze träfe.

In der DDR hat das Proletariat durch einen Staat, in dem die kommunistische Partei eine führende und staatstragende Funktion hat, die Übernahme der Produktionsmittel tatsächlich verwirklicht. In ihren zentralen Punkten stimmen die Produktionsverhältnisse in der DDR mit denen überein, die Marx, Engels und Lenin beschrieben haben.

Wenn man dies leugnet, dann gerät man in etwas hinein, was bedenklich dem wahren Christentum gleicht, das es nirgendwo gibt.

Da die Schlußfolgerung, die ich skizziert habe, uns keine weiteren Alternativen bietet, müssen wir uns also fragen, ob nicht die marxistische Theorie selbst, d. h. (2) falsch ist.

Und dies ist auch die Folgerung, die ich aus den vier Prämissen ziehe.

Aber auf welche Art ist sie falsch?

Ich kann kein einziges Beispiel für eine sozialistische Revolution finden, die dazu geführt hätte, daß die Arbeiter von der Ausbeutung des Mehrwerts befreit worden wären, wenn man unter der Ausbeutung des Mehrwerts die einfache, einleuchtende Tatsache versteht, daß eine Person, die für ihren Lebensunterhalt vier Stunden pro Tag arbeiten müßte, stattdessen zu einer Arbeitszeit von acht Stunden pro Tag gezwungen wird.

Weißt du ein Beispiel?

In jedem Jahrzehnt wiederholt sich einmal oder mehrmals das gleiche, immer wieder genauso frustrierende Schauspiel. Sei es bei Castro in Kuba oder bei Allende in Chile.*

Ein paar junge Helden kommen aus den Bergen herunter, mobilisieren die Massen, stürzen irgendeinen korrupten alten Diktator und verstaatlichen amerikanische Unternehmen.

Nun soll der Sozialismus verwirklicht werden!

Die intellektuelle Linke Europas strömt herbei, schreibt begeisterte Reportagen und läßt sich zu Kulturfestivals einladen.

Die USA sperren alle Kredite. Bald ist die Währung nicht mehr konvertibel, immer mehr produktive Arbeitskräfte müssen bei der Grenzpolizei eingesetzt werden, um den Devisenschmuggel und die massenhafte Auswanderung von Zahnärzten und Diplomingenieuren zu verhindern.

In dem Maße, wie in der neuen Volksrepublik die Monokultur vorherrscht, wachsen rasch die Schlangen vor den Restaurants um die Häuserblocks. Plötzlich gibt es nirgends mehr Teelöffel zu kaufen. Die Springerpresse, Newsweek und Svenska Dagbladet veröffentlichen große Artikel darüber, daß es keine Teelöffel mehr zu kaufen gibt.

Die Teelöffel sind nämlich seit 1880 von einer amerikanischen Firma geliefert worden, die das Monopol besaß, und die sowjetischen Planwirtschaftler hatten nicht mit einer so plötzlichen sozialistischen Revolution auf Island gerechnet, als sie vor vier Jahren den Produktionsplan für Teelöffel aufstellten.

Es ist verdammt schwierig, ohne Teelöffel auszukommen.

* Dies wurde vor dem Militärputsch im September 1973 geschrieben.

Niemand sieht es als einen Fortschritt an, daß plötzlich alles rationiert wird und daß sich abends vor den Restaurants in den Stadtvierteln Schlangen bilden, die bis zum nächsten Häuserblock reichen.

Die Mittelschicht und die Intellektuellen, die sich ursprünglich für Revolutionen begeistert hatten, beginnen Island in kleinen Booten zu verlassen.

Sie werden in Kopenhagen als Helden gefeiert.

In dieser Lage beginnen die Führer der Revolution nach voluntaristischen Lösungen zu suchen. Der große Sprung, die letzte endgültige Anstrengung steht bevor. Die polizeiliche Überwachung verschärft sich. Man tanzt nicht mehr auf den Straßen. Einige Dichter der Revolution haben plötzlich große Schwierigkeiten, ihre Gedichte drucken zu lassen.

Die intellektuelle Linke Europas beginnt sich in Manifesten für sie einzusetzen.

Der große Sprung mißlingt. Es waren nicht genug Lastwagen vorhanden, oder die Leute, die die Fabriken hätten verwalten sollen, und die Leute, die sich mit den Entwürfen der kompliziertesten Maschinen auskannten, sitzen in Kopenhagen und intrigieren. Sämtliche Entwicklungshelfer haben sich schon vor langer Zeit zurückgezogen. Die Schlangen vor den Restaurants sind plötzlich dreimal so lang. Die Arbeiter sind bei einer zehnstündigen Arbeitszeit pro Tag angelangt, der Schwarzhandel floriert.

In diesem Augenblick kommt es entweder zur Konterrevolution, zu sowjetischen Hilfeleistungen oder zu einem bewaffneten Überfall von amerikanischer Seite.

Die sowjetischen Hilfeleistungen bedeuten in der Regel den ersten Schritt in einem Prozeß, den wir recht gut aus Osteuropa kennen. Die neue Volksdemokratie wird in das sowjetische Imperium eingegliedert. Es entsteht eine passive Handelsbilanz* (man muß billig verkaufen und teuer einkaufen), Außenpolitik und Verteidigungspolitik werden mit dem Apparat des sowjetischen Imperiums verknüpft, Vertragsklauseln schaffen die Voraussetzungen für den Prager August von 1968.

Mittlerweile sitzen einige Dichter der Revolution im Gefängnis, der Lebensstandard ist erheblich niedriger als in der kapitalistischen Ära, die polizeiliche Überwachung ist perfekt, das

---

* Und diese passive Handelsbilanz erklärt alles, was ich über den Unterschied zwischen der DDR und der Bundesrepublik gesagt habe.

Recht auf freie Meinungsäußerung hat sich auf Null reduziert. Die intellektuelle Linke Europas hat aufgehört, sich für Island zu interessieren und hält nach dem nächsten Land Ausschau, in dem der wahre Sozialismus verwirklicht werden soll.

Und der Marxismus?

Er spielt im Verlauf der Ereignisse eine immer untergeordnetere Rolle. Der Marxismus existiert in Zeitschriften in den linken Buchläden von Paris und Berlin.

Was ist schiefgegangen?

Die Außenwelt, die Geschichte hat sich in den Verlauf der Ereignisse eingemischt. Die USA hat dem Sozialismus keine Chance gelassen. Der internationale Devisenmarkt hat dem Sozialismus keine Chance gelassen. Die sowjetische Militärplanung hat kein Interesse am Marxismus bekundet, hat sich dagegen sehr für neue Flottenstützpunkte interessiert. Die sowjetische Omnibusindustrie hat ihr großes Interesse für einen neuen Exportmarkt bekundet, nicht aber für den Marxismus.

Die hier dargestellte Entwicklung einer Revolution, sagen wir auf Island, ist eine idyllische Entwicklung. Gemessen an den wirklich bösartigen Entwicklungen ist Kubas jüngste Geschichte sehr idyllisch.

Es kann mit amerikanischen Massenbombardierungen enden, wie in Vietnam. Es kann enden wie 1968 in Prag, als die marxistische Jugend auf offener Straße von russischen Panzern zusammengeschossen wurde.

Man braucht nicht länger als eineinhalb Jahre in Berlin gewohnt zu haben, dann hat man genug gesehen von den Erschossenen, Ertrunkenen, den mit Kolbenschlägen traktierten wehrlosen Frauen, den nicht enden wollenden Familientragödien, die es die DDR kostet, ihre Arbeitskraft und ihre Währung intakt zu halten.

Wie du auch argumentierst und welchen Ausgangspunkt du auch wählst, du wirst in einer Diskussion über die Revolution immer auf das Legitimationsproblem stoßen.

Das heißt: wieviel menschliches Leiden ist zu verantworten, um der Menschheit eine bessere Zukunft zu garantieren? Wieviele Generationen darf man um der zukünftigen willen opfern?

Wo liegt hier die Grenze? Bei der Existenz der Berliner Mauer? Bei Stalins Massendeportationen und Massenhinrichtungen?

Es ist bezeichnend für die sterile Nichtigkeit der heutigen Debatte über den Marxismus, daß sich niemand mit dem Legitimationsproblem beschäftigt. Habermas, der jüngst ein glänzendes Buch über dieses Problem geschrieben hat (Jürgen Habermas: Legitimationsprobleme im Spätkapitalismus. Frankfurt/M. 1973), hat kürzlich öffentlich erklärt, er sei kein Marxist mehr. (Im Nachwort der Neuausgabe von »Erkenntnis und Interesse«, 1973.)

Wieviel Gewalttätigkeit der Menschheit gegenüber zu verantworten ist, hängt natürlich nicht nur davon ab, wie groß die Vorteile sind, die man zu gewinnen trachtet, sondern auch davon, *inwieweit es sicher ist*, daß diese Vorteile sich einstellen werden.

Mir ist keine sozialistische Revolution bekannt, bei der im Hinblick auf die Lebensqualität solche Fortschritte erzielt worden wären, daß sich das Legitimationsproblem als unproblematisch erwiesen hätte.

Du wirst sicher sagen: der Sieg über den Faschismus und den Nationalsozialismus – aber daran waren die kapitalistischen Staaten ja genauso beteiligt.

Du wirst sicher sagen: China – und das ist ein Punkt, in dem ich mich nicht so sicher fühle. Ich weiß darüber zu wenig, um die Sache beurteilen zu können.

Um das Legitimationsproblem kommt man nicht herum. Nicht einmal dann kommt man darum herum, wenn man sagt: aber es sind doch die amerikanischen Imperialisten, die die Städte Vietnams zerbomben und versuchen, die sozialistische Aufbauarbeit in Schutt und Asche zu verwandeln.

Wenn der Marxismus als historische Methode standhalten soll, muß er auch in einer Welt standhalten, in der amerikanische Bombergeschwader existieren. Wenn er eine vertretbare Philosophie sein soll, muß er den Tatsachen gegenüber zu vertreten sein.

Die eigentliche Bedeutung dieser Philosophie, das, was sie am stärksten vom logischen Empirismus, vom Neuthomismus oder vom deutschen Idealismus unterscheidet, ist ja, daß sie eine praktische Philosophie, eine Philosophie der Handlung sein möchte.

Ich kehre nun zu der philosophischen Frage zurück, die ebenso schwierig wie notwendig erscheint: wo liegt der entscheidende Fehler der marxistischen Theorie?

Es gibt natürlich eine Menge von möglichen Einwänden, die auch wahrlich schon erhoben worden sind.

Man kann die dialektische Methode angreifen. Es ist nicht besonders schwierig aufzuzeigen, daß Hegels Dialektik äußerst verschwommene und abenteuerliche Anschauungen enthält. Schon zur Zeit Hegels konstruierte man regressive Argumente gegen seine Logik, auf die seine Schüler keine Erwiderung fanden. (Siehe z. B. A. Trendelenburg: Logische Untersuchungen. Berlin 1840. Oder E. v. Hartmann: Die dialektische Methode. Berlin 1868.)

Die gesamte, von den Paradoxa des Zenon ausgehende Überlegung, die zu Hegels Dialektik hinführt, läßt sich leicht in Frage stellen, wenn man eine einfache Unterscheidung von G. E. Moore akzeptiert, nämlich die zwischen dem, was Wedberg »intendierte Konnotationen« und »reale Konnotationen« nennt.

Es gibt ein paar gute Gründe für die Vermutung, daß Marx die Hegelschen Definitionen überhaupt nicht richtig verstanden habe. Ganz zu schweigen von der Dialektik der Natur und anderen Mißlichkeiten.

Statt mich in diesen geschichtsphilosophischen Sumpf zu vertiefen, möchte ich lieber ganz einfach sagen: Wir lassen die Frage nach der dialektischen Methode auf sich beruhen.

Ich bin nämlich fest davon überzeugt, daß man den ganzen Kern der marxistischen Philosophie mit Hilfe einer undialektischen Ontologie konstruieren könnte.

Die Gründe dafür sind ein wenig zu umfangreich, als daß sie hier dargestellt werden könnten, sie hängen aber mit Schwierigkeiten des positivistischen Wahrheitsbegriffs zusammen, die ihn ebenso problematisch machen wie die Hegelsche Dialektik.

Ich glaube, daß sich ein anderer und viel praktikablerer Angriffspunkt bietet: die marxistische Begriffswelt, die sich auf die Produktion bezieht.

Ein Amboß ist ein Produktionsmittel, denn mit einem Amboß kann man Messer herstellen. Eine Karosseriepresse für zwei Millionen Dollar ist ein Produktionsmittel. Ein Amboß kann sich im Besitz eines einzelnen Handwerkers befinden, eine solche Karosseriepresse dagegen nicht.

Produktionsmittel von der Art der Karosseriepresse bringen die kapitalistischen Produktionsverhältnisse hervor. Mit ihrer Hilfe wird also die Aneignung des Mehrwerts möglich.

Wenn nun die kapitalistischen Produktionsverhältnisse ihrerseits von den sozialistischen abgelöst werden, bedeutet das natürlich nicht die Rückkehr zu vorkapitalistischen Verhältnissen.

Im Sozialismus ist der Besitz einer Karosseriepresse nicht dasselbe wie im Mittelalter der Besitz eines Ambosses. Die Kontrolle der Arbeiter über die Produktionsmittel im sozialistischen Staat ist eine andere Art von Kontrolle als die, die der mittelalterliche Handwerker über sein Werkzeug hatte.

Soweit ist es wohl nicht besonders schwierig, die marxistische Theorie zu verstehen.

Aber nun komme ich zu dem Punkt, der wirklich problematisch ist:

Was für eine Art von Kontrolle ist diese sozialistische Kontrolle über die Produktionsmittel?

Sie soll verhindern, daß Mehrwert aus den Arbeitern herausgeholt wird. Wir wissen aber, daß sie beispielsweise in der DDR – verglichen mit den kapitalistischen Ländern im gleichen Zeitraum – keine merkliche Verkürzung des Arbeitstages herbeigeführt hat. Wir wissen auch, daß die sozialistische Kontrolle nicht verhindert, daß es Streiks gibt, Gefühle der Ohnmacht und Entfremdung am Arbeitsplatz, Proteste gegen zu niedrige Löhne und ein zu hochgeschraubtes Arbeitstempo.

Zur Charakterisierung des Umstandes, daß jemand über die Verwendung der Produktionsmittel bestimmt, habe ich absichtlich ein anderes Wort gebraucht, nämlich »Kontrolle«, da in der sozialistischen Gesellschaft der Begriff »Besitz« einigermaßen unangebracht wäre, und da u. a. Galbraith – meiner Meinung nach recht überzeugend – nachgewiesen hat, daß in der kapitalistischen Welt nicht mehr die Besitzer, d. h. die Aktionäre, die ausschlaggebende Kontrolle über die modernen Großbetriebe ausüben, sondern vielmehr die von ihnen eingesetzten Experten. (John Kenneth Galbraith: The New Industrial State. New York 1965.) Außerdem trägt in sozialdemokratischen Staaten wie Schweden die enge Verflechtung von Staatsgewalt und Kapital noch stärker dazu bei, den Begriff »Besitz« als Ausdruck für die Kontrolle über die Produktionsmittel zu verwischen.

Aber der wichtigste Grund für mich ist der, daß das Wort »Kontrolle« allgemeiner ist als das Wort »Besitz«. In manchen Fällen ist ein allgemeineres Wort exakter als ein präziseres. Besitz ist eine Form von Kontrolle. Es gibt andere Formen von Kontrolle. Wenn man das Wort Besitz so verwendet, als würde es alle Formen von Kontrolle decken, die eine repressive Wirkung auf die Menschen ausüben können, verdrängt man all die übrigen Möglichkeiten der Repression, die in anderen Formen von Kontrolle enthalten sind.

Wenn die kapitalistische Kontrolle des Besitzers über die Produktionsmittel durch die sozialistische Kontrolle abgelöst wird, muß es jederzeit möglich sein, die Frage zu stellen, was diese Arten von Kontrolle unterscheidet. Es muß aber auch möglich sein, die sehr viel seltenere Frage zu stellen: Was verbindet diese Arten von Kontrolle?

Ich will versuchen, meine Überlegung auf eine etwas konkretere Art weiterzuführen.

Letzten Sommer saß ich an ein paar schönen Nachmittagen auf meiner Terrasse auf dem Lande und malte. Wegen der Lichtverhältnisse war es nötig, die Staffelei so hinzustellen, daß ich die ganze Zeit zum Grundstück von J., einem Nachbarn von mir, hinüberschaute.

J. ist Hüttenarbeiter in einem der großen Hüttenwerke in dieser Gegend. Den Sommer über sehen wir uns ziemlich oft, leihen einander Werkzeuge, sind einander behilflich, wenn schwere Gegenstände umgestellt werden müssen, sitzen auf seiner Veranda und unterhalten uns. Ich glaube, J. ist das, was man gewöhnlich als einen sehr harmonischen und angepaßten Menschen bezeichnet. Ich glaube nicht, daß ich ihn jemals traurig oder deprimiert gesehen habe. Er spricht manchmal von seiner Arbeit, aber immer nur auf eine sehr konkrete Art. Er klagt nie über die Verhältnisse an seinem Arbeitsplatz, er äußert sich nie unzufrieden oder kritisch, es sei denn über Nebensächlichkeiten, über die wir uns alle beklagen.

Nun hatte J. drei Wochen Urlaub, und die erste Woche verwendete er darauf, eine zusätzliche kleine Veranda an sein Sommerhäuschen anzubauen. Dies waren die Tage, an denen ich ihn Stunde für Stunde beobachtete, während ich an meiner Staffelei saß.

Nach zwanzig oder fünfundzwanzig Stunden einer solchen Beobachtung wage ich zu behaupten, daß das, was ich sah, ein vollkommen glücklicher, ungeheuer aktiver Mensch war, der sich völlig auf seine Tätigkeit konzentrierte.

Ich könnte mir einen großen, genialen Maler oder Schriftsteller vorstellen, der auf dieselbe Weise ganz in seiner Arbeit aufgeht, glücklich in der eigenen Aktivität schwebend.

Du verstehst, er machte nichts Bemerkenswerteres als Bretter abzuschleifen usw.

Aber es war schön, das zu sehen.

Und bei solchen Gelegenheiten sieht man ja, wie ideologisch, wie zufällig diese ganze Vorstellung ist, daß einem die intellektuelle und künstlerische Arbeit eine größere Befriedigung verschaffen würde als die körperliche Arbeit, daß eine Art von Freiheit, »seine Persönlichkeit auszudrücken«, wie sie vorhanden ist, wenn man einen Marderhaarpinsel in der Hand hat, nicht vorhanden wäre, wenn man den Pinsel mit einer Säge oder einem Spaten vertauscht.

Es ist klar, daß hinsichtlich der künstlerischen Qualität ein mordsmäßiger Unterschied zwischen der Veranda von J.'s Sommerhäuschen und Monteverdis »Vesper Beatae Virgini« von 1610 besteht, aber das braucht nicht zu bedeuten, daß J. sich beim Akt des Bauens in einem geringeren Grad verwirklicht hätte als Monteverdi, während er, ständig von Migräneanfällen und von den sich häufenden Aufträgen Gonzagas geplagt, seine Messe schrieb.

Was ich sah, war kurz gesagt Arbeit in ihrer reinen, unentfremdeten Form.

Ich bin natürlich sicher, daß J. im Hüttenwerk nicht auf dieselbe Weise arbeitet.

Ich komme nun zu der großen, entscheidenden Frage:

Was war es, das dieses Glück, diese *Vermenschlichung* von J. und seiner Arbeit möglich gemacht hat?

Die totale, spontane Kontrolle über die Arbeitssituation. Über die Arbeit, über die Produktionsweise, über die Produktionsmittel.

In der Form von historischen Produktionsverhältnissen hat seine Situation natürlich noch nirgends existiert, außer vielleicht bei den Engeln im Paradies. Es gibt natürlich auf der ganzen Welt keine sozialen und naturwüchsigen Voraussetzungen, die Produktionsverhältnisse nach dem Muster der Urlaubssituation ermöglichen würden.

Aber das spielt keine Rolle. Mein Beispiel könnte richtungweisend sein: wir wollen natürlich, daß die Menschen in einer glücklichen Welt so leben und arbeiten.

Marx ist der Ansicht, daß die Möglichkeit, die Gesellschaft in dieser Richtung zu entwickeln, in einer Veränderung der Produktionsverhältnisse besteht.

Ich glaube ihm nicht. Ich glaube, daß man die Wurzeln unserer Unfreiheit auf einer noch tieferen Ebene suchen muß.

Es sind nicht die Produktionsverhältnisse, es sind die industriellen Produktionsmittel selbst, die uns gefangenhalten, in wessen Kontrolle sie sich auch immer befinden.

Der Industrialismus selbst ist das teuflische Labyrinth, das uns gefangenhält, und nur dadurch, daß wir den Industrialismus insgesamt überwinden, könnten wir möglicherweise einen Zustand erreichen, in dem der Mensch sich selbst verwirklichen kann.

Die globale Entwicklung bewegt sich, wie du weißt, genau in die entgegengesetzte Richtung, auf eine immer totalere Industrialisierung, eine immer umfassendere Zentralisierung aller Lebensfunktionen zu.

Die einzige Hoffnung, die ich noch hegen könnte – und sie ist wirklich tröstlich für ein Löwenherz – ist die, daß eine künftige Energiekrise sich als so tiefgreifend, so katastrophal erwiese, daß sie schließlich das ganze System über den Haufen wirft.

Ich bin mir völlig klar darüber, wie exzentrisch, wie sonderbar es klingen mag, wenn man sagt, daß es die Produktionsmittel seien, die uns gefangenhalten, und nicht die Produktionsverhältnisse, nicht der Industrialismus als Ganzes, nicht der Kapitalismus, und ich weiß sehr wohl, daß ich das Risiko eingehe, wegen meiner Ansichten ausgelacht zu werden.

Aber erstens bleibt einem keine andere begriffliche Alternative, wenn man erst einmal die marxistische Form des Antikapitalismus abgelehnt hat, und zweitens glaube ich, daß meine grundlegenden Argumente sehr schwer zu widerlegen sind.

Die Argumente sehen etwa so aus:

a) keine Art von gesellschaftlicher Kontrolle (ob kapitalistisch oder sozialistisch) über die industriellen Produktionsmittel scheint irgendwo in der Welt einen Unterschied hinsichtlich dieser einen, fundamentalen Tatsache bewirkt zu haben: *die Produkte werden wichtiger genommen als der Produzierende, die Produktion wird wichtiger genommen als das Verhältnis des Produzierenden zu ihr*

b) es scheint unmöglich, sich eine kapitalistische oder sozialistische Gesellschaft vorzustellen, in der die industrielle Produktionsweise es nicht mit sich brächte, daß diese Prioritäten gesetzt werden

c) alle Formen des industriellen Sozialismus haben im gleichen Maße wie alle Formen des industriellen Kapitalismus eine maximale Konsumtion und Produktion zum Ziel

d) ungeachtet der Art der gesellschaftlichen Kontrolle ist es
nicht erwiesen, daß die in den Produktionsmitteln veran-
kerten Zielsetzungen mit den wirklichen Bedürfnissen
des Produzierenden übereinstimmen.

Mit der Formulierung »die in den Produktionsmitteln veranker-
ten Zielsetzungen« meine ich Folgendes:

Eine Autofabrik kann kein Essen, keine Kleider, keine Woh-
nungen herstellen. Sie kann Autos herstellen. Sie ist nur in einer
Gesellschaft sinnvoll, in der die Möglichkeit besteht, einen Ab-
satzmarkt für Autos zu schaffen.

Diejenigen, die darin arbeiten, beziehungsweise diejenigen, die
sich den Mehrwert aneignen, bestreiten damit ihr Leben. Indi-
rekt produzieren die Arbeiter dieser Fabrik ihres eigenen Leben
und das von anderen.

Was sie aber auf der konkreten Ebene produzieren, sind Autos.

Um die Umwandlung der Autoproduktion in eine Lebens-
produktion zu bewerkstelligen, ist ein bestimmter organisatori-
scher Rahmen erforderlich, der diesen Umsetzungsprozeß möglich macht.

Wenn wir sagen, daß die Produktionsmittel zusammen mit
diesem Rahmen, dieser Stand der Dinge, den Produzierenden für
die Zielsetzung Raum lassen, ihr Leben zu produzieren, müssen
wir außerdem feststellen, daß der Rahmen, der Stand der Dinge,
einer ganz anderen, *prinzipiell austauschbaren Zielsetzung* Raum
lassen, nämlich der maximalen Produktion von Autos. Diese
Zielsetzung deckt sich mit der der Produzierenden, ihr Leben zu
produzieren, aber nur unter der logisch nicht notwendigen Voraussetzung, daß eben dieser Transformationsprozeß stattfindet,
d. h. daß Autos Absatz finden.

Es gibt keine innere, keine logisch notwendige Verbindung
zwischen diesen beiden Zielsetzungen.

Eine der fundamentalen Lügen in verschiedenen Arten von
modernen Industriegesellschaften besteht darin, daß sie uns ein-
zureden versuchen, es existiere solch ein innerer, logisch notwendiger Zusammenhang.

Auf diesen Punkt werde ich später zurückkommen.

Jan Myrdal
Warnung vor theologischer Wut

Die Antwort hat auf sich warten lassen. In der letzten Zeit ist es ungewöhnlich turbulent und hektisch zugegangen. Dein Brief kam gerade, als wir das Auto beluden, um nach Göteborg zu fahren. Der Landbriefträger gab mir einen großen Packen Briefe und Zeitungen. Während Gun auf Örebro zufuhr, sah ich die Post durch. Öffnete deinen Umschlag, gerade als sie bei Laxå in die Hügellandschaft des Tiveden hineinfuhr. Auf dem Weg nach Västergötland hinunter las ich ihr dann »Der notwendige Skeptizismus« vor. Es war ein schöner Herbsttag, mit dünner und klarer Luft. Wir wollten ein paar Kirchen besichtigen; Gun wollte vielleicht ein paar Photos machen.

Wir nahmen die Landstraße über Kinne-Vedum und dann nach Gösslunda und Strö hinauf, kehrten dort um und fuhren auf Schotterstraßen nach Häggesled und Sparlösa hinunter, an Vara vorbei und wieder auf die Hauptstraße nach Göteborg. Wir durchquerten also ein wichtiges Stück schwedischer Geschichte des 12. Jahrhunderts. Västergötland ist ja mehr als nur eine Kulturlandschaft. Es ist das, was aus Schweden hätte werden können. Das ist zu sehen. (Man kann es malen.) Wir redeten über dich in dieser Landschaft. Über Notwendigkeit und unnötige Zeit.

Wenn der Kampf im 12. Jahrhundert eine andere Wendung genommen hätte, wäre ein Lars G. vor ein paar Jahren die Korridore der Universität von Skara entlanggegangen. Er wäre aktives Mitglied der literarischen Gesellschaft gewesen, die sich in den Räumen des Studentenverbandes von Västmannaland getroffen hätte.

Die Universität sei notwendig gewesen, meinte Gun, der Sieg der Svear hingegen weniger notwendig und weniger entscheidend. Während wir uns »König Hägges Grab« ansahen, einigten wir uns darauf, daß der oberflächlich gesehen entscheidende Kampf zwischen Gauten und Svear tatsächlich so unmaßgeblich gewesen sei, daß sogar kulturelle Besonderheiten wie die Studentenverbände der einzelnen Provinzen an unseren schwedischen Universitäten sich aller Wahrscheinlichkeit nach auch dann herausgebildet hätten, wenn die Universität ins Zentrum eines Skara-Reiches verlegt worden wäre.

Die wirklich entscheidenden Kämpfe des 12. Jahrhunderts und den wirklich entscheidenden Sieg, der damals erfochten wurde, hat der alte Fryxell in zwei meisterhaften Sätzen im ersten Teil seiner »Berättelser ur svenska historien« (»Berichte aus der schwedischen Geschichte«) beschrieben:

> »Zugleich mit den Götzenopfern in Uppsala wurde auch der Allthing dortselbst eingestellt, so daß die Bauern keine Möglichkeit mehr hatten, sich an der Reichsverwaltung zu beteiligen. Hierdurch, sowie durch das Verbot, Waffen zu tragen, verloren sie nach und nach ihr ehemaliges Ansehen, und die Entscheidungen über die Angelegenheiten des Reiches wurden von den Bischöfen und den mächtigen Herren auf den sogenannten Herrentagen getroffen.« (Anders F. Fryxell: Berättelser ur svenska historien. Stockholm 1862, S. 19f.)

Ja, aus den Häuptlingen wurden Adlige, und sie siegten über die Bauern, die man entwaffnete und ihrer Würde beraubte. Das Königtum siegte über die Sippen. Der Staat trat an die Stelle der Stammesgemeinschaft, aus der Gerechtigkeit wurde das Rechtswesen. Die Zeit bekam ein anderes Gesicht. Es war die umfassendste gesellschaftliche Umwälzung in unserer Geschichte. Wenn du einmal an der Kirche von Forshem vorbeikommst, kannst du dir die Gesellschaft ansehen, die sich im 12. Jahrhundert gebildet hat. Am Westportal wie am Südportal steht der Herr in der Mitte, gebietend und befehlend, die Diener umgeben ihn: hören und gehorchen.

In der Gesellschaft, die nach diesem Kampf geschaffen wurde, waren die Universitäten notwendig. Wäre der Ausgang ein anderer gewesen, hätte ein Lars G. niemals eine Universität besucht. Aber ist es möglich, so zu schreiben, als wäre der Ausgang zweifelhaft gewesen, als hätte alles anders werden können? Ich meine: ja. Der Kampf ist noch nicht entschieden.

Wenn du aus Lars G. heraustreten würdest, ans Bücherregal gingest, seine Bücher herausnähmst und dir dann ansehen würdest, was er geschrieben hat, so würdest du ziemlich bald feststellen, daß diese schriftstellerische Arbeit stark geprägt ist von einer Vorstellung vom Wert des Menschen, von Gleichheit und Würde, die, wie du weißt, ihre geistigen Wurzeln in einer Stammesgemeinschaft hat, welche vor neunhundert Jahren besiegt worden ist.

Du würdest auch merken, daß aus diesen Texten oft die Empörung über die Ungerechtigkeit des Daseins herausklingt; es ist jedoch keine private Empörung (ich werde ja doch sterben!), sondern eine gesellschaftliche (wir werden schlecht behandelt!). Neunhundert Jahre nach der Errichtung der neuen Ordnung hat sich Lars G. offenbar immer noch nicht mit den Tatsachen abfinden können (wir geben nicht auf).

Diese Empörung stammt nicht aus der heutigen Zeit. Sie läßt sich in unserer Literatur bis weit in die Vergangenheit zurückverfolgen. Ich weiß nicht, ob du in letzter Zeit die Völuspa gelesen hast. Du solltest es tun. Hinter den Bildern und der Sprache des Dichters wirst du zentrale Gedanken deiner eigenen schriftstellerischen Arbeit wiederfinden.

»Da wankten Vertrag,
Wort und Treuschwur,
alle Eide,
die sie ausgetauscht.«

(Edda, Götterdichtung und Spruchdichtung, übertragen v. F. Genzmer. In: Thule, Bd. 2, Neuausgabe, Düsseldorf 1963, S. 37, Str. 15.)

Es ist die menschliche Welt, die vernichtet wird:

»Brüder kämpfen
und bringen sich Tod,
Brudersöhne
brechen die Sippe;
arg ist die Welt,
. . .
nicht einer will
des andern schonen.«

(ebenda, S. 40, Str. 32.)

Aber auch in dieser Beschreibung des wirklichen Untergangs einer wirklichen Welt, die dreißig Generationen zurückliegt, wird der Hoffnung Ausdruck gegeben, daß einmal eine Zeit kommen wird, in der:

»böses wird besser.«

(ebenda, S. 43, Str. 49.)

Nun darfst du mich nicht mißverstehen. Ich glaube nicht, daß du beim Schreiben an die Edda denkst. Aber wie der Dichter der

Völuspa lebst und schreibst du in einer Welt nach der Götter-
dämmerung. Deine Empörung ist eine echte Empörung über das
Elend der Klassengesellschaft.

Diese deine Empörung, die hinter den Worten hervorkommt
und die Texte vorantreibt, ist nicht einzigartig. Es ist nichts Ein-
maliges daran. Im Gegenteil, diese vorwärtsdrängende Empörung ist etwas ganz Typisches. Du mußt bedenken, daß das Typische eine Qualität darstellt. Im Kapitalismus erfordert der
Markt ein einzigartiges Kulturprodukt nach dem anderen. Das
Einzigartige gehört zum Durchschnitt. Das Einmalige ist gang
und gäbe. Deine Empörung sondert dich nicht von der nordi-
schen Literatur des letzten Jahrtausends ab; sie ist typisch. Du
teilst sie mit vielen anderen – aber nicht mit allen –, seit der Zeit,
als zwingende Gründe es notwendig machten, die Völuspa zu
formulieren. Diese Qualität, die nicht absondert, sondern einbe-
zieht, ist von großer Bedeutung; sie ist es, die bewirkt, daß deine
Worte zum Leser durchdringen können. Sie stellt die Verbindung her, die es den Lesern ermöglicht, auf deine Worte zu reagieren und sich deiner Gedanken zu bedienen. Da diese Empörung typisch ist, nicht einzigartig, da ihr Charakter gesellschaftlich ist, nicht individuell, da sie von einer geschichtlichen
Kontinuität getragen wird und nicht nur im Augenblick existiert,
vermag die große Mehrheit der Literaturwissenschaftler (die mit
der Vorstellung erzogen worden sind, das Jetzt sei das Normale)
sie nicht zu erkennen. Daher können sie auch nicht beschreiben,
daß etwas passiert, wenn Menschen Texte lesen; noch weniger
können sie erklären, warum etwas passiert, wenn Menschen
Texte lesen.

Wir fuhren nach Göteborg hinein, als es dämmerte. Gun sagte:
– Darüber habe ich nachgedacht, als ich las, daß er seine Rede
an die Gymnasiasten in Västerås mit den Worten Göran Sonnevis
beschloß: »Wir sind nicht Scheiße.«

Du weißt, daß ich manchmal darüber nachgegrübelt habe, wo-
her es kommen mag, daß man mich als einsam, isoliert und ego-
zentrisch bezeichnet. Es ist doch ganz offensichtlich, daß ich eine
ganze Reihe von Freunden hier und da auf der Welt habe. Wir
treffen uns und haben es schön miteinander. Die Kritiker, die
über meine Isolation schreiben, obwohl sie irgendwann einmal
mit mir zusammengekommen sind und wissen müßten, wie ich
lebe, meinen damit wohl etwas anderes als Isolation im eigentlichen Sinn. Auf dem Weg nach Mariefred hinauf haben Gun und

ich darüber diskutiert. Wir hatten viel Zeit. Wir mußten sehr langsam fahren. Der Wagen war zu schwer beladen. Ich war bei Thulin & Ohlson gewesen und hatte die *Revue des deux Mondes* von 1869 bis 1906 gekauft – oder besser gesagt: war ihr erlegen. Es waren 14 Meter. Eine ganz wunderbare Lektüre! Gun zählt zu den ungewöhnlichen Ehefrauen, die Verständnis dafür aufbringen, daß so etwas notwendig ist. Als wir aber den Wagen schließlich vollgestopft hatten und losfahren wollten, war das Anlasserritzel defekt, der Anlasser gab nur ein schwaches Summen von sich. Ich mußte den Wagen anschieben. Er war entsetzlich schwer. Ich dachte, ich würde einen Blutsturz bekommen. Aber Gun schaffte es, die Kupplung so sanft loszulassen und so vorsichtig Gas zu geben, daß der Motor ansprang. Auf dem ganzen Weg bis nach Alingsås war ich allerdings noch blau im Gesicht und hatte inwendig ein komisches Gefühl. Der Wagen war überladen und mußte langsam dahinrollen. Anhalten konnten wir nicht. Das Benzin sollte reichen, und so saßen wir da und redeten uns durch die Landschaft.

Du hast ja über Freundschaft geschrieben. Hast darauf hingewiesen, daß wir miteinander reden. Wir haben ja ein sehr hartes öffentliches Streitgespräch geführt. Wir haben auch in privaten Gesprächen sehr unterschiedliche Ansichten vertreten. Ich kann mich jedoch nicht erinnern, daß wir jemals die Grenzen der persönlichen Integrität überschritten hätten. Madeleine und du, ihr habt niemals von Gun und mir umfassende Vertrauensbeweise verlangt, ihr habt auch niemals den Anspruch erhoben, daß wir uns in euer Leben einmischen und vertraulich werden sollten. Wir reden miteinander. Ich glaube, das ist es, was gewisse Kritiker Isolation und Egozentrik nennen.

Ich verstehe, was sie meinen. Sowohl Gun wie ich haben ja gesehen, wie dicht gewisse intellektuelle Kreise in Schweden beieinander leben. Wir finden das nicht besonders angenehm. Mit solchen Leuten möchten wir nicht verkehren. Aufrichtig gesagt: die zufälligsten Bekannten in diesen Kreisen gehen intimer miteinander um und erheben größere Ansprüche auf ein gegenseitiges Eingreifen in ihr Privatleben als Gun und ich uns das je in unserem Verhältnis erlauben würden, nachdem wir uns dreißig Jahre kennen und seit siebzehn Jahren zusammenleben. Auch in unserem Zusammenleben stehen die Gespräche über Kunst, Politik und Literatur an erster Stelle. Danach kommen die Fragen des praktischen Lebens. Aber wir haben kaum je die Person des anderen angetastet. Dieser Respekt vor der Integrität des anderen ist, soweit ich sehe, die Voraussetzung für erwachsene Liebe und erwachsene Freundschaft. Er macht auch das Leben sinnvoll und reich. Aber wenn ich diese intellektuellen Kreise richtig verstehe, so hält man es dort fast für einen intellektuellen und moralischen Makel, ein Leben mit Arbeit, Lektüre und Gesprächen zu führen, in dem die Konflikte und Auseinandersetzungen allgemein, gesellschaftlich und prinzipiell sind und nicht privat, persönlich und selbstquälerisch.

Die Lebensweise ist eine wichtige Frage. Man muß gegen den Strom schwimmen können, darauf hat Mao übrigens auch hingewiesen. Aber um das zu erreichen, ist es erforderlich, daß nur ein Minimum an Energie auf privaten Gefühlsüberschwang und innere Kämpfe verwendet wird. Während wir so miteinander redeten, schaukelten wir gemächlich über die Ebene von Västergötland und dann durch die Hügellandschaft des Tiveden. Gun saß am Steuer, ich goß mit dampfendem Wasser aus der Thermosflasche Kaffee in den rostfreien Bechern auf. Es wurde früh dunkel, und die ganze Zeit über hupten hinter uns wütende Autofahrer, die es eilig hatten. Wir konnten sie im Rückspiegel sehen. Es knarrte in den Bücherstapeln, und während die Dunkelheit hereinbrach, blinkten die Scheinwerfer hinter uns immer hartnäckiger. Als wir ankamen, war es schon tiefe Nacht.

Du hast dir Gedanken gemacht über diese Sache mit der unnötigen Zeit. Es hat den Anschein, als hieltest du das für spekulativ. Aus diesem Grund wollte ich das 12. Jahrhundert in deinen Texten aufspüren. Laß uns fortfahren. Vor zwei Jahren hast du uns in Paris besucht. Wir fuhren nach Poitou hinunter, wo Gun sich die faszinierenden Kapitelle von Saint-Pierre in Chauvigny ansehen wollte. (Es sind die, von denen Johnny Roosval geschrieben hat, man könne nicht sagen, »daß sie von einer großen Qualität bei der westfranzösischen figürlichen Skulptur zeugen«. Romansk konst. [»Romanische Kunst.«] Stockholm 1930, S. 61.) Auf dem Heimweg hatten wir ein langes Gespräch über die Jacquerie, die Bauernaufstände und die Französische Revolution. Ich erinnere mich noch sehr genau daran, daß du sagtest:

   – Zu den Studenten, die behaupten, Revolutionen lohnten
   sich nicht, sie würden verfälscht, und auf jede Revolution
   des Volkes würde zuerst ein Thermidor und dann eine Re-
   stauration folgen, pflege ich zu sagen: Fahrt nach Frankreich. Was auch geschehen ist und wie schlimm es auch

manchmal zugegangen sein mag, so begegnet man doch in jeder Dorfkneipe dem Sieg der großen Revolution.

Natürlich hast du recht. Ich glaube, ich habe mit einer Bemerkung über die deutsche Misere geantwortet. Über diese für uns alle so unglückliche Tatsache, daß das deutsche Volk seit der Niederlage im Bauernkrieg und der Verwüstung durch den Dreißigjährigen Krieg niemals imstande gewesen ist, aus eigener Kraft einen Nationalstaat zu gründen oder eine eigene Revolution durchzuführen, sondern die Fortschritte immer nur als Befehle von Vorgesetzten und Eroberern serviert bekommen hat.

Aber ich hätte sagen sollen, daß Schweden ein anderes Beispiel ist. Hier haben die Bauernkriege nicht zu einer Niederlage geführt wie in Frankreich, England und Deutschland. Für unsere Zukunft ist es entscheidend gewesen, daß die Vögte und der Feudaladel im 15. Jahrhundert durch das Bauernheer eine Niederlage erlitten haben. Die Niederlage im 12. Jahrhundert war nicht selbstverständlich. Der Kampf ging weiter. Das Schicksal der Bauernkriege stand nicht in den Sternen geschrieben. Innerhalb eines gewissen vorgegebenen Rahmens gestaltet der Mensch sich und seine Geschichte selbst. Und es ist nicht nur so, daß deine Texte von einer Empörung vorangetrieben werden, die aus dem 12. Jahrhundert stammt; sie sind auch von einem Sieg im 15. Jahrhundert geprägt.

Es ist kein Zufall, daß ich zu Anfang Augustin Thierry zitiert habe. Dieser fünfundzwanzigjährige Schriftsteller und Mitarbeiter beim Courrier Français und beim Censeur Européen ist ein Zeitgenosse – auch wenn das Jahr, in dem er schreibt, 1820 ist. Wenn du auf seinen Tonfall achtest, hörst du sofort den Zeitgenossen heraus:

»Es ist eine höchst sonderbare Sache, daß die Historiker sich hartnäckig weigern, den Massen jemals irgendeine Art von Spontaneität, von Vorstellungsvermögen zuzuschreiben. Wenn ein ganzes Volk auswandert und sich eine neue Heimstätte schafft, dann ist es für die Chronisten und Poeten irgendein Held, der sich vorgenommen hat, ein neues Reich zu gründen, um seinen Namen berühmt zu machen; wenn sich neue Gebräuche einbürgern, dann ist es irgendein Gesetzgeber, der sie sich ausdenkt und sie erläßt; wenn eine Stadt sich organisiert, dann ist es irgendein Fürst, der ihr zu ihrem Dasein verhilft: das Volk und die Bürger dienen stets als Material für die Vorstellungskraft eines einzigen Men-

schen.« (Augustin Thierry: Sur l'affranchissement des communes. Courrier Français, 13. Oktober 1820. In: Dix ans d'études historiques. 4. Auflage, Paris 1842, S. 369f.)
Du merkst, daß er sagt:
– Wir sind nicht Scheiße!
Aber es ist wahrlich nicht beabsichtigt, daß du das merken sollst. Das heutige Bürgertum versteckt seine eigenen grundlegenden Werke und hält sie unter Verschluß. Seine Studenten dürfen diese Werke nur in der Form von Kompendien und Zusammenfassungen lesen. Denn wenn man ihnen die Möglichkeit gäbe, abends auf ihrem Stuhl zu sitzen und die Leselampe direkt auf Augustin Thierry zu richten, dann würde aus dem Nebel um sie her eine Weltanschauung auftauchen. Dann würden sie nicht umhin können, die Zeit nach 1820 zu sehen. Das ist natürlich ein entsetzlicher Anblick. Aber: nicht nur entsetzlich. Lieber mitten im Elend sehen können als einer von Brueghels Blinden sein. Unsere Gegenwart reicht, von den Kriegen um das Kontinentalsystem an, über uns hinaus in die künftigen Jahre hinein.

Du weißt, wie es mit Schriftstellern ist. Wenn man sie braucht, treten sie aus den Regalen hervor. Da stehen sie, mit dem Rücken zum Zimmer, und diese Rücken scheinen fast von einem Leuchten umgeben. Man streckt die Hand aus, geht direkt darauf zu, nimmt das Buch heraus, es öffnet sich wie von selbst, da steht der gedruckte Text, und er beginnt unverzüglich zu sprechen.

Als ich zum erstenmal auf Augustin Thierry stieß, war ich wohl dreizehn oder vierzehn Jahre alt. Es war zu der Zeit, als ich mich zwangsläufig mit der napoleonischen Ära beschäftigte. Es fing damit an, daß ich im Jahre 1940 Tarle entdeckte, als er ins Schwedische übersetzt wurde. Du bist zehn Jahre jünger als ich. Im Jahre 1940 hast du nicht das Bedürfnis haben können, etwas über Napoleon zu lesen. Aber ich glaube, du verstehst, warum es für einen lesehungrigen Dreizehnjährigen im Herbst des Jahres 1940 so notwendig wurde, zu versuchen, mit Napoleon zurechtzukommen. Äußerlich gesehen war ja vieles so ähnlich. Das Kontinentalsystem schien dieselbe Festung Europa zu sein wie die, in deren kleinem nördlichen Hof ich aufwuchs. Etwas über Napoleon zu lesen bedeutete aber, daß man erkannte, warum Hitler und Mussolini nicht Napoleon waren. Da ich mich mit einer Epoche beschäftigte und nicht mit einer Person, begegnete ich damals zum erstenmal Augustin Thierry.

Dann fand ich ihn bei Branting wieder und schließlich ernstlich bei Marx. Er sei der Vater des Klassenkampfes in der französischen Geschichtsschreibung gewesen, hatte Marx bemerkt. Das notierte ich mir. Ich versah Augustin Thierry mit einem Etikett. Aber ich hatte nicht von Marx gelernt. Ich machte es nicht wie er, wenn er auf ältere Schriften stieß. Ich habe nicht unverzüglich Augustin Thierry in der Bibliothek bestellt; ich begnügte mich damit, etwas über ihn zu lesen. Ich akzeptierte Plechanows etwas schroffes Urteil über ihn und kam deshalb nicht dazu, das Zeitgenössische an Augustin Thierry zu erkennen, konnte auch nicht verstehen, daß das Wesentliche an seinem Werk nicht die Frage der »Eroberung« war, sondern das selbständige und zielgerichtete Handeln der Massen. (Muß ich betonen, daß er nicht Marxist war? Seine Geschichtsschreibung war eine Voraussetzung für Marx; nicht eine Folge.)

Vor ein paar Jahren fing ich dann wieder ernsthaft an, Balzac zu lesen, zur selben Zeit, als sowohl Gun wie ich die Kunst des 12. Jahrhunderts in Europa zu »sehen« begannen. Es war eine Entscheidung, aber keine willkürliche. Du weißt, wie es ist, wenn du plötzlich merkst, daß dein Geschmack sich ändert und dein Interesse sich auf einen neuen Kurs ausrichtet. Es gibt maßgebliche Faktoren gesellschaftlicher Art. Das 12. Jahrhundert ist das erste europäische Jahrhundert und Balzac der größte unter den Schriftstellern der Bourgeoisie. Das 12. Jahrhundert leitet ein historisches Zeitalter ein, Balzac ist eine der Portalfiguren der Periode, welche die mächtige Entwicklung des kapitalistischen Systems umfaßt. Heute, gegen Ende dieser Periode und dieses Zeitalters, werden ihre Anfänge von Tag zu Tag immer aktueller. Die Formenwelt des 12. Jahrhunderts tritt uns wieder entgegen. (Um es anders zu sagen: Ich bin davon überzeugt, daß die bösen Vögel von Chauvigny nachts auf dich zufliegen.) Man kann nicht mehr davon absehen, daß Balzac uns das beschrieben hat, was unsere Zeit geworden ist. Du kannst Balzac nicht widerlegen, indem du geltend machst, er habe nicht an den Sieg der Revolution von 1848 geglaubt und der Revolution im Jahre 1848 aktiv und bewußt entgegengearbeitet. Denn wir leben ja eben in der Nachwelt, die von der Niederlage und dem Mißlingen dieser Revolution geformt worden ist.

Als ich an diesem Punkt angelangt war, wurde Augustin Thierry notwendig. Ich begegnete ihm bei Balzac. Ich begegnete ihm in der politischen Auseinandersetzung zwischen Zulma Carraud und Balzac. Mit welcher Frau Balzac geschlafen haben mag und welcher er ein Kind gemacht hat, ob er überhaupt irgendeiner Frau ein Kind gemacht hat, das ist ja alles völlig uninterressant angesichts der Frage, welche Bücher er gelesen und über welche Fragen er diskutiert hat. Viele von den Mißverständnissen bei der Rezeption Balzacs beruhen nur darauf, daß ein großer Teil seiner Anhänger es vorgezogen hat, Korrekturfehler zu zählen und Schneiderrechnungen zu studieren, statt sich mit dem intellektuellen Milieu vertraut zu machen, in dem er gearbeitet hat.

Dann standen plötzlich zwölf Bände Thierry vor mir. Augustin und Amédée. Es war bei Francis Edwards in London. The Royal Institution hatte sie aussortieren lassen. In den letzten 120 Jahren hatte niemand darin herumgeblättert. Die schlechte Gerbung des 19. Jahrhunderts und der Londoner Schwefel hatten das Leder morsch werden lassen. Als ich die Bände aufschlug, zerfiel es zu weichem Staub. Darauf war ich gefaßt gewesen. Ich nahm sie mit nach Hause und brachte sie in den Keller hinunter. Dann habe ich sie repariert und neu gebunden. Behutsam übertrug ich das morsche Leder der Buchrücken auf den neuen Einband. Ich versichere dir, Lars – du würdest kaum sehen können, daß sie neu gebunden sind! Nachdem ich sie aus der Presse genommen hatte, konnte ich das Exlibris von Gun und mir einkleben und zu lesen beginnen.

Bei Augustin Thierry gibt es einen Kernsatz, der sich auf das 12. Jahrhundert in Frankreich bezieht; es ist ein Satz, der die Frage nach der Niederlage umdreht und sie in unsere Gegenwart einbringt, von 1789 an in die Zukunft hinein:

>»Die rechte Stunde für diese Revolution war gekommen, der einstweilige, wenn nicht endgültige Abschluß der großen Bewegung sozialer Wiedergeburt, die im zwölften Jahrhundert beginnt.« (Augustin Thierry: Récits des temps mérovingiens, Bd. 1. 2. Auflage, Paris 1842, S. 164.)

Im Zusammenhang mit der aristokratischen Geschichtsschreibung des Grafen de Montlosier verleiht Augustin Thierry ein paar Seiten weiter dem 12. Jahrhundert deutliche Konturen. De Montlosier sei der erste gewesen, der:

>»ein lebhaftes Gespür dafür hatte, woher die moderne Gesellschaftsordnung stammt. Er hat dem zwölften Jahrhundert seinen wahren Charakter zugewiesen, indem er eine Revolution dorthin verlegte, welche die Mutter all derer war, die es seitdem gegeben hat.« (ebenda, S. 222.)

Die Formenwelt des 12. Jahrhunderts ist natürlich nicht zufallsbedingt; es ist aber auch kein Zufall, daß diese Formenwelt in unserer heutigen Zeit Schritt für Schritt hervortritt, aktuell wird und deutliche Gestalt gewinnt. Schon ist Roosvals Beurteilung der Skulpturen in Chauvigny zu etwas Abseitigem und nurmehr Sonderbarem geworden. Auch dieser Wandel der Betrachtungsweise ist wichtig. Man kann ihn verfolgen, kann sehen, wie er eingeleitet wird und wie er sich entwickelt. Wann hört in Frankreich der Abbruch der Kirchen aus dem 12. Jahrhundert auf? Wann hören die Kunsttheoretiker auf, diese Kunst vulgär und plump zu finden? (Apropos Gleichzeitigkeit: Wohlgemerkt »entdecken« sowohl christliche wie atheistische Kunsthistoriker, marxistische wie bürgerliche Kritiker, bürgerliche wie proletarische Betrachter das 12. Jahrhundert zur selben Zeit. Wichtig ist jedoch, daß das 12. Jahrhundert, das sie sehen, und die Formen, die sie benutzen, sich unterscheiden und von gesellschaftlichen und klassenmäßigen Interessen bestimmt werden. Beide Richtungen sind wichtig. Mir sind selbsternannte Marxisten untergekommen, die die Existenz dieses Phänomens der Gleichzeitigkeit mit dem Hinweis auf die klassenmäßig bedingte Betrachtungsweise geleugnet haben, und andere, die diese Frage dadurch gelöst haben, daß sie sowohl das Phänomen selbst wie auch die klassenmäßig bedingte Betrachtungsweise geleugnet und die Kunst in das Reich der Ewigkeit verwiesen haben.)

Die Bedeutung der Tatsache, daß sich das 12. Jahrhundert zu einem zeitgenössischen Phänomen entwickelt hat, ist natürlich keine private Entdeckung von mir. Allein der Umstand, daß diese Frage mein Interesse erregt hat, resultiert aus dieser allgemeinen Veränderung, die die Formenwelt des 12. Jahrhunderts zeitgenössisch macht. Bei den Katholiken finde ich eine Erklärung für dieses Phänomen. Sie ist von Raymond Oursel formuliert worden. Es ist eine richtige Darstellung, die auf den Kopf gestellt worden ist. Wenn du sie wieder umdrehst und sie in der Entwicklung des Kapitalismus zum Monokapitalismus in der imperialistischen Epoche verankerst, erhältst du eine brauchbare Analyse:

> »Diese Offenbarungen eines kleinen Stückchens Zeitgeschichte sind nicht unwichtig. Aber über die beharrliche Arbeit der Pioniere hinaus scheint es doch notwendig gewesen zu sein, daß einerseits das künstlerische Universum von dem Irrationalismus durchdrungen wurde, der in allen Bereichen das vielleicht eigentümlichste Phänomen dieser Zi-

vilisation darstellt, die den Impressionismus hervorgebracht hat; zum anderen die unsagbare, unausgesprochene und schmerzliche Suche nach einem Gott, der das Chaos der Welt ordnet und transzendiert . . .« (R. Oursel: Invention de l'architecture romane. La Pierre-qui-Vire/Yonne/ 1970, S. 17.)

Dieser Text, cum permissu superiorum in der Druckerei des Benediktinerklosters gedruckt, ist ganz plausibel. Ich kann der Darstellung zustimmen – wir stehen diesem Phänomen als Zeitgenossen gegenüber; aber ich suche die Erklärung dafür nicht in der Ewigkeit oder in einer jenseitigen Gegenwart. Die Erklärung dafür, daß die Kunst des 12. Jahrhunderts heute für uns eine bedeutungsvolle Schönheit besitzt, findet sich nicht in der Kunst selbst, sondern in unserer eigenen Zeit, die diese Schönheit für uns erschafft. Unsere Epoche hat jedoch Wurzeln. Und diese Wurzeln reichen bis ins 12. Jahrhundert zurück. Man findet sie aber erst dann, wenn man sich an den täglichen Kämpfen beteiligt. Daß wir nicht Scheiße sind, zeigen wir, indem wir einsehen – wie Göran Sonnevi in einem späteren Gedicht als dem von dir zitierten schreibt:

»Aber es geht nicht wenn nicht
die meisten Menschen in den Häusern ringsum
mitgehen, die
Initiative ergreifen Alle Menschen hier
die ein anderes
freieres und demokratischeres Leben wollen, frei
von aller Ausbeutung allem Zwang.«

Denn:

»Wir nähern uns der Linie,
der Fläche in der Zeit, wo
alles zusammentrifft, zusammengeschweißt wird
zu einer einzigen Kraft
gegen die Unterdrückung, wo aller Zorn aufblüht
wie eine Rose –«

(Det oavslutade språket [»Die unvollendete Sprache«], Stockholm 1973, S. 140f.)

Also dokumentiert Gun das 12. Jahrhundert in Bildern. Es ist eine ganz erstaunliche Kollektion. Nicht nur deshalb, weil sie so umfangreich ist und so viel vom Wesen des 12. Jahrhunderts in Norwegen und Frankreich dokumentiert, sondern vor allem, weil Gun ein so klares Verhältnis zu den Künstlern jener Zeit hat.

Sie respektiert sie. Photographieren ist ja eine Frage der Moral. Sie macht keine Photokunst aus der Arbeit der Künstler des 12. Jahrhunderts. Bei der Wahl des Blickwinkels folgt sie dem Willen des Künstlers; sie hält sich bei ihren Bildern an die Blickrichtung des Betrachters, für die der Künstler gearbeitet hat. Sie verzerrt die Dimensionen und die Linien nicht durch falsches Licht. Sie benutzt die graphische Vereinfachung der Schwarzweiß-Photographie, um die Arbeit der Künstler aus dem 12. Jahrhundert bildlich darzustellen.

Jetzt sind wir beim Packen. Wir wollen nach Frankreich. Wir werden die Fähre nach Amsterdam nehmen und dann zuerst in die Normandie fahren (Gun will die Kirche in Tollevast photographieren – sie ist nach unserem dänischen Vorfahren Tolir benannt), danach Richtung Süden (zuerst nach Chauvigny; dort will Gun ein paar Photos machen). Ein paar Wochen lang wollen wir auch einfach nur an einem Ort bleiben. Von Chauvigny aus möchte Gun nach Moissac hinunterfahren, über Saintes und Bordeaux. Dort sind ein paar Kirchen zu besichtigen. Auf dem Rückweg von Moissac möchten wir für eine Weile in einer kleinen Stadt Station machen, die Tournon d'Angenais heißt.

Wir sind schon früher dort gewesen. Es ist eine Bastide, eine Festungsstadt aus dem 13. Jahrhundert, mit einem trotz der Albigenserkriege, des Hundertjährigen Kriegs und der Religionskriege recht gut erhaltenen Stadtbild. Sie hat tausend Einwohner (1006, um genau zu sein). Dort erreichen mich weder Briefe noch Telephongespräche. Das Hotel ist ruhig. An den Vormittagen sitze ich am Tisch und schreibe, Gun sitzt am Fenster und malt; nach dem Lunch machen wir einen Mittagsschlaf; am Nachmittag gehen wir spazieren, am Abend lesen wir. Wenn wir mit der Arbeit fertig sind, fahren wir weiter nach Norden.

Dies ist nun eine Art zu leben und zu arbeiten, wie sie die Berliner Linksintellektuellen, deren sozialer, politischer, sexueller und moralischer Status in einem ständigen Wandel begriffen ist und sich niemals fixieren läßt, für äußerst bürgerlich halten würden. Um nicht zu sagen spießbürgerlich. Aber ich sehe das anders. Ich betrachte ihre Lebensweise als kleinbürgerlich-dekadent.

Wir leben und arbeiten in einer Zeit der immer ausgedehnteren, langwierigen Kriege. Eine Krise löst die andere ab. Die Völker erleiden furchtbare Niederlagen im Klassenkrieg. Die Gendarmerie gedeiht in ganz Europa. Der Kampf um die

Rohstoffquellen wird immer hemmungsloser. Die offizielle Entspannung dient nur als Vorwand für das Spiel, das neue Kriege einleitet. Ich glaube, du wirst mit dieser Darstellung übereinstimmen. Wir selbst aber können noch arbeiten. Wir sind nicht nur zufällig verschont geblieben, sondern wir haben auch – wer weiß, wie lange noch? – die Möglichkeit, durch Worte zu wirken, die vervielfältigt werden. Also arbeiten wir. Um arbeiten zu können, muß man sein Leben organisieren und disziplinieren. Das ist weiter keine Kunst. Denk an Lenin und die Krupskaja; ein stilles und – wenn du so willst – bürgerliches Alltagsleben. Um dazu beitragen zu können, den entsetzlichen Alltag zu sprengen. Es gibt auch eine andere Praxis. Später mehr darüber.

Das 12. Jahrhundert. Thierry. Balzac. Die unnötige Zeit nach 1848. Du magst vielleicht denken, daß ich zu Geschichtsspekulationen neige. Dem ist nicht so. Die marxistische Geschichtsspekulation sieht anders aus. In ihr schreitet der Weltgeist einher wie in Hegels berühmtem Brief an Niethammer, und – was bedeutend schlimmer ist – das eigene Handeln wird dabei zu einer ebenso beliebigen taktischen Frage wie damals bei Hegel:

> »Die sicherste (nämlich innerlich und äußerlich) Partie ist wohl, den Avanceriesen fest im Auge zu behalten; so kann man sogar hinstehen und zur Erbauung gesamter vielgeschäftiger und eifriger Kumpanschaft selbst Schuhpech, das den Riesen festhalten soll, mit anschmieren helfen und zur eigenen Gemütsergötzlichkeit dem ernsthaften Getreibe Vorschub leisten.« (Hegel an Niethammer, 5. Juli 1816. In: Hegel, Briefe II, Hamburg: T. Meiner 1953, S. 86.)

Wenn du in Texten, die marxistisch sein sollen oder in einer Politik, die revolutionär sein soll, plötzlich beginnst, den Weltgeist einherschreiten zu sehen: dann mußt du auf der Hut sein. Dann ist irgendwas faul. Im Sommer 1969 haben wir über Lukács und seine Hinwendung zum Marxismus diskutiert. Du hast dir »Die Theorie des Romans« ausgeliehen, erinnere ich mich. Gerade bei Lukács' Hinwendung zum Marxismus stapft der Weltgeist deutlich sichtbar durch seinen Text. Die abstrakte Geschichte konfrontiert die konkreten Menschen mit idealistischen Forderungen:

> »Für denjenigen jedoch, der diese Möglichkeit erfaßt, gibt es, wenn er Sozialist ist, keine Wahl und kein Schwanken.
>
> Das kann jedoch keineswegs heißen, daß so entstandenes Handeln notwendigerweise schon moralisch fehlerlos und

einwandfrei sein muß. /. . ./ Im Gegenteil: die ethische Selbstbesinnung weist ja gerade darauf hin, daß es Situationen gibt – tragische Situationen –, in denen es unmöglich ist zu handeln, ohne Schuld auf sich zu laden; gleichzeitig aber lehrt sie uns auch, daß, falls wir zwischen zwei Arten, schuldig zu werden, zu wählen hätten, auch dann das richtige und das falsche Handeln einen Maßstab besäßen. Dieser Maßstab heißt: Opfer. Und so, wie der einzelne, zwischen zwei Arten von Schuld wählend, schließlich dann die richtige Wahl trifft, wenn er auf dem Altar der höheren Idee sein minderwertiges Ich opfert, besteht eine Kraft darin, dieses Opfer auch für das kollektive Handeln zu ermessen; hier jedoch verkörpert sich die Idee als ein Befehl der welthistorischen Situation, als geschichtsphilosophische Berufung.« (Georg Lukács: Taktik und Ethik. In: Geschichte und Klassenbewußtsein, Werke, Frühschriften II, Neuwied: Luchterhand 1968, S. 52.)

Dies schrieb er im Jahre 1918. Vor der Revolution, aber während seiner eigenen Hinwendung zum Marxismus. Der Text hat einen unangenehm prophetischen Klang. Er enthält Gedanken, die alles legitimieren können. Die alles legitimiert haben.

Es ist ja nicht die Geschichte, die Forderungen an die Menschen stellt. Sie ist ja nur eine Abstraktion, die in den Köpfen der Menschen entstanden ist. Die Forderung ist von anderer Art. Um es mit Marx zu sagen:

»Andrerseits, wenn wir nicht in der Gesellschaft, wie sie ist, die materiellen Produktionsbedingungen und ihnen entsprechenden Verkehrsverhälnisse für eine klassenlose Gesellschaft verhüllt vorfänden, wären alle Sprengversuche Donquichoterie.« (Marx: Grundrisse der politischen Ökonomie. Fotomechanischer Nachdruck der Moskauer Ausgabe von 1939. Berlin: Dietz Verlag 1953, S. 77.)

Dieses Manuskript schrieb Marx 1857/58. Im Jahre 1847 hatte Marx während seiner Auseinandersetzung mit Proudhon begonnen, öffentlich zu formulieren, was er zwanzig Jahre später, im Vorwort zur ersten Auflage des Kapitals

»das ökonomische Bewegungsgesetz der modernen Gesellschaft« (Das Kapital I, MEW 23, S. 15.)

nannte, nämlich:

»Produktion von Mehrwert oder Plusmacherei ist das absolute Gesetz dieser Produktionsweise. Nur soweit sie die

Produktionsmittel als Kapital erhält, ihren eignen Wert als Kapital reproduziert und in unbezahlter Arbeit eine Quelle von Zuschußkapital liefert, ist die Arbeitskraft verkaufbar.« (ebenda, S. 647.)

Wohlgemerkt haben alle herrschenden Klassen im Lauf der Geschichte kraft ihrer Macht einen Tribut von den Beherrschten nehmen können; durch ihre Herrschaft über die Produktionsmittel konnte die herrschende Klasse sich das aneignen, was als Überschuß blieb, nachdem der Bedarf der Arbeiter gedeckt war. (Dieser Überschuß ermöglichte die Künste und Wissenschaften.) Der Mehrwert ist die Form, die dies im Kapitalismus annimmt. Außerdem ist zu bedenken, daß allein die produktive Arbeit die Quelle für sämtliche Einkünfte in der Gesellschaft bildet; wie sie auch beschaffen sein mögen (z. B. Honorare für Artikel), so stammen sie doch ursprünglich aus dem Mehrwert oder aus dem Arbeitslohn für die produktive Arbeit. Im Kapitalismus sind alle gesellschaftlichen Erscheinungsformen den Gesetzen des Mehrwerts unterworfen; das eigentliche Wesen der kapitalistischen Produktionsverhältnisse besteht in dem Gegensatz zwischen Bourgeoisie und Proletariat, und

>In demselben Maße, worin sich die Bourgeoisie, d. h. das Kapital, entwickelt, in demselben Maße entwickelt sich das Proletariat ... Mit der Entwicklung der großen Industrie wird also unter den Füßen der Bourgeoisie die Grundlage selbst hinweggezogen, worauf sie produziert und die Produkte sich aneignet. Sie produziert vor allem ihren eigenen Totengräber. Ihr Untergang und der Sieg des Proletariats sind gleich unvermeidlich.« (Marx/Engels: Manifest der Kommunistischen Partei. In: Ausgewählte Schriften, Bd. 1, Berlin: Dietz Verlag 1966, S. 32 u. 37.)

Ich meine, daß in dieser konkreten Notwendigkeit des Jahres 1848 der Ausgangspunkt für eine Einschätzung unserer eigenen Zeit liegen muß.

Um zu dieser Einschätzung zu gelangen, ist es notwendig, sich wieder mit der Debatte der vorhergehenden Jahre – Thierry/Balzac – zu beschäftigen, denn ohne diese Lektüre wird Marx zu einer Abstraktion. Es ist unmöglich, all das, was Augustin Thierry repräsentiert, aus Marx herauszuschneiden, ohne ihn zugleich lahmzulegen und seine Theorie zu einer Dostojewski-Variante zu machen (wie Lukács in dem oben zitierten Abschnitt). Deshalb versuche ich auch, den Verlag dazu zu bringen, zumindest die ersten fünf Kapitel von Augustin Thierrys »Récits des temps mérovingiens« herauszubringen, diese in sich abgeschlossene Übersicht über die französische Geschichtsschreibung, die er »Considérations sur l'histoire de France« genannt hat und über die er schreibt:

>»Bei dieser Untersuchung habe ich mich auf die grundlegenden Theorien beschränkt, auf die großen Systeme der französischen Geschichte, und ich habe die wesentlichen Elemente hervorgehoben, aus denen sie sich zusammensetzen. Das Gesetz, nach welchem diese Systeme aufeinander folgen, habe ich in der engen Beziehung gefunden, die jedes von ihnen mit der Epoche verbindet, in der es in Erscheinung getreten ist. Von Epoche zu Epoche habe ich die vorherrschende Nationalidee und die Ansichten der Klassen oder Parteien über den Ursprung der französischen Gesellschaft und ihre Revolutionen herausgestellt. Ich habe mit einem Wort den Weg aufgezeigt und beschrieben, den die Theorie der französischen Geschichte bis in unsere Tage durchlaufen hat, all die großen Linien, die verfolgt oder wieder aufgegeben wurden, von wo man ausgegangen ist, welche Stationen man passiert hat, an welchem Punkt wir uns jetzt befinden und auf welches Ziel wir uns zubewegen.« (Augustin Thierry: Récits des temps mérovingiens, Bd. 1. 2. Auflage, Paris 1842, S. 16f.)

Denn bei Augustin Thierry – und dies ist wichtig – sind es die Menschen, die sich aus guten Gründen ihre Geschichte schaffen:

>»Wollt ihr genau wissen, wer eine Institution geschaffen hat, wer eine gesellschaftliche Unternehmung konzipiert hat? Dann findet heraus, wer einen wirklichen Bedarf daran hatte; diesem ist der erste Gedanke, der Wille zum Handeln und zumindest der größte Teil der Ausführung zuzuschreiben: *is fecit cui prodest* (getan hat es der, dem es Nutzen bringt): dieses Axiom läßt sich ebensogut auf die Geschichte anwenden wie auf die Rechtsprechung.« (Augustin Thierry: Dix ans d'études historiques. 4. Auflage, Paris 1842, S. 370.)

Hegel ist als Vorläufer wichtig; aber wenn Lukács und andere versuchen, den einherschreitenden Weltgeist in den Marxismus einzuschmuggeln, dann sollte man ihn mit Augustin Thierry austreiben. Denn Marx glaubt weder an Geister noch an Weltgeister, sondern:

»Die Menschen machen ihre eigene Geschichte, aber sie machen sie nicht aus freien Stücken, nicht unter selbstgewählten, sondern unter unmittelbar vorgefundenen, gegebenen und überlieferten Umständen. Die Tradition aller toten Geschlechter lastet wie ein Alp auf dem Gehirne der Lebenden.« (Marx: Der achtzehnte Brumaire des Louis Bonaparte, geschrieben Dezember 1851 bis März 1852. MEW 8, S. 115.)

Wenn aber die materiellen Voraussetzungen für die klassenlose Gesellschaft im Jahre 1848 in Westeuropa gegeben waren, wenn die Produktion des Mehrwertes zugleich die Totengräber der Bourgeoisie produziert und die Revolution notwendig macht, und wenn die Menschen selbst – nicht ein abstrakter Weltgeist – die Geschichte machen, wie ist dann eigentlich diese unsere Zeit in Europa nach dem Jahre 1848 beschaffen?

Monopolkapital und Imperialismus. Ja! Wir müssen aber zu der Periode zwischen den Jahren 1830 und 1848 in Frankreich zurückkehren, um die Wurzel ausgraben zu können. Wir finden sie in der Gesellschaft, die Balzac uns beschreibt. Er hat uns die Periode nach 1848 geschildert. Ich meine, daß der Ausdruck »Triumph des Realismus« schlechthin zum Merkmal ideologischen Schwindels geworden ist. Balzac war keineswegs eine »objektiv« revolutionäre Gestalt. Hätten wir im Jahre 1848 gesiegt, dann hätten wir ihn möglicherweise so sehen können. Aber wir waren ja nicht die Sieger. Wir haben nicht gesiegt. Balzac ist typisch – nicht durchschnittlich. Typisch für jene, die nach 1848 den Sieg davongetragen haben. Und dort müssen wir ihn suchen. (Dadurch erklärt sich auch das weitverbreitete Widerstreben, ihm eine intellektuelle und politische Bedeutung als Denker zuzubilligen.) Nun diskutiere ich ja nicht nur über Balzac; ich versuche auch dafür zu sorgen, daß eine Reihe seiner wesentlichen Texte den schwedischen Lesern zugänglich gemacht werden, so daß sie nicht mehr auf Kompendien angewiesen sind, sondern direkt an die Quellen gehen können.

Deshalb kommen jetzt zwei weitere Bände heraus. Der eine enthält »Une ténébreuse affaire« und »Le député d'Arcis«. Der zweite umfaßt »Sur Catherine de Médicis« sowie drei große politische Artikel: »Enquête sur la politique des deux ministères«, »Le départ« und »Du gouvernement moderne«. Jeder Band soll ein kurzes – aber gründliches – Nachwort bekommen. Danach wird es wohl nicht einmal den kompendienvergifteten Akademikern von Lund mehr möglich sein, vom »Triumph des Realismus« zu sprechen oder zu sagen: »Politisch gesehen war Balzac zwar ein Legitimist, aber . . .«

Die große Frage nach unserer unnötigen Gegenwart muß also einerseits durch ein gründliches Studium der beiden Jahrzehnte zwischen 1828 und 1848 beantwortet werden, zum anderen durch eine wirkliche Untersuchung der hier und jetzt existierenden Verhältnisse (also nicht nur ihrer offiziellen Etiketten) in Europa und der Beziehung Europas zu den armen und ausgebeuteten *Ländern.*

Du stellst die Mehrwerttheorie in Frage. Du hast recht darin, daß sie ein Eckstein ist. Es ist nicht falsch, diese Theorie in Frage zu stellen; aber ich finde, daß du es auf falsche Weise tust. Bevor ich jedoch versuche, das aufzuzeigen, möchte ich, daß wir zuerst mit einer Vorstellung aufräumen, die dein alter Lehrer Hedenius hat und die vielleicht immer noch herumspukt. Professor Hedenius schrieb am 30. 9. 1973 in *Dagens Nyheter* unter dem Titel »Ist man reaktionär, nur weil man ein Pessimist ist?« unter anderem folgendes:

> »Man entkommt dem Pessimismus nicht einmal dann, wenn man Marx' irrige Idee akzeptiert, daß die Entwicklung der Menschheit sich aufgrund einer inneren Notwendigkeit auf einen katastrophalen Zusammenbruch der kapitalistischen Gesellschaft zubewege, nach dem sich dann allmählich ein sozialistisches Reich der Glückseligkeit etabliere. Die notwendige Voraussetzung für das Glück im sozialistischen Dasein wäre dann eben all dies entsetzliche Leiden der Menschheit in der Vergangenheit.«

Die Vorstellung, daß Marx eine Art übergeschichtliche Theorie, eine Theorie der Theorien konstruiert haben soll, ist ebenso gängig wie falsch. Sowohl die Gegner des Marxismus wie auch die selbsternannten (oder von Institutionen des Marxismus als Marxisten legitimierten) Marxisten, die das Bedürfnis haben, den Marxismus in eine Ideologie zu verwandeln, hegen diesen Gedanken. Karl Marx ist solchen Leuten indessen schon zu seinen Lebzeiten begegnet und hat ihnen sehr deutlich seine Meinung gesagt:

> »Sehr geehrter Herr Redakteur!
>
> . . .
>
> Das Kapitel über die ursprüngliche Akkumulation will nur den Weg schildern, auf dem im westlichen Europa die kapi-

talistische Wirtschaftsordnung aus dem Schoß der feudalen Wirtschaftsordnung hervorgegangen ist. Es stellt also die geschichtliche Bewegung dar, die, indem sie die Produzenten von ihren Produktionsmitteln trennte, die ersteren in Lohnarbeiter (Proletarier im modernen Sinn des Wortes) und die Besitzer der letzteren in Kapitalisten verwandelte /. . ./ Am Schluß des Kapitels wird die geschichtliche Tendenz der Produktion auf folgendes zurückgeführt: daß sie ›mit der Notwendigkeit eines Naturprozesses ihre eigene Negation erzeugt‹, daß sie selbst die Elemente einer neuen Wirtschaftsordnung geschaffen hat, indem sie gleichzeitig den Produktivkräften der gesellschaftlichen Arbeit und der allseitigen Entwicklung jedes individuellen Produzenten den größten Aufschwung gibt, daß das kapitalistische Eigentum, das in der Tat schon auf einer Art kollektiver Produktion beruht, sich nur in gesellschaftliches Eigentum verwandeln kann. An dieser Stelle liefere ich hierfür keinen Beweis, aus dem guten Grunde, daß diese Behauptung selbst nichts anderes ist als die summarische Zusammenfassung langer Entwicklungen, die vorher in den Kapiteln über die kapitalistische Produktion gegeben worden sind.

Welche Anwendung auf Rußland konnte nun mein Kritiker machen von dieser geschichtlichen Skizze? Einfach nur diese: Strebt Rußland dahin, eine kapitalistische Nation nach westeuropäischem Vorbild zu werden – und in den letzten Jahren hat es sich in dieser Richtung sehr viel Mühe kosten lassen –, so wird es dies nicht fertig bringen, ohne vorher einen guten Teil seiner Bauern in Proletarier verwandelt zu haben; und dann, einmal hineingerissen in den Wirbel der kapitalistischen Wirtschaft, wird es die unerbittlichen Gesetze dieses Systems zu ertragen haben, genau so wie die anderen profanen Völker. Das ist alles. Aber das ist meinem Kritiker zu wenig. Er muß durchaus meine historische Skizze von der Entstehung des Kapitalismus in Westeuropa in eine geschichtsphilosophische Theorie des allgemeinen Entwicklungsganges verwandeln, der allen Völkern schicksalsmäßig vorgeschrieben ist, was immer die geschichtlichen Umstände sein mögen, in denen sie sich befinden, um schließlich zu jener ökonomischen Formation zu gelangen, die mit dem größten Aufschwung der Produktivkräfte der gesellschaftlichen Arbeit die allseitigste Entwicklung des Menschen sichert. Aber ich bitte um Verzeihung. (Das heißt mir zugleich zu viel Ehre und zu viel Schimpf antun.) /. . ./ Wenn man jede dieser Entwicklungen für sich studiert und sie dann miteinander vergleicht, wird man leicht den Schlüssel zu dieser Erscheinung finden, aber man wird niemals dahin gelangen mit dem Universalschlüssel einer allgemeinen geschichtsphilosophischen Theorie, deren größter Vorzug darin besteht, übergeschichtlich zu sein.« (Marx: Brief an die Redaktion der ›Otetschestwennyje Sapiski‹, geschrieben etwa November 1877. MEW 19, S. 107–112.)

Und was das Reich der Glückseligkeit betrifft, jenes, das den Menschen die vielseitigste Entwicklung ermöglicht, so hat Marx gerade im Kapital eine knappe, aber deutliche Beschreibung davon gegeben:

»Stellen wir uns endlich, zur Abwechslung, einen Verein freier Menschen vor, die mit gemeinschaftlichen Produktionsmitteln arbeiten und ihre vielen individuellen Arbeitskräfte selbstbewußt als eine gesellschaftliche Arbeitskraft verausgaben. /. . ./ Die gesellschaftlichen Beziehungen der Menschen zu ihren Arbeiten und ihren Arbeitsprodukten bleiben hier durchsichtig einfach in der Produktion sowohl als in der Distribution. /. . ./ Die Gestalt des gesellschaftlichen Lebensprozesses, d. h. des materiellen Produktionsprozesses, streift nur ihren mystischen Nebelschleier ab, sobald sie als Produkt frei vergesellschafteter Menschen unter deren bewußter planmäßiger Kontrolle steht. Dazu ist jedoch eine materielle Grundlage der Gesellschaft erheischt oder eine Reihe materieller Existenzbedingungen, welche selbst wieder das naturwüchsige Produkt einer langen und qualvollen Entwicklungsgeschichte sind.« (Das Kapital I. MEW 23, S. 92 ff.)

Marx war kein Zukunftsforscher. Die Zukunft bleibt offen. Er spricht von einer notwendigen Möglichkeit. Von der Utopie Abstand zu nehmen, bedeutet nicht, von der Sehnsucht, den Hoffnungen und Bemühungen Abstand zu nehmen, sondern sie anzuerkennen und nicht zu versuchen, die Zukunft einzuschränken, indem man sie mit den starren Traditionen aller toten Generationen belastet. Ich teile nicht deine Ansicht über Utopien. Du gibst in »Utopien« folgende Definition:

»Eine Utopie ist eine Vorstellung von etwas, das nicht existiert, aber eine Vorstellung, die sich auf gesellschaftliche Relationen beschränkt, auf das, was wir mit den Hilfsmitteln – den natürlichen und menschlichen –, die uns offenkundig zur Verfügung stehen, würden verwirklichen können.« (L. G.: Utopien, übersetzt von H. Grössel u. a. München: Hanser 1970, S. 83.)

Ich würde das so formulieren:

»Eine Utopie ist eine Vorstellung von etwas, das einmal hätte existieren können, aber eine Vorstellung, die sich auf gesellschaftliche Relationen beschränkt, auf das, was die Menschen mit den Hilfsmitteln – den natürlichen und menschlichen –, die ihnen offenkundig zur Verfügung gestanden haben könnten, hätten verwirklichen können. Eine Utopie ist eine auf die Gegenwart fokussierte Projektion von Traditionen aus der Vergangenheit.«

Wie auch immer sie konstruiert sein mag, sie ist rückwärts gewandt; es fehlt ihr das Offene, das Schöpferische, das Vorwärtstreibende. Du verstehst, daß dies auch eine Kritik an der Zukunftsforschung ist. Bitte lies noch einmal sorgfältig »Looking backward« von Edward Bellamy. Es ist 1888 veröffentlicht worden und war eins der wichtigsten Bücher seiner Zeit. Es hat sowohl John Dewey wie Charles Bead beeinflußt. 500 000 Exemplare sind in den Vereinigten Staaten davon verkauft worden. Was ist das aber eigentlich für eine Welt, die Bellamy beschreibt? Ist das die Möglichkeit eines Vereins von freien Menschen, über die Marx im Kapital geschrieben hat? Die notwendige Möglichkeit also, die wir noch zu verwirklichen haben. Oder schildert Bellamy eigentlich die Vergangenheit seiner eigenen Zeit? Die Traditionen, die uns immer noch in einer unnötigen Zeit gefangenhalten.

Vier Jahre nach der Veröffentlichung von Edward Bellamys »Looking backward« gab Mark Twain seine große Anti-Utopie heraus. Aus irgendeinem unbegreiflichen Grund wird sie als »komisch« bezeichnet. Aber es ist ein komisches Kinderbuch im gleichen Sinn wie »Gullivers Reisen« ein komisches Kinderbuch ist. In »A Connecticut Yankee at King Arthur's Court« wird die damalige Gegenwart in ihre Vergangenheit hineinprojiziert. Ihre Möglichkeiten führen dort zu einem Romanschluß, der uns eine entsetzliche Vision bietet. Der Held – die Zukunft – wird durch seinen eigenen Sieg in seine Höhle eingesperrt und dann von dem Gestank all der verfaulenden Leichen der Menschen aus der Vergangenheit vergiftet, die ihn nun umgeben, nachdem er sie alle mit Hilfe der Technologie besiegt hat.

Die Zukunftsbeschreibung wird zu einer Absurdität. Ich möchte nicht, daß du glaubst, es wäre dumm und falsch, wenn ich versuche, mit Thierry Hegel dem Marxismus auszutreiben. Marx hatte ein kritisches Verhältnis zu Hegel. Und zu den Grundgedanken, die er und Engels kritisch übernommen haben, gehörte auch:

>Was das Individuum betrifft, so ist ohnehin jedes ein *Sohn seiner Zeit*; so ist auch die Philosophie, *ihre Zeit in Gedanken erfaßt*. Es ist ebenso töricht zu wähnen, irgendeine Philosophie gehe über ihre gegenwärtige Welt hinaus, als, ein Individuum überspringe seine Zeit, springe über Rhodus hinaus. Geht seine Theorie in der Tat drüber hinaus, baut es sich eine Welt, *wie sie sein soll*, so existiert sie wohl, aber nur in seinem Meinen, – einem weichen Elemente, dem sich alles Beliebige einbilden läßt.< (Hegel: Grundlinien der Philosophie des Rechts, Vorrede. Hamburg: F. Meiner 1955, S. 16.)

Das Leiden hingegen spielte für Marx eine wichtige Rolle. Aber nicht gerade die, welche Hedenius im Sinn hat. Man kann nicht viele Seiten vom >Kapital< oder vom >Manifest der Kommunistischen Partei< oder anderen Schriften von Marx und Engels lesen, ohne zu merken, mit welcher Leidenschaft sie geschrieben sind. Jahr um Jahr wird Marx bei seiner Arbeit am >Kapital< von einer weißglühenden Empörung über die Kränkung und Erniedrigung des Menschen vorangetragen. Diese Empörung ist eine gezügelte und disziplinierte Leidenschaft. Aber gleich unter der Oberfläche des Textes klopft es schwer und drängend wie das Schlagen eines Herzens. Marx ist selbst in einem Brief an Sigfried Meyer vom 30. April 1867 darauf eingegangen:

>Warum ich Ihnen also nicht antwortete? Weil ich fortwährend am Rande des Grabes schwebte. Ich mußte also *jeden* arbeitsfähigen Moment benutzen, um mein Werk fertigzumachen, dem ich Gesundheit, Lebensglück und Familie geopfert habe. Ich hoffe, daß diese Erklärung keines weiteren Zusatzes bedarf. Ich lache über die sog. >praktischen< Männer und ihre Weisheit. Wenn man ein Ochse sein wollte, könnte man natürlich den Menschheitsqualen den Rücken kehren und für seine eigene Haut sorgen. Aber ich hätte mich wirklich für *unpraktisch* gehalten, wenn ich krepiert

wäre, ohne mein Buch, wenigstens im Manuskript, ganz fertigzumachen.

Der erste Band des Werks wird in einigen Wochen bei *Otto Meissner* in Hamburg erscheinen. Der Titel der Schrift ist: *Das Kapital. Kritik der Politischen Ökonomie.*« (MEW 31, S. 542.)

Diese gezügelte Empörung ist sehr weit von der dostojewskischen Grübelei entfernt, die Lukács im Jahre 1918 zum Ausdruck gebracht hat. Marx wird von einer starken Leidenschaft getrieben. Nicht vom Mitleid; von der Empörung.

– Wir sind nicht Scheiße!

Marx hat wissenschaftlich gearbeitet. Die Zitate wurden nachkontrolliert. Er hat diskutiert und überprüft. Aber er ist ebensoweit vom bürgerlichen »objektiven Forscher« entfernt wie von dem sonderbaren Lukács. Nicht deshalb, weil er mit den Fakten geschummelt hätte. Das tut er nicht. Eine solche Schummelei ist immer selbstzerstörerisch. Sondern deshalb, weil er Stellung nimmt; erst die Stellungnahme macht das Wissen möglich.

Viele honorige Leitartikelschreiber und andere Feuilletonisten haben es lustig gefunden, daß Marx in einem Brief an Engels schrieb, er hoffe, daß:

»die Bourgeoisie ihr ganzes Leben lang an meine Karbunkeln denken wird«.

Aber ich habe nicht gesehen, daß sie jemals den darauffolgenden Satz und das, was später geschrieben wurde, zitiert hätten:

»Welche Schweinehunde es sind, jetzt wieder neue Probe! Du weißt, daß die Children's Employment Commission 5 Jahre funktioniert hat. /. . ./ Jetzt bringen sie eine Petition an das Parlament und verlangen – *Neue Untersuchung!* /. . ./ Sie wissen also, daß neue Untersuchung nur *eins* meint, aber grade das, ›was wir Bourgeois wollen‹ – neuen Exploitationstermin von 5 Jahren! Glücklicherweise erlaubt meine Stellung bei dem ›International‹, den Hunden einen feinen Strich durch die Rechnung zu machen. Die Sache ist von der außerordentlichsten Wichtigkeit. Es fragt sich um *Abschaffung der Tortur* für $1\frac{1}{2}$ Millionen Menschen, die adult workingmen nicht eingerechnet! Was die Entwicklung der Wertform betrifft, so habe ich deinen Rat befolgt und *nicht* befolgt . . .« (An Engels, 22. 6. 1867. MEW 32, S. 305 f.)

Diese Karbunkel, die die Bourgeoisie wahrhaftig unmöglich vergessen konnte, waren keine kleinen Pickelchen:

»Ich wollte dich auch nicht ennuyieren mit den Ursachen des abermaligen Aufschubs, nämlich Karbunkeln am Hintern und in der Nähe des penis, deren letzte Reste jetzt verblühn und die mir nur unter großen Schmerzen sitzende Position (also schreibende) erlaubten.« (Brief an Engels, 2. April 1867. MEW 31, S. 281.)

Karl Marx litt an schmerzhaften Karbunkeln. Als er die Notizen ausarbeitete, die lange nach seinem Tod unter dem Titel »Theorien über den Mehrwert« herauskommen sollten, lebte er in äußerster Armut. Er liebte seine Frau, trotzdem betrog er sie mit Helene Demuth. Er war Jude. Er sang deutsche Heimatlieder. Aus tausend und aber tausend solcher Details ließe sich womöglich ein Bild von Karl Marx zusammensetzen. Man könnte sagen, daß dieses Bild wahr sei; es stimmt mit den Dokumenten und Fakten überein. Aber es bleibt privat. Es liefert keine Erklärung für das, was Marx für uns alle ist. Von den Karbunkeln führt keine Gedankenverbindung zur Mehrwerttheorie.

Marx' Wissenschaftlichkeit war nicht von der kühl beobachtenden Art. Er sah sich nicht die mißhandelten Kinder an, um dann zu sagen:

– Beachten Sie die typischen Skelettveränderungen: Höchst interessant. Jetzt werden sie bald anfangen, Blut zu spucken. Warten wir's ab!

Seine Wissenschaftlichkeit nahm Stellung gegen jene, die mißhandelten, und

»Glücklicherweise erlaubt meine Stellung bei dem ›International‹, den Hunden einen feinen Strich durch die Rechnung zu machen.«

Diese Stellungnahme zeugte von einer langjährigen praktischen Arbeit. Aus dieser Praxis heraus hat Marx seine Wissenschaft gestaltet. Im Protokoll des Generalrats der Internationalen Arbeiterassoziation ist über die Zusammenkunft am 4. April 1865 verzeichnet:

»Bürger *Weston* schlug folgende Fragen zur Diskussion vor:
1. Kann der soziale und materielle Status der arbeitenden Klassen allgemein durch höhere Löhne verbessert werden.
2. Wirken sich die Anstrengungen der Gewerkschaften, höhere Löhne zu sichern, nicht schädlich auf andere Industriezweige aus.

Der Fragesteller erklärte, er würde eine negative Antwort auf die erste Frage vertreten und eine positive auf die zweite.

Bürger *Jung* erklärte, unterstützt von Bürger *Dupont*, daß diese Fragen als Diskussionspunkte auf die Tagesordnung gesetzt werden sollten. Was dann einstimmig beschlossen wurde.« (Documents of the first international, 1. Teil. London, Moscow: Lawrence & Wishart o. J. [ca. 1964], S. 88.)

Die Diskussion wurde auf mehreren Zusammenkünften im Frühjahr und Sommer 1865 fortgesetzt. Sie drehte sich um Kernfragen der gewerkschaftlichen Aktivität und des Kampfes der Arbeiterbewegung. Marx hat natürlich an dieser Diskussion teilgenommen. Schließlich hielt er auf zwei Sitzungen einen Vortrag, am 20. und am 27. Juni 1865. Dieser Vortrag war ausschlaggebend für die künftige Ausrichtung der Gewerkschaftsarbeit. Er wurde erst nach seinem Tod unter dem Titel »Lohn, Preis und Profit« veröffentlicht.

Man kann bei Marx nicht die theoretische »wissenschaftliche« Arbeit von seiner praktischen »politischen« trennen. Dies ist nun ein zentraler Punkt. Wenn du ihn in eine mehr philosophische Formulierung übertragen möchtest, kannst du auf die Thesen über Feuerbach zurückgreifen, die Marx im Frühjahr 1845 in Brüssel schrieb und die im Jahre 1888 von Engels veröffentlicht wurden. Ich zitiere die erste und die beiden letzten Thesen:

>»Der Hauptmangel alles bisherigen Materialismus (den Feuerbachschen mit eingerechnet) ist, daß der Gegenstand, die Wirklichkeit, Sinnlichkeit nur unter der Form des *Objekts oder der Anschauung* gefaßt wird; nicht aber als *sinnlich menschliche Tätigkeit, Praxis*, nicht subjektiv. Daher die *tätige* Seite abstrakt im Gegensatz zu dem Materialismus von dem Idealismus – der natürlich die wirkliche, sinnliche Tätigkeit als solche nicht kennt – entwickelt. Feuerbach will sinnliche – von den Gedankenobjekten wirklich unterschiedne Objekte: aber er faßt die menschliche Tätigkeit selbst nicht als *gegenständliche* Tätigkeit. Er betrachtet daher im ›Wesen des Christenthums‹ nur das theoretische Verhalten als das echt menschliche, während die Praxis nur in ihrer schmutzig jüdischen Erscheinungsform gefaßt und fixiert wird. Er begreift daher nicht die Bedeutung der ›revolutionären‹, der ›praktisch-kritischen‹ Tätigkeit.

/. . ./

10.

Der Standpunkt des alten Materialismus ist die bürgerliche

Gesellschaft, der Standpunkt des neuen die menschliche Gesellschaft oder die gesellschaftliche Menschheit.

11.

Die Philosophen haben die Welt nur verschieden *interpretiert*, es kömmt drauf an, sie zu *verändern*.« (MEW 3, S. 5 ff.)

Jetzt können wir anfangen, deine Kritik an der Mehrwerttheorie aufzurollen. Diese Kritik ist nicht stimmig. Das werde ich nachweisen. Aber das bedeutet nicht, daß sie unwesentlich oder belanglos wäre. Der Fehler besteht darin, daß du die Theorie, die »das Herzstück des Marxismus ist«, nicht auf die richtige Weise darstellst. Aber wenn das geklärt ist, tritt das wesentliche Moment deiner Kritik umso klarer hervor: wie verhält sich diese Theorie zu der sozialistischen Praxis, die wir erlebt haben? Dies ist ja trotz allem die eigentliche Kernfrage für dich und für mich, ebenso wie für Marx. Denn seit dem 14. Jahrhundert haben wir hier in Westeuropa akzeptiert, daß der Beweis für den Pudding durch das Essen erbracht wird.

Die Basis der menschlichen Gesellschaft besteht darin, daß die Arbeit über die Grundbedürfnisse des Lebens hinaus einen Überschuß hervorbringen kann:

> »Mehrarbeit überhaupt, als Arbeit über das Maß der gegebenen Bedürfnisse hinaus, muß immer bleiben. /.../ Ein bestimmtes Quantum Mehrarbeit ist erheischt durch die Assekuranz gegen Zufälle, durch die notwendige, der Entwicklung der Bedürfnisse und dem Fortschritt der Bevölkerung entsprechende, progressive Ausdehnung des Reproduktionsprozesses, was vom kapitalistischen Standpunkt aus Akkumulation heißt.« (Das Kapital III. MEW 25, S. 827.)

Die Kapitalisten eignen sich die Mehrarbeit des Proletariats an. Aber das ist nichts Besonderes. So lange es Gesellschaftsformen gegeben hat, die sich auf das private Eigentumsrecht an den Produktionsmitteln gründeten, haben die Arbeiter mehr gearbeitet, als es für ihren Lebensunterhalt erforderlich ist, und die Ausbeuter haben sich diese Mehrarbeit angeeignet:

> »Nur die Form, worin diese Mehrarbeit dem unmittelbaren Produzenten, dem Arbeiter, abgepreßt wird, unterscheidet die ökonomischen Gesellschaftsformationen, z. B. die Gesellschaft der Sklaverei von der der Lohnarbeit.« (Das Kapital I, MEW 23, S. 231.)

Aber dieser Unterschied ist nicht etwas Formales; es geht dabei nicht um Worte und Bezeichnungen:

»Es sind zwei Charakterzüge, welche die kapitalistische Produktionsweise von vornherein auszeichnen.

Erstens. Sie produziert ihre Produkte als Waren. Waren zu produzieren, unterscheidet sie nicht von andern Produktionsweisen; wohl aber dies, daß Ware zu sein, der beherrschende und bestimmende Charakter ihres Produktes ist. Es schließt dies zunächst ein, daß der Arbeiter selbst nur als Warenverkäufer und daher als freier Lohnarbeiter, die Arbeit also überhaupt als Lohnarbeit auftritt. /. . ./ Es ist ferner schon in der Ware eingeschlossen, und noch mehr in der Ware als Produkt des Kapitals, die Verdinglichung der gesellschaftlichen Produktionsbestimmungen und die Versubjektivierung der materiellen Grundlagen der Produktion, welche die ganze kapitalistische Produktionsweise charakterisiert.

Das *zweite*, was die kapitalistische Produktionsweise speziell auszeichnet, ist die Produktion des Mehrwerts als direkter Zweck und bestimmendes Motiv der Produktion. Das Kapital produziert wesentlich Kapital, und es tut dies nur, soweit es Mehrwert produziert. /. . ./ Die Produktion für den Wert und den Mehrwert schließt, wie sich dies bei der weitern Entwicklung gezeigt hat, die stets wirkende Tendenz ein, die zur Produktion einer Ware nötige Arbeitszeit, d. h. ihren Wert, unter den jedesmal bestehenden gesellschaftlichen Durchschnitt zu reduzieren. Der Drang zur Reduktion des Kostpreises auf sein Minimum wird der stärkste Hebel der Steigerung der gesellschaftlichen Produktivkraft der Arbeit, die aber hier nur als beständige Steigerung der Produktivkraft des Kapitals erscheint.« (Das Kapital III. MEW 25, S. 886 ff.)

Wohlgemerkt handelt es sich nicht um einen Diebstahl. Die Profitmacherei der Kapitalisten kann erst nach dem Niedergang des Kapitalismus zum Diebstahl werden, ebenso wie die Sklavenhaltung erst nach dem Niedergang der Sklaverei zu einem Verbrechen geworden ist. Man darf die notwendige Stellungnahme – die intensive Leidenschaft, die Marx vorantreibt – nicht mit naturrechtlichen Vorstellungen durcheinanderbringen. Hier ist eine Unterscheidung notwendig. Sonst kann einem dasselbe Mißverständnis unterlaufen, das ein alter Theologe aus Uppsala seinerzeit zum Ausdruck brachte, als die Frage diskutiert wurde, ob sich der Philosoph Axel Hägerström zum Professor eigne:

– Aber man sagt doch, daß er gut zu Frau und Kindern sei.

Zurück zur notwendigen Arbeit:

Ich möchte Marx' Ansicht über diese Frage mit drei Zitaten belegen. Zwei stammen aus dem Kapital und eins aus seiner Kritik des Gothaer Programms. Mit dem dritten Zitat wird die Diskussion ausgeweitet. Aber zuerst zur Frage der notwendigen Arbeitszeit nach dem Kapitalismus:

»Schrumpfte darauf der ganze Arbeitstag zusammen, so verschwände die Mehrarbeit, was unter dem Regime des Kapitals unmöglich. Die Beseitigung der kapitalistischen Produktionsform erlaubt, den Arbeitstag auf die notwendige Arbeit zu beschränken. Jedoch würde die letztre, unter sonst gleichbleibenden Umständen, ihren Raum ausdehnen. Einerseits weil die Lebensbedingungen des Arbeiters reicher und seine Lebensansprüche größer. Andererseits würde ein Teil der jetzigen Mehrarbeit zur notwendigen Arbeit zählen, nämlich die zur Erzielung eines gesellschaftlichen Reserve- und Akkumulationsfonds nötige Arbeit.

Je mehr die Produktivkraft der Arbeit wächst, um so mehr kann der Arbeitstag verkürzt werden, und je mehr der Arbeitstag verkürzt wird, desto mehr kann die Intensität der Arbeit wachsen. Gesellschaftlich betrachtet, wächst die Produktivkraft der Arbeit auch mit ihrer Ökonomie. Diese schließt nicht nur die Ökonomisierung der Produktionsmittel ein, sondern die Vermeidung aller nutzlosen Arbeit. Während die kapitalistische Produktionsweise in jedem individuellen Geschäft Ökonomie erzwingt, erzeugt ihr anarchisches System der Konkurrenz die maßloseste Verschwendung der gesellschaftlichen Produktionsmittel und Arbeitskräfte, neben einer Unzahl jetzt unentbehrlicher, aber an und für sich überflüssiger Funktionen.« (Das Kapital I. MEW 23, S. 552.)

Wie du siehst, stellt Marx diese Frage nicht so dar, daß es sich wirklich mit dem deckte, was du auf S. 20 geschrieben hast:

»In einem Land, in dem diese Produktionsverhältnisse herrschen, arbeitet die produktive Arbeitskraft nur vier Stunden am Tag.«

Zugleich aber ist in deinen Worten eine Frage verborgen, die klarer hervortritt, wenn Marx die Überlegung noch ein Stück weiterführt, die am Anfang dieser Diskussion wiedergegeben wurde:

>Der wirkliche Reichtum der Gesellschaft und die Möglichkeit beständiger Erweiterung ihres Reproduktionsprozesses hängt also nicht ab von der Länge der Mehrarbeit, sondern von ihrer Produktivität und von den mehr oder minder reichhaltigen Produktionsbedingungen, worin sie sich vollzieht. Das Reich der Freiheit beginnt in der Tat erst da, wo das Arbeiten, das durch Not und äußere Zweckmäßigkeit bestimmt ist, aufhört; es liegt also der Natur der Sache nach jenseits der Sphäre der eigentlichen materiellen Produktion. Wie der Wilde mit der Natur ringen muß, um seine Bedürfnisse zu befriedigen, um sein Leben zu erhalten und zu reproduzieren, so muß es der Zivilisierte, und er muß es in allen Gesellschaftsformen und unter allen möglichen Produktionsweisen. Mit seiner Entwicklung erweitert sich dies Reich der Naturnotwendigkeit, weil die Bedürfnisse; aber zugleich erweitern sich die Produktivkräfte, die diese befriedigen. Die Freiheit in diesem Gebiet kann nur darin bestehn, daß der vergesellschaftete Mensch, die assoziierten Produzenten, diesen ihren Stoffwechsel mit der Natur rationell regeln, unter ihre gemeinschaftliche Kontrolle bringen, statt von ihm als von einer blinden Macht beherrscht zu werden; ihn mit dem geringsten Kraftaufwand und unter den ihrer menschlichen Natur würdigsten und adäquatesten Bedingungen vollziehn. Aber es bleibt dies immer ein Reich der Notwendigkeit. Jenseits desselben beginnt die menschliche Kraftentwicklung, die sich als Selbstzweck gilt, das wahre Reich der Freiheit, das aber nur auf jenem Reich der Notwendigkeit als seiner Basis aufblühn kann. Die Verkürzung des Arbeitstags ist die Grundbedingung.« (Das Kapital III. MEW 25, S. 828.)

Hier knüpfen deine Betrachtungen über deinen Nachbarn J. an! »Was ich sah, war kurz gesagt Arbeit in ihrer reinen, unentfremdeten Form.« Marx schreibt nicht vor, wie »die assoziierten Produzenten« die notwendige Arbeit organisieren sollen und welche Form »die menschliche Kraftentwicklung, die sich als Selbstzweck gilt« annehmen soll. Das liegt nicht nur an einer Abneigung dagegen, Direktiven für künftige Generationen zu erteilen; es ist ein Ausdruck für seine prinzipielle Überzeugung, daß die Geschichte keine andere Bedeutung habe als die, welche die

Menschen ihr geben, daß also die Zukunft offenstehe. Innerhalb der Grenzen des Möglichen.

Wie du siehst, nehme ich hier nicht die Diskussion über Staat – Macht – DDR auf. Das ist kein Ausweichen; ich werde in einem späteren Brief auf diese Fragen zurückkommen: aber da sie für unsere unnötige Gegenwart von zentraler Bedeutung sind, muß die Erörterung gründlich untermauert werden. Als einen Teil dieser Untermauerung nehme ich Marx' »Kritik des Gothaer Programms«. Er geht darin auf deine Einwände gegen die Mehrarbeit ein:

»Der Kern besteht darin, daß in dieser kommunistischen Gesellschaft jeder Arbeiter seinen ›unverkürzten‹ Lassalleschen ›Arbeitsertrag‹ erhalten muß.

Nehmen wir zunächst das Wort ›Arbeitsertrag‹ im Sinne des Produkts der Arbeit, so ist der genossenschaftliche Arbeitsertrag das *gesellschaftliche Gesamtprodukt.*

Davon ist nun abzuziehen:

Erstens: Deckung zum Ersatz der verbrauchten Produktionsmittel.

Zweitens: Zusätzlicher Teil für Ausdehnung der Produktion.

Drittens: Reserve- oder Assekuranzfonds gegen Mißfälle, Störungen durch Naturereignisse etc.

Diese Abzüge vom ›unverkürzten Arbeitsertrag‹ sind eine ökonomische Notwendigkeit, und ihre Größe ist zu bestimmen nach vorhandenen Mitteln und Kräften, zum Teil durch Wahrscheinlichkeitsrechnung, aber sie sind in keiner Weise aus der Gerechtigkeit kalkulierbar.

Bleibt der andere Teil des Gesamtprodukts, bestimmt, als Konsumtionsmittel zu dienen.

Bevor es zur individuellen Teilung kommt, geht hiervon wieder ab:

Erstens: die allgemeinen, nicht direkt zur Produktion gehörigen Verwaltungskosten.

Dieser Teil wird von vornherein aufs bedeutendste beschränkt im Vergleich zur jetzigen Gesellschaft und vermindert sich im selben Maß, als die neue Gesellschaft sich entwickelt.

Zweitens: was zur gemeinschaftlichen Befriedigung von Bedürfnissen bestimmt ist, wie Schulen, Gesundheitsvorrichtungen etc.

Dieser Teil wächst von vornherein bedeutend im Vergleich zur jetzigen Gesellschaft und nimmt im selben Maß zu, wie die neue Gesellschaft sich entwickelt.

Drittens: Fonds für Arbeitsunfähige etc., kurz, für, was heute zur sog. offiziellen Armenpflege gehört.« (Marx: Kritik des Gothaer Programms. Geschrieben 1875, von Engels veröffentlicht 1891. In: Ausgewählte Schriften, Bd. 2, Berlin: Dietz Verlag 1966, S. 14f.)

Wenn es nur darum gegangen wäre, daß du Marx' Ansicht über die notwendige Arbeit nach der Abschaffung des kapitalistischen Systems unrichtig darstellst, dann hätte ein kurzer Hinweis, eine Anmerkung genügt. Aber es ging nicht darum, zu zeigen, daß du einen Fehler gemacht hast – das ist ja an und für sich uninteressant –, sondern darum, das Typische an deinem Fehler dingfest zu machen: zu versuchen, seinen historischen Hintergrund und seine gesellschaftliche Bedeutung aufzudecken und zugleich die richtige Kritik herauszuschälen, die in der fehlerhaften Formulierung verborgen ist.

Hedenius sprach von einem »Reich der Glückseligkeit«. Du verwendest dieses Wort nicht; aber deine Darstellung dessen, was Marx deiner Ansicht nach mit der notwendigen Arbeit nach der Abschaffung des kapitalistischen Systems gemeint hat, zeigt, daß es diese Vorstellung ist, die deine Worte gelenkt hat. Aber was ist denn das Reich der Glückseligkeit? In deinen Utopien gibt es eine Ambivalenz. Du bringst sie im Vorwort zu »Huset i Oneida« (»Das Haus in Oneida«), deinem Abschied vom Utopismus, zum Ausdruck:

»Das Stück kehrt ein paar von den Puzzleteilchen des Handlungsverlaufs um und um. Die Absicht ist, daß der Zuschauer meinen soll, mal ein Paradies zu sehen und mal ein totalitäres Schreckbild, genau wie ich selbst es gesehen habe. Sowohl Franz von Assisi als auch Josef Stalin sollten irgendwie darin enthalten sein, wenn es mir gelungen ist.« (L. G.: Huset i Oneida, Bühnenfassung, S. 7.)

Die Utopie wird zu einer Fata Morgana, die sich manchmal als Paradies und manchmal als totalitäres Schreckbild darstellt; das Bild springt – du kannst das Muster nicht fixieren. Es ist kein Zufall, daß du das Wort »Paradies« verwendest. Da du in der jüdisch-christlichen abendländischen Tradition aufgewachsen bist, gehst du vom ersten Buch Mosis aus, wenn du das Wort »Paradies« gebrauchst:

»Und Gott der Herr pflanzte einen Garten in Eden gegen Morgen, und setzte den Menschen hinein, den er gemacht hatte. Und Gott der Herr ließ aufwachsen aus der Erde allerlei Bäume, lustig anzusehen, und gut zu essen, und den Baum des Lebens mitten im Garten und den Baum der Erkenntnis des Guten und Bösen. Und es ging aus von Eden ein Strom, zu wässern den Garten, und teilte sich von da in vier Hauptwasser.

/. . ./

Und Gott der Herr nahm den Menschen, und setzte ihn in den Garten Eden, daß er ihn baute und bewahrte.

Und Gott der Herr gebot dem Menschen und sprach: Du sollst essen von allerlei Bäumen im Garten . . .« (1. Mose, 2: 8–10 und 2: 15–16.)

Da du in Westasien gewesen bist, weißt du ja, wie die wirklichen Gärten aussehen, deren himmlische Widerspiegelung eben dieses Paradies ist. Aber entscheidend auch für dich und für die Empörung, die deine Texte vorantreibt, ist das Geschehen im nächsten Kapitel:

»Und sie hörten die Stimme Gottes des Herrn, der im Garten ging, da der Tag kühl geworden war. Und Adam versteckte sich mit seinem Weibe vor dem Angesicht Gottes des Herrn unter die Bäume im Garten. Und Gott der Herr rief Adam, und sprach zu ihm: Wo bist du?

/. . ./

Und zu Adam sprach er: /. . ./ verflucht sei der Acker um deinetwillen; mit Kummer sollst du dich darauf nähren dein Leben lang. Dornen und Disteln soll er dir tragen, und sollst das Kraut auf dem Felde essen.

Im Schweiße deines Angesichts sollst du dein Brot essen, bis daß du wieder zu Erde werdest, davon du genommen bist. Denn du bist Erde, und sollst zu Erde werden.« (1. Mose, 3: 8–9 und 3: 17–19.)

Wie du merkst, lasse ich den Bericht über die Sünde und den Sündenfall aus. Er ist für diese Diskussion nicht wesentlich, auch wenn er für dein Stück über Oneida von Bedeutung ist. Die Vertreibung dagegen ist wichtig. Darüber bist du empört. Und du stehst immer noch vor den Mauern und blickst hinein, wenn du über Utopia schreibst:

»Da wies ihn Gott der Herr aus dem Garten Eden, daß er das Feld baute, davon er genommen ist; und trieb Adam aus,

und lagerte vor den Garten Eden die Cherubim mit dem
bloßen, hauenden Schwert . . .«

(1. Mose, 3: 23–24.)

Wir könnten an und für sich über den Ursprung dieses Mythos
diskutieren. Grob gesagt würde ich behaupten, daß er widerspie-
gelt (und zu erklären versucht), wie die Produktionsmittel zum
Privateigentum werden und wie Adams Söhne hinausgetrieben
werden, um mit Kummer ihre Arbeit zu tun.

Wichtiger aber ist es, herauszufinden, welche gesellschaftliche
Bedeutung dieser Mythos für dich hat, und wie er dann für deine
Lesart von Marx bestimmend wird. Wenn du das Muster der
Utopie aufzeichnest, zerspringt das Bild vor dir und gestaltet sich
abwechselnd zum Paradies und zum Schreckbild. Die Dichtung
vom Mythos des Paradieses wurde irgendwann einmal vor zwei-
tausendsechshundert bis dreitausend Jahren formuliert. Aber
den konkreten Inhalt, der sich deiner Empörung bemächtigt und
die Konstruktion der Utopie zum Paradiesbild hinüberzwingt,
hat der Mythos erst in den großen Kämpfen des 12. Jahrhunderts
und danach erhalten. Und jetzt verstehst du auch, warum ich mit
dem 12. Jahrhundert begonnen habe.

In den ketzerischen Jahrhunderten, angefangen vom zwölften,
nimmt der Mythos vom Paradiese in Westeuropa eine aktive und
kämpferische Form an:

»Als Adam grub und Eva spann, wo war denn da der Edelmann?« Aber die Utopie des Bauernkrieges besteht nicht nur aus
den ketzerischen Aufständen und dem Kampf um die Gleichbe-
rechtigung; sie ist auch der Tagtraum vom Lande Cocagne, von
Cucania und vom Schlaraffenland. Das Paradies ohne Arbeit.
Wo man fürs Schlafen bezahlt wird. Wo einem die gebratenen
Tauben in den aufgesperrten Mund fliegen.

Wenn du deine eigenen Texte analysierst, wirst du feststellen,
daß dieselbe Kraft, die aus Empörung über das Unrecht gegen
den Menschen diese Texte vorantreibt und so dem Leser deine
Worte nahebringt, zugleich das zerbröckeln läßt, was du als
Utopie bezeichnen möchtest, was

»wir mit den Hilfsmitteln, – den natürlichen und menschlichen –, die uns offenkundig zur Verfügung stehen, würden
verwirklichen können.« (Utopien, a.a.O., S. 83.)

Denn kaum bist du an dem Punkt angelangt, wo du die Situation
beschreibst, die du als utopisch betrachtest:

»Die totale, spontane Kontrolle über die Arbeitssituation.

Über die Arbeit, über die Produktionsweise, über die Produktionsmittel«
da erklärst du plötzlich, du seist in jenem Lande Cocagne gelandet, das nicht allein dadurch gekennzeichnet ist, daß es nicht existiert, sondern das es auch niemals geben kann. Und hinter dir
stehen die Cherubim mit dem flammenden Schwert:
»Es gibt natürlich auf der ganzen Welt keine sozialen und
naturwüchsigen Voraussetzungen, die Produktionsverhältnisse nach dem Muster der Urlaubssituation ermöglichen
würden.«
Ich protestiere entschieden gegen den Begriff »Urlaubssituation«, denn er ist eindeutig auf eine spezifische soziale Situation
festgelegt (den in Schweden seit 1938 gesetzlich garantierten
Urlaub). Vor allem möchte ich dich aber darauf aufmerksam ma-
chen, daß du vor einer Schlußfolgerung zurückschreckst, der
Marx – siehe obige Zitate – nicht ausgewichen ist. Er schreibt im
Jahre 1857/58 in einer Polemik gegen Adam Smith:
»Du sollst arbeiten im Schweiß deines Angesichts! war Je-
hovas Fluch, den er Adam mitgab. Und so als Fluch nimmt
A. Smith die Arbeit. Die ›Ruhe‹ erscheint als der adäquate
Zustand, als identisch mit ›Freiheit‹ und ›Glück‹. Daß das
Individuum ›in seinem normalen Zustand von Gesundheit,
Kraft, Tätigkeit, Geschicklichkeit, Gewandtheit‹ auch das
Bedürfnis einer normalen Portion von Arbeit hat, und von
Aufhebung der Ruhe, scheint A. Smith ganz fernzuliegen.
/. . ./ Allerdings hat er Recht, daß in den historischen For-
men der Arbeit als Sklaven-, Fronde-, Lohnarbeit die Arbeit
stets repulsiv, stets als *äußre Zwangsarbeit* erscheint und ihr
gegenüber die Nichtarbeit als ›Freiheit, und Glück‹. /. . ./
Wirklich freie Arbeiten, z. B. Komponieren ist grade zugleich verdammtester Ernst, intensivste Anstrengung. Die
Arbeit der materiellen Produktion kann diesen Charakter
nur erhalten, dadurch daß 1) ihr gesellschaftlicher Charakter gesetzt ist, 2) daß sie wissenschaftlichen Charakters, zugleich allgemeine Arbeit ist, nicht Anstrengung des Menschen als bestimmt dressierter Naturkraft, sondern als
Subjekt, das in dem Produktionsprozeß nicht in bloß natür-
licher, naturwüchsiger Form, sondern als alle Naturkräfte
regelnde Tätigkeit erscheint.« (Marx: Grundrisse . . .
a.a.O., S. 504f.)
Aus denselben Gründen, die es dir erschweren, dir Marx' Arbei-

ten über den Mehrwert theoretisch anzueignen, vermittelt dir dieser Text – davon bin ich überzeugt – die Vorstellung einer Utopie. Einer Utopie im negativen Sinn des Wortes: Unwirklichkeit und Illusion.

Ich bin – wie du weißt – nicht der Ansicht, daß seine Beschreibung eine Utopie darstellt. Er zeigt eine dieser Gesellschaft entspringende, notwendige Möglichkeit der Freiheit auf. Ich halte es für wahrscheinlich, daß du, wenn du das nächste Jahr in Berlin damit zubringen würdest, Marx bei seinen Analysen des Mehrwerts zu folgen, am Ende des Jahres zu der Überzeugung gelangt wärst, daß die Schlußfolgerung aus dem ersten Band des Kapitals stichhaltig sei:

> »Das Kapitalmonopol wird zur Fessel der Produktionsweise, die mit und unter ihm aufgeblüht ist. Die Zentralisation der Produktionsmittel und die Vergesellschaftung der Arbeit erreichen einen Punkt, wo sie unverträglich werden mit ihrer kapitalistischen Hülle. Sie wird gesprengt. Die Stunde des kapitalistischen Privateigentums schlägt. Die Expropriateurs werden expropriiert.« (Das Kapital I. MEW 23, S. 791.)

Aber ich bin nicht sicher, ob es eine ungeteilte Freude für mich wäre, wenn ich nun postwendend erführe, daß du dir die drei dicken Bände des »Kapitals«, drei Bände »Theorien über den Mehrwert«, einen Band »Zur Kritik der politischen Ökonomie«, einen sehr dicken Band »Grundrisse der Kritik der politischen Ökonomie« und diverse andere Werke von Marx besorgt hast. (Die Kommentatoren nicht mitgerechnet.) Das liegt nicht daran, daß ich anti-intellektuell wäre.

Die theoretische Arbeit hat einen ambivalenten Charakter. Als Marx seine »Randglossen« zum Gothaer Programm an Bracke schickt, schreibt er dazu:

> »Jeder Schritt wirklicher Bewegung ist wichtiger als ein Dutzend Programme.« (Marx: Kritik des Gothaer Programms, a.a.O., S. 9.)

Als Franz Mehring 1918 – einem neuen Jahr der Revolutionen nach dem entsetzlichen Zusammenbruch der Arbeiterbewegung angesichts des Weltkriegs im Jahre 1914 – seine große Marx-Biographie schrieb, bemerkt er in bezug auf Karl Kautsky:

> »Und wie recht sie (Marx, Engels und Lassalle. – Anm. v. J. M.) damit hatten, haben wir schaudernd in unseren Zeitläuften erlebt, wo ernste Forscher, die drei oder sogar vier

Jahrzehnte über jedem Komma in Marxens Werken gebrü-
tet hatten, sich in einer geschichtlichen Stunde, wo sie einmal wie Marx handeln konnten und sollten, sich doch nur
wie trillernde Wetterhähne um sich selbst zu drehen wußten.« (F. Mehring: Karl Marx, Geschichte seines Lebens.
Ges. Schriften, Bd. 3, Berlin: Dietz Verlag 1960, S. 5 f.)
Das theoretische Studium des Kapitals ließ sich sowohl mit dem
ungeheuerlichen Verrat des Jahres 1914 in Einklang bringen wie
mit dem nicht minder ungeheuerlichen Verrat an dem zweiten
wirklichen Befreiungsversuch des deutschen Volkes in neuerer
Zeit: der Revolution von 1918. Wenn jemand der Ansicht sein
sollte, daß dieser Zeuge nicht ausreicht, kann ich auf den schwedischen Übersetzer des Kapitals, Rickard Sandler, verweisen.
Achtzehn Jahre lang hat Rickard Sandler an seiner Übersetzung
der drei schweren Bände des Kapitals gearbeitet. Satz für Satz hat
er sich durch den Marxschen Text hindurchgearbeitet. In seinem
Vorwort schreibt er:
> »Da hilft alles nichts, die Lektüre des Kapitals stellt Ansprü-
> che an den Leser. An seine intellektuelle Energie und seine
> Geduld, das Schwerverständliche so aufmerksam zu lesen,
> daß er es versteht, und wenn er es nicht versteht, trotzdem
> fortzufahren und – wieder von vorn zu beginnen /. . ./ Ja,
> wie soll das Kapital von einem Durchschnittsleser studiert
> werden? Es wäre mir lieb, irgendwann einmal in der Lage
> zu sein, eine ausführliche Anleitung zum Studium des Kapi-
> tals zu verfassen.« (Kapitalet I. Stockholm: Tiden 1930,
> S. XX.)

Im Jahre 1931 kam der dritte Band heraus. Im Jahre 1932 wurde
Rickard Sandler Außenminister in Per Albin Hanssons Kabinett.
Er hat nie die Zeit gefunden, dem »Durchschnittsleser« eine
»ausführliche Anleitung« zum Kapital zu geben. Im Jahre 1939
wurde er dazu gezwungen, von seinem Amt als Außenminister
zurückzutreten, nachdem er durch sein aktivistisches Vorgehen
das Land an den Rand des Krieges gebracht hatte. Nichts in seiner öffentlichen Tätigkeit weist darauf hin, daß das Studium von
Marx irgendeine Bedeutung für sein politisches Handeln gehabt
hätte.

Es war wichtig, den Charakter der Empörung aufzuzeigen, die
deine Texte vorantreibt; ihre wirkliche gesellschaftliche Geschichte klarzulegen und damit auch zu erklären, warum diese
gute Empörung dich zugleich vom Verständnis der Marxschen

Texte abhält. Es ist auch deshalb wichtig, weil gerade die Ambivalenz deiner Empörung bewirkt, daß sie einerseits dazu beiträgt, das unnötige Elend dieser Zeit aufrechtzuerhalten, daß sie andererseits eine sehr notwendige Kraft ist, um dieses Elend zu sprengen. Um das klarzustellen, war es nötig, weit in die Theorie hinauszusteuern. Ich habe mich bewußt so weit hinausbegeben, daß ich mich dem Punkt in der Theorie näherte, der wirklich »the point of no return« ist, wo die Meere ins Weltall stürzen. Die Texte von Marx können ideologisiert werden und in ihr Gegenteil umschlagen.

Man kann auch eine nicht-scholastische Haltung gegenüber Marx einnehmen. Deine Kritik an Marx' Theorien steht den Lassalleschen Vorstellungen sehr nahe, mit denen Marx sich in der »Kritik des Gothaer Programms« auseinandergesetzt hat. Das ist nicht verwunderlich. Die von dir formulierten Ideen stützen sich ja auf eine starke Tradition, im Guten wie im Bösen. Sie wirken mit großer Macht in Europa. Bis heute prägen sie sowohl die Intellektuellen, die »links« stehen, als auch die gesamte europäische Arbeiterbewegung.

Franz Mehring hat in seiner »Geschichte der deutschen Sozialdemokratie« genau diese Situation beschrieben – und ist nicht davor zurückgeschreckt, auf einen Irrtum von Marx hinzuweisen: »Sie (die ›Kritik des Gothaer Programms‹ – Anm. v. J. M.) ist heute noch überaus lesenswert wegen ihrer prinzipiell-positiven Gesichtspunkte; ihre negative Auffassung aber traf vielfach daneben, und zwar deshalb, weil sie von tatsächlich unrichtigen Voraussetzungen ausging. Marx verkannte, daß der Programmentwurf die theoretischen Anschauungen *beider* Fraktionen getreu widerspiegelte; er glaubte, daß die Eisenacher den wissenschaftlichen Kommunismus bereits in all seinen Konsequenzen erfaßt hätten, während die Lassalleaner eine zurückgebliebene Sekte seien, die, von der historischen Entwicklung auf den Sand gesetzt, sich den Eisenachern ergeben müsse. Aus diesem Irrtum erklärt sich vollkommen der heftige Unmut, aus dem Marx heraus schrieb.« (Zit. nach der von Mehring 1903/04 überarbeiteten und gebilligten Auflage. Geschichte der deutschen Sozialdemokratie, 2. Teil. Ges. Schriften, Bd. 2, Berlin: Dietz Verlag 1960, S. 449.)
In seiner Biographie von Karl Marx aus dem Jahre 1918 schrieb Mehring:

».. . dem wissenschaftlichen Sozialismus, wie ihn Marx und Engels begründet hatten, standen beide Teile noch fern; von der historisch-materialistischen Denkweise hatten sie kaum eine Ahnung, und auch das Geheimnis der kapitalistischen Produktionsweise blieb ihnen noch verschlossen.« (F. Mehring: Karl Marx, Geschichte seines Lebens. Ges. Schriften, Bd. 3, Berlin: Dietz Verlag 1960, S. 518.)

Was Lassalles eigene Rolle damals betraf, so hat Mehring sie in gewissen Punkten falsch eingeschätzt. Das konnte durch das gesamte, nach Mehrings Tod veröffentlichte Material über Lassalle und Bismarck belegt werden. Aber Marx' Fehleinschätzung der Situation der deutschen Arbeiterbewegung im Jahre 1875 hat Mehring, soviel ich sehen kann, richtig dargestellt. Die Argumente, mit denen er seine Ansicht begründet, scheinen mir stichhaltig zu sein. Wohlgemerkt stimmt Mehring mit Marx' Kritik des Programmentwurfs überein, weist jedoch darauf hin, daß Marx die Schulung und das theoretische Niveau bei »seinem« Teil der Arbeiterbewegung weit überschätzt hat.

Marx hatte also die Stärke der deutschen Arbeiterbewegung falsch beurteilt; das ist verständlich. Er saß in London, weit weg von zu Hause. Mehring hat diesen Irrtum ganz richtig hervorgehoben, jedoch eine Schlußfolgerung gezogen, die von der Geschichte nachdrücklich korrigiert worden ist:

»Wie recht immer Marx mit seinen positiven Einwendungen gegen das Gothaer Programm haben mochte, das Schicksal seines Programmbriefes zeigte klar, daß die Wege, auf denen sich in Deutschland eine mächtige und unbesiegbare Arbeiterpartei als Trägerin der sozialen Revolution entwickeln konnte, von Lassalle richtig erkannt worden waren.« (F. M.: Geschichte der deutschen Sozialdemokratie, 2. Teil, a.a.O., S. 453.)

Marx hatte die Stärke der deutschen Arbeiterbewegung überschätzt. Aber er besaß einen klareren Blick für die drohenden Gefahren:

»Abgesehen davon ist es meine Pflicht, ein nach meiner Überzeugung durchaus verwerfliches und die Partei demoralisierendes Programm auch nicht durch diplomatisches Stillschweigen anzuerkennen.« (Marx: Brief an Bracke, 5. Mai 1875. In: Kritik des Gothaer Programms, Ausgewählte Schriften, Bd. 2, Berlin: Dietz Verlag 1966, S. 9.)

Der orthodoxe Mehring, der linksaußen in der Partei kämpfte, hat das Ausmaß dieser Demoralisierung nicht erkennen können, bis die mächtigste Arbeiterpartei der Welt im August 1914 wie ein Kartenhaus zusammenfiel und ihre parlamentarischen Fürsprecher wenige Jahre später als Bluthunde der Junker und Generäle dem deutschen Volk gegenüber auftraten, das seine Revolution durchzuführen versuchte. Die, welche im Jahre 1848 schon einmal zerschlagen worden war.

Wenn man aber schreibt, daß die von dir formulierten Vorstellungen auch die deutsche Arbeiterbewegung des Jahres 1875 prägten und daß Marx sie zwar kritisiert, ihre Tragweite jedoch unterschätzt hat, dann könnte man ja in letzter Konsequenz sagen, daß du eigentlich für den Ausbruch des Krieges im Jahre 1914 verantwortlich wärst und zu Noskes Bluthunden nach der deutschen Revolution von 1918 gehörtest. Dem widerspricht aber dein Handeln in der Praxis. Tatsächlich ist es ja so, daß du dich an der Solidaritätsbewegung gegen den Imperialismus der Vereinigten Staaten in Indochina beteiligt und in verschiedenen demokratischen und anti-imperialistischen Initiativen mitgearbeitet hast und es noch immer tust. Darin liegt ein Widerspruch. Und der ist wichtig.

1875 haben diese Vorstellungen in der damals vereinigten deutschen Arbeiterbewegung zu einer Lassalleschen Politik geführt. Aber es waren ja keine widersprüchlichen Vorstellungen und sie wirkten auch nicht demoralisierend auf die Partei. Es gab gute Gründe für diese Vorstellungen – ich habe sie, was dich betrifft, bis ins Västergötland des 12. Jahrhundert zurückverfolgt. Die Politik aber, die schließlich daraus resultierte, war von vornherein faul und korrupt. Lassalle ließ Bismarck am 8. Juni 1863 die Statuten seiner Arbeiterpartei, des Allgemeinen Deutschen Arbeitervereins, zukommen. Und in seinem Begleitbrief schrieb er:

». . . es wird Ihnen aus diesem Miniaturgemälde deutlich die Überzeugung hervorgehen, wie wahr es ist, daß sich der Arbeiterstand instinktmäßig zur Diktatur geneigt fühlt, wenn er erst mit Recht überzeugt sein kann, daß dieselbe in seinem Interesse ausgeübt wird, und wie sehr er daher, wie ich Ihnen schon neulich sagte, geneigt sein würde, trotz aller republikanischen Gesinnungen – oder vielmehr gerade auf Grund derselben – in der Krone den natürlichen Träger der sozialen Diktatur, im Gegensatz zu dem Egoismus der bürgerlichen Gesellschaft zu sehen, wenn die Krone ihrerseits

sich jemals zu dem – freilich sehr unwahrscheinlichen –
Schritt entschließen könnte, eine wahrhaft revolutionäre
und nationale Richtung einzuschlagen und sich aus einem
Königtum der bevorrechteten Stände in ein soziales und re-
volutionäres Volkskönigtum umzuwandeln.« (Gustav
Meyer: Bismarck und Lassalle. Ihr Briefwechsel und ihre
Gespräche. Berlin: Dietz Verlag 1928, S. 60.)
Die Politik, die Lassalle hier Bismarck gegenüber vertritt, ist die-
selbe, die schließlich die Praxis der europäischen Sozialdemokra-
tie geprägt hat. Sie erklärt auch Palmes heutige Regierung.

Diese Politik stützt sich auf einen starken und mächtigen Apparat. Max Weber hat 1907 über diesen Apparat gesagt:
»Die Sozialdemokratie steht heute ersichtlich im Begriff,
sich in eine gewaltige bureaukratische Maschine zu verwandeln, die ein ungeheures Heer von Beamten beschäftigt, in
einen Staat im Staate. /. . ./ Es fragt sich nur, *wer auf die
Dauer* das mehr zu fürchten hat, die bürgerliche Gesellschaft oder die Sozialdemokratie. Ich persönlich bin der
Meinung, die letztere (Sehr richtig!), d.h . *diejenigen* Elemente in ihr, welche Träger *revolutionärer Ideologien* sind.

Schon heute sind ja gewisse Gegensätze innerhalb der sozialdemokratischen Bureaukratie für jedermann kenntlich.
Und wenn vollends die Gegensätze der materiellen Versor-
gungsinteressen der Berufspolitiker einerseits und die revolutionäre Ideologie andererseits sich frei entfalten können,
wenn man ferner die Sozialdemokratie nicht mehr, wie jetzt,
aus den Kriegervereinen hinauswerfen wollte, wenn man sie
in die Kirchenverwaltungen hineinläßt, aus denen man sie
heute hinauswirft, *dann* erst würden für die Partei die ernst-
haften inneren Probleme anfangen (Sehr richtig!).

Dann erst geriete die revolutionäre Virulenz wirklich in
ernste Gefahren, und es würde sich dann erst zeigen, daß auf
diesem Wege auf die Dauer nicht die Sozialdemokratie die
Städte oder den Staat erobert, sondern daß umgekehrt es der
Staat ist, der die Partei erobert (Sehr richtig!). Und ich sehe
nicht ein, wie die bürgerliche Gesellschaft als solche eine
Gefahr darin erblicken soll.« (Schriften des Vereins für So-
zialpolitik, Verhandlungen 1907, Bd. 125, Leipzig 1908,
S. 296f.)
Die Politik, für die dieser Apparat zu arbeiten bereit war, während er sich vom Staat erobern ließ, und für die er noch heute

arbeitet, nachdem diese Verschmelzung längst stattgefunden hat, ist in den vergangenen siebzig Jahren der Weltgeschichte zu furchtbarer Wirklichkeit geworden:

»Wenn wir berücksichtigen, daß Deutschland zur Zeit jährlich ganz erhebliche Mengen Kolonialprodukte einführt, so müssen wir uns auch sagen, daß einmal die Zeit kommen kann, wo es wünschenswerth sein mag, mindestens einen Theil dieser Produkte aus eigenen Kolonien beziehen zu können. Wir mögen uns den Gang der Entwicklung in Deutschland so rasch wie nur möglich vorstellen, so werden wir uns doch darüber keinen Täuschungen hingeben können, daß in einer ganzen Reihe anderer Länder es noch eine geraume Zeit braucht, bis sie zum Sozialismus übergehen werden. Wenn es aber nicht verwerflich ist, die Produkte tropischer Pflanzungen zu genießen, so kann es auch nicht verwerflich sein, solche Pflanzungen selbst zu bewirthen. Nicht das Ob, sondern das Wie ist hier das Entscheidende. Es ist weder nöthig, daß Besetzung tropischer Länder durch Europäer den Eingeborenen Schaden an ihrem Lebensgenuß bringt, noch ist es bisher durchgängig der Fall gewesen. Zudem kann nur ein bedingtes Recht der Wilden auf den von ihnen besetzten Boden anerkannt werden. Die höhere Kultur hat hier im äußersten Falle auch das höhere Recht. Nicht die Eroberung, sondern die Bewirthung des Bodens giebt den geschichtlichen Rechtstitel auf seine Benützung. Dies die wesentlichen Gesichtspunkte, welche meines Erachtens für die Stellung der Sozialdemokratie zu den Fragen der Kolonialpolitik maßgebend sein sollten.« (Eduard Bernstein: Die Voraussetzungen des Sozialismus und die Aufgaben der Sozialdemokratie. Stuttgart 1899, S. 150.)

Durch deine Praxis in den demokratischen Initiativen, in der Solidaritätsarbeit für die Völker Indochinas und der Basisarbeit für *Folket i Bild/Kulturfront* (»Das Volk im Bild/Kulturfront«) wird es dir möglich, dir diesen Widerspruch zwischen den Vorstellungen der volksdemokratischen Tradition und der von diesen Vorstellungen untermauerten Politik bewußt zu machen. Bei dieser notwendigen intellektuellen Arbeit können dir zwei zentrale Texte aus Lenins Werken eine gute Hilfe sein: »Der Imperialismus als höchstes Stadium des Kapitalismus« und »Staat und Revolution«.

Deine Wiedereroberung des echt demokratischen Elements dieser Tradition:

– Wir sind nicht Scheiße!

wird möglich, wenn du auf diese Weise Marx' theoretisches Werk aktiv liest und es dir aneignest: die Mehrwerttheorie.

Daß der Weg zur Mehrwerttheorie über die Basisarbeit in der Fagersta-Gruppe von *Folket i Bild/Kulturfront* führt, sollte dich *theoretisch* nicht verwundern. Der Marx, der Wochen und Jahre an seinem Lesetisch im British Museum verbrachte, war derselbe, der in der praktischen Arbeit seine Verantwortung übernahm. Diese Verantwortung bestand nicht nur darin, die Internationale zu leiten. So etwas ist nicht zu übersehen. So etwas behält man in Erinnerung. Führer gibt es viele. Die praktische Arbeit fand auch auf der Straße statt, bei den Massendemonstrationen, bei der alltäglichen Agitation, beim Kampf für das Recht der Londoner, auch sonntags Bier zu trinken. Da hast du den Prüfstein.

·Aber an diesem Punkt entzündet sich deine Kritik, wandelt sich und schlägt in Qualität um. Denn wie sieht die Praxis aus? Was ist das für ein Marxismus, der das ideologische Deckmäntelchen für die Besetzung der Tschechoslowakei abgibt, der ungeheure Privilegien für eine Minderheit und weitgehende Armut der Massen zu legitimieren scheint, der die Welt in einer heiligen Allianz der bewaffneten Entspannung aufteilt? Wie Maurice Nadeau in »La Quinzaine littéraire« Nr. 172 schrieb:

»Die Vereinigten Staaten überlassen die Tschechoslowakei der anderen Seite, und diese wiederum liefert Chile den Vereinigten Staaten aus. Dies ist der Preis der dauerhaften Verständigung: sie wird mit Blut besiegelt.«

An allen Universitäten der reichen Welt schießen die Marxismen ins Kraut. Und man kann von ihnen dasselbe sagen wie von den bösen Geistern:

– Ihrer sind viele.

Um diese Marxismen in der richtigen Perspektive zu sehen, sollten wir zu Franz Mehring zurückgehen, achtzig Jahre zurück, und sie von dort aus betrachten. Er hat auch Marx einer kritischen Überprüfung unterzogen. Er hat Marx nicht abgewertet, indem er ihn nicht aus der Diskussion herausließ, ihn nicht darüber oder daneben stellte. Franz Mehrings große Studie »Die Lessing-Legende« ist eine grundlegende Arbeit der marxistischen Literaturwissenschaft. Engels saß in London und las die einzelnen Kapitel in der Reihenfolge ihres Erscheinens in der

»Neuen Zeit« 1891/92. Am 16. März 1892 schrieb Engels an Bebel:

> »Ich habe jetzt auch Mehrings ›Lessing-Legende‹ in der ›N(euen) Z(eit)‹ gelesen und sehr viel Freude daran gehabt. Die Arbeit ist wirklich ausgezeichnet. Ich würde manches anders motivieren und nuancieren, aber im ganzen und großen hat er den Nagel mitten auf den Kopf getroffen. Es ist doch eine Freude, wenn man sieht, wie die materialistische Geschichtsauffassung, nachdem sie – in der Regel – seit 20 Jahren in den Arbeiten der jüngeren Parteileute als großmäulige Phrase hat herhalten müssen, endlich anfängt, als das benutzt zu werden, was sie eigentlich war: ein Leitfaden beim Studium der Geschichte.« (MEW 38, S. 308.)

»Die Lessing-Legende« ist die profunde Analyse einer zentralen Epoche der deutschen Literaturgeschichte. Zugleich gibt sie bewußt der deutschen Arbeiterklasse die Literatur der Klassik zurück:

> »In den rauhen und schweren Tagen des Kampfes schweigen die Musen, aber ihre Kränze bleiben deshalb den arbeitenden Klassen nicht versagt. Sie werden die Morgengabe ihres Weltentages sein, und dann mag auch an Lessing gesühnt werden, was die Mit- und Nachwelt an diesem edlen Vorkämpfer freier Menschheit gefrevelt hat.« (F. M.: Die Lessing-Legende. Ges. Schriften, Bd. 9, Berlin: Dietz Verlag, S. 365.)

So endet das Buch. Aber diese Wiedereroberung ist zugleich eine Abrechnung mit der preußischen Legende, die auch die Arbeiterklasse gefangenhält. Die Wiedereroberung Lessings ist eine Befreiung in doppelter Hinsicht. Diese Befreiung ist – das sieht Mehring ganz deutlich – eine notwendige Voraussetzung dafür, daß die deutsche Arbeiterklasse sich bewußt wird, daß sie die Möglichkeit hat, sich zu befreien:

> »Und die Zerstörung der preußischen Legende ist absolut nötig, ehe Preußen in Deutschland verschwinden kann.« (Engels an Bebel, a.a.O., S. 308.)

Mehring politisiert nicht die Ästhetik; das würde ja bedeuten, daß es eine »unpolitische Ästhetik« gäbe; daß es eine Schönheit gäbe, die der Zeit und dem Typischen angehört und eine jenseitige, die der Ewigkeit und dem Allgemeinen angehört:

> »Doch löst sich dieser Satz auf, wie sich das Allgemein-Menschliche auflöst, wenn man es zu greifen sucht. Solange

die menschliche Gesellschaft in Klassen gespalten ist (und ehe sie in Klassen gespalten war, gab es überhaupt noch keine Kunst), hat es immer nur ein Sonder-Menschliches und nie ein Allgemein-Menschliches gegeben.« (Franz Mehring: Ästhetische Streifzüge V. In: Aufsätze zur deutschen Literatur von Hebbel bis Schweichel. Ges. Schriften, Bd. 11, Berlin: Dietz Verlag 1961, S. 180.)

Indem er die gesellschaftliche Bedeutung der ästhetischen Diskussion erkennt, entlarvt Mehring die wirkliche Funktion der offiziellen Literaturwissenschaft. Und dies tut er mit einem glänzenden – einem Lessingschen – polemischen Geschick:

»Selbstverständlich soll den Scherer und Erich Schmidt damit nicht mehr getan werden, als sie verdienen. Ihr alexandrinische Gelehrsamkeit bleibt ihnen unangefochten. Haben sie wirklich den ganzen Praß von Büchern gelesen, den sie in ihren ›Anmerkungen‹ anführen, so könnte man sogar mit Lessing auf die Besorgnis verfallen, daß sie für ihren gesunden Verstand schon viel zuviel gelesen haben.« (F. M.: Die Lessing-Legende, a.a.O., S. 195.)

Mit den zehn »Ästhetischen Streifzügen«, die Franz Mehring 1898/99 in der »Neuen Zeit« veröffentlichte, nahm er bewußt die Vorarbeiten für eine marxistische Ästhetik in Angriff:

»Eine wissenschaftliche Ästhetik an der Hand des historischen Materialismus zu schreiben wäre eine ebenso dankbare wie schwierige Aufgabe. Zu diesem großen und weitläufigen Gebäude beabsichtigen die nachstehenden Ausführungen nicht einmal ein paar Bausteine zu liefern: höchstens wollen sie den Bauplatz von einigem Gestrüppe reinigen.« (F. M.: Ästhetische Streifzüge I, a.a.O., S. 141.)

Das bedeutete, daß Mehring die Diskussion weiterführte. Der Marxismus stellte nicht eine Reihe von Antworten dar; er war keine Schablone. Ernste Fragen müssen ernst genommen werden, die Schwierigkeiten lassen sich nicht durch Abkürzungswege umgehen. Mehring beschreibt diese spezifisch intellektuelle Art, sich zu verhalten, als er die Debatte über Kant und Schiller aufgreift:

»Um ein Wort zu gebrauchen, das Marx einmal auf Hegels Philosophie angewandt hat, so ist mit der Ästhetik Kants und Schillers nicht fertigzuwerden, indem man ihr den Rükken kehrt und abgewandten Hauptes einige ärgerliche und banale Phrasen über sie hermurmelt. /. . ./ Wie kann es ob-

jektive Bestimmungsgründe des ästhetischen Geschmacks geben, wenn dieser Geschmack bloß subjektiv, individuell ist, wenn jeder seinen eigenen Geschmack hat? Diese Frage ist die Grundfrage aller Ästhetik, und man kann keine wissenschaftliche Ästhetik schreiben, ehe man sie beantwortet hat. Hat Kant sie falsch beantwortet, so geht man über ihn hinaus, indem man sie richtig beantwortet, aber man geht hinter ihn zurück, indem man sich anstellt, als ob diese entscheidende Frage noch niemals gestellt worden wäre.«
(F. M.: Ästhetische Streifzüge III, a.a.O., S. 162 f.)

Mehring hat argumentiert, diskutiert und untersucht. Er hat Schlußfolgerungen gezogen. Im Jahre 1898 stellt er die Bedeutung der Kunst für den Kampf der deutschen Arbeiterklasse dar:
>Hatte der bürgerliche Emanzipationskampf, namentlich in Deutschland, eine Reihe seiner entscheidenden Schlachten auf künstlerischem Gebiete geschlagen, so vollzog sich der proletarische Emanzipationskampf, und zwar nicht zu seinem Schaden, von vornherein auf ökonomischem und politischem Gebiete.«

Und daraus folgert er:
»Die Kunst darf ihre Wiedergeburt erst von dem ökonomisch-politischen Siege des Proletariats erwarten; in seinen Befreiungskampf vermag sie nicht tief einzugreifen.«
(F. M.: Geschichte der deutschen Sozialdemokratie, 2. Teil. Stuttgart 1898, S. 542 u. 546. Oder in: F. M.: Aufsätze zur deutschen Literatur von Hebbel bis Schweichel, a.a.O., S. 445 u. 449.)

Über diese Schlußfolgerung lassen sich große theoretische Diskussionen führen; sie sind bereits geführt worden. Aber diese Diskussionen bleiben ideologisch, solange nicht akzeptiert wird, daß Mehring recht *hatte*, daß er aber unrecht *bekam*. Sobald das jedoch akzeptiert wird, ist damit auch die – theoretische – Diskussion aufgehoben.

Wer sich mit der Bedeutung der Kunst für den Kampf der deutschen Arbeiterklasse in den Jahren 1848–1898 beschäftigt, kann zu keinem anderen Schluß kommen als Mehring. Wer die schwedische Literatur von 1923 bis 1973 studiert (Ivar Lo-Johansson z. B., oder Josef Kjellgren oder Folke Fridell oder ... die Namen sind kaum zu zählen), muß zum entgegengesetzten Schluß kommen: »In den Befreiungskampf des Proletariats greift die Kunst auf tiefe und entscheidende Weise ein.«

Im Jahre 1903 kürzte Mehring dieses ganze lange Stück. Er begann seine Darstellung mit dem eingefügten Satz:

»Auch auf literarischem Felde sprossen neue Keime. Hatte der bürgerliche Emanzipationskampf . . .« (F. M.: Geschichte der deutschen Sozialdemokratie, 2. Teil. Berlin: Dietz Verlag 1960, S. 664.)

Denn die fünf Jahre zwischen 1898 und 1903 hatten schon das Bild der Periode von 1848 bis 1898 verändert. Er nahm seine Schlußfolgerung aus diesem Zusammenhang heraus.

Diese Beschreibung, wie Mehring seinen Text und sein Denken verändert, ist nicht bedeutungslos. Sie rührt an den Kern des orthodoxen Marxismus, den Mehring repräsentierte. Probleme – ob es nun um die Bedeutung der Kunst für das Proletariat geht oder um Marx' Brief an Bracke im Jahre 1875 oder darum, wie ein Sozialist sich im August 1914 zu verhalten hat – können natürlich nicht abstrakt gelöst werden. Es gibt nicht *den* Marxismus schlechthin:

»Marxisten in dem Sinne, worin Marx selbst kein Marxist sein wollte, gibt es in der Partei nicht und kann es in ihr nicht geben; das Schwören auf die Worte der Meister ist nur das traurige Schicksal jeder Schule, die eine endgültige Wahrheit letzter Instanz kennt. Irgendeine Wahrheit dieser Art kennt der Marxismus eben nicht. Er ist kein unfehlbares Dogma, sondern eine wissenschaftliche Methode. Er ist nicht die Theorie eines Individuums, der ein anderes Individuum eine andere und höhere Theorie entgegenstellen könnte; er ist vielmehr der proletarische Klassenkampf, in Gedanken erfaßt; er ist aus den Dingen selbst, aus der historischen Entwicklung emporgewachsen und wandelt sich mit ihnen; deshalb ist er so wenig ein leerer Trug wie eine ewige Wahrheit. Dem entspricht es durchaus, daß es gerade die ›orthodoxen‹ Marxisten gewesen sind, welche die wissenschaftlichen Resultate, die einst von Marx und Engels gewonnen worden sind, nach der wissenschaftlichen Methode dieser Männer zu revidieren verstanden haben.« (ebenda, S. 700.)

Franz Mehring war nicht unveränderbar. Im Gegenteil: sein ganzes Leben war eine Folge von bewußt veränderten Positionen. Er hat es gewagt, Schlüsse aus dem wirklichen Geschehen zu ziehen und seine Ansichten entsprechend zu ändern.

Ich habe auf seine »Geschichte der deutschen Sozialdemokratie« verwiesen. Aber er hat zwei solche Werke geschrieben. Eines im Jahre 1877 und eines im Jahre 1898. Sie sind völlig verschieden. Mehring wurde 1846 geboren. Er studierte Philosophie und Literaturwissenschaft und arbeitete ab 1870 als liberaler, linksgerichteter Schriftsteller. Lassalle machte einen gewaltigen Eindruck auf ihn, und er näherte sich seiner Bewegung an. Aber der Zusammenschluß von Lassalleanern und Eisenachern in der vereinigten deutschen Sozialdemokratie ließ ihn mißtrauisch werden, und im Jahre 1877 brach er mit seiner rigorosen Abrechnung in »Die Geschichte der deutschen Sozialdemokratie – 1877« vollends mit der Arbeiterbewegung. Er ging so weit, daß er die Einführung der Sozialistengesetze und das Verbot der Sozialdemokratie für richtig hielt.

Als liberaler Redakteur der »Berliner Volkszeitung« war er jedoch gezwungen, sich mit den konkreten Problemen des deutschen Staates auseinanderzusetzen. So geriet er bei einer Frage nach der anderen auf die Seite der verbotenen Arbeiterbewegung. Schritt für Schritt ging er nach links. Um 1890 herum verfaßte er scharfe Angriffe auf die Sozialistengesetze und die Bismarcksche Politik. Nun wurde seine eigene Zeitung zeitweilig von den Behörden verboten. Gleichzeitig setzte er sich mit den Theorien von Marx auseinander, las und diskutierte. Im Jahre 1891 trat er in die sozialdemokratische Partei ein. Da war er 45 Jahre alt.

Er war kein Saulus, der sich nach einer plötzlichen Offenbarung bekehrt hätte. Er war ein arbeitender Intellektueller, der gezwungen war, im praktischen Kampf theoretische Schlüsse zu ziehen, die ihn dann nach vernünftigen Auseinandersetzungen zu neuen Stellungnahmen brachten. Diese Stellungnahmen waren so geartet, daß er oft gegen den Strom schwamm. In der Zeit vor dem Ersten Weltkrieg gehörte er zu den ›orthodoxen‹ Marxisten; er arbeitete im linken Flügel der deutschen Sozialdemokratie. Zusammen mit Karl Liebknecht, Rosa Luxemburg und Clara Zetkin war er eine ihrer führenden Gestalten. Er agitierte gegen den imperialistischen Weltkrieg. Er ging aktiv gegen den Krieg an. Arbeitete in der »Internationale« und im »Spartakus«. Wegen dieser seiner Tätigkeit wurde er 1916 von den deutschen Behörden verhaftet. Da war er siebzig Jahre alt. Er nahm für die russische Revolution Stellung und arbeitete für den Sieg der Revolution in Deutschland. Die Ermordung seiner Freunde Karl Liebknecht und Rosa Luxemburg hat ihn tief getroffen. Er starb nur eine Woche darauf; am 28. Januar 1919.

Von 1891 bis zu seinem Tod – und noch zehn Jahre danach – war er einer der bedeutendsten marxistischen Theoretiker und Wortführer der internationalen Arbeiterbewegung. Er gab die nachgelassenen Schriften von Marx, Engels und Lassalle heraus, stellte zentrale Fragen zur Diskussion. Die Hinweise auf Mehring ziehen sich wie ein roter Faden durch Lenins Werke aus den Jahrzehnten vor dem Kriegsausbruch. Es waren diese von Mehring herausgegebenen und kommentierten Schriften, in denen Lenin das Instrumentarium des Marxismus fand, mit dessen Hilfe er seine Theorie über Staat und Revolution im Imperialismus formulierte.

Mehring repräsentierte einen Marxismus, der insofern orthodox marxistisch war, als er Marx einer kritischen Überprüfung unterzog. Er gab ein allgemeines Urteil über die Arbeiten von Marx ab, stellte der Theorie die Wirklichkeit gegenüber:

>»Marx hat das Tempo der historischen Entwicklung, die er in ihren treibenden Kräften richtig erkannte, für schneller erachtet, als es sich tatsächlich ausweisen sollte.« (F. M.: Aus dem literarischen Nachlaß von Karl Marx, Friedrich Engels und Ferdinand Lassalle, Bd. 3. Stuttgart 1902, S. 84.)

Aber er beließ es nicht bei einer allgemeinen Beurteilung; er stieß zu den zentralen und heiklen Fragen vor. Zu Marx' und Engels' Artikel über die Nationalitätenfrage im Jahre 1848 bemerkt Mehring:

>»Im ganzen und großen war nun die Neue Rheinische Zeitung immer mit den großen Kulturvölkern, deren Interesse sie sorgsamer behütete als die Interessen der kleinen Nationalitäten. In den Revolutionsjahren hatte diese Auffassung auch ihre volle Berechtigung; ließen sich die Tschechen, die Kroaten und andere südslawische Völkerschaften als Werkzeuge der habsburgischen Gegenrevolution mißbrauchen, so gab es für ihren Verrat an der Revolution keine Verzeihung. Immerhin aber erlitt durch diese subjektiv berechtigte Leidenschaft die objektive Richtigkeit des historischen Urteils eine gewisse Einschränkung; so summarisch, wie die Neue Rheinische Zeitung wird heute niemand mehr über die Zukunft der südslawischen Völkerschaften den Stab brechen.« (ebenda, S. 77.)

Für ein weiteres Argument ist es wichtig, daß du dir klarmachst, daß Mehring hier von einem subjektiven Gefühlsüberschwang bei Marx spricht, der zwar verständlich sei, jedoch im Widerspruch zu den objektiven Gegebenheiten stehe; er sagt nicht, daß Marx subjektiv gesehen recht habe, objektiv aber unrecht.

Im Vorwort zu »Materialismus und Empiriokritizismus« hat Lenin auf diese Überlegung Bezug genommen:

> »Sooft hingegen die Orthodoxen gegen veraltete Anschauungen von Marx auftraten, (wie zum Beispiel Mehring gegen einige geschichtliche Behauptungen), geschah das stets so bestimmt und ausführlich, daß niemand in derartigen literarischen Äußerungen je etwas Zweideutiges finden konnte.« (Lenin: Materialismus und Empiriokritizismus. Berlin: Dietz Verlag 1973, S. 10.)

Und in demselben Buch schreibt Lenin an einer späteren Stelle voller Bewunderung:

> »Man vergleiche zum Schluß noch die Äußerung Franz Mehrings über Haeckel, die Äußerung eines Mannes, der nicht nur Marxist sein möchte, sondern es auch zu sein versteht.« (ebenda, S. 360.)

Vierzig Jahre lang war Mehring einer der großen Theoretiker des revolutionären Marxismus, eine herausragende Gestalt der marxistischen Literaturwissenschaft, ein Vorbild und ein Beispiel. Dann wurde er liquidiert. Das geschah zehn Jahre nach seinem Tod.

Im Jahre 1928 wäre es für jemand, der sich mit Marx, marxistischer Theorie und Fragen der Beziehung Marxismus-Literaturwissenschaft beschäftigte, unvorstellbar gewesen, daß Mehrings Werk und seine Bedeutung annulliert werden könnten. Und dennoch schreibt heute ein begabter junger marxistischer Literaturwissenschaftler wie Pierre Macherey, ohne mit der Wimper zu zucken:

> »Trotz fortgesetzter Auseinandersetzung mit Literatur und Kunst haben Marx und Engels deren Probleme niemals zum eigentlichen Gegenstand ihrer Arbeit gemacht. So besteht bis zum Beginn unseres Jahrhunderts – sieht man vom Werk Plechanovs und den Essays über Kunst und Gesellschaft von Lafargue einmal ab – lediglich die Absicht, eine marxistische Ästhetik auszuarbeiten. Ein Vorhaben, dessen Wichtigkeit zwar erkannt, bisher aber noch nicht realisiert worden ist.« (Pierre Macherey: Zur Theorie der literarischen Produktion, hg. v. Hildegard Brenner. Neuwied: Luchterhand 1974, S. 7.)

In diesem Text ist Mehring ausgelöscht worden; er hat aufgehört zu existieren. Dadurch aber wird es unmöglich, sich mit Macherey auseinanderzusetzen. Es besteht keine Möglichkeit einer intellektuellen Auseinandersetzung, wenn die objektiven Tatbestände »revidiert« werden. Über seine Hauptthese (die ich ja für falsch halte), könnte ich nur unter der Voraussetzung diskutieren, daß er bereit wäre zu schreiben:

> »sieht man von den Werken Plechanovs und Mehrings und den Essays über Kunst und Gesellschaft von Lafargue einmal ab.«

Mein Widerwille gegenüber akademischen Marxisten ist, wie du weißt, groß. Macherey ist nicht der schlimmste. Aber sie sind Theologen und Scholastiker, keine Marxisten. Sie haben ein sehr freies Verhältnis zu historischen Fakten und zur Textgeschichte.

Damit verständlich wird, warum junge marxistische Akademiker im heutigen Europa so tun können, als sei Mehring nicht vorhanden, ist es notwendig, die Umstände seiner Liquidierung zu schildern. Diese Darstellung trifft unmittelbar den Kern unserer Diskussion. Wir leben in einem Europa, das durch die Niederlage von 1848 geprägt ist. Ein Erdteil, der infolgedessen zur Hochburg des Imperialismus und im August des Jahres 1914 zum Schauplatz unserer großen Katastrophe wurde.

Bei dir ebenso wie bei mir – und bei allen, mit denen zusammen ich mir vorstellen könnte, ein Kollektiv zu bilden – hat sich die Vorstellung von dem, was menschlich und was unmenschlich ist, innerhalb der Tradition gebildet, die im August 1914 eine so vernichtende Niederlage erlebte.

Heute nacht habe ich Romain Rollands Artikel aus dem Ersten Weltkrieg im »Journal de Genève« gelesen. (Abgedruckt in: »Au-dessus de la Mêlée«, Paris 1915.) Im Vorwort erklärt Rolland, daß er sich im letzten Jahr sehr viele Feinde gemacht habe. Er hat nämlich, wie auch Heinrich Mann und Hermann Hesse, zu der kleinen Schar gehört, die den bürgerlichen Humanismus repräsentierte, standhaft blieb und nicht in die hundsgemeinen Haßtiraden einstimmte. Hast du gelesen, was Bergson und Thomas Mann und all die anderen von sich gegeben haben?

Gerhart Hauptmann habe den Völkermord als ehrenhaft und vernünftig dargestellt:

> »An den Grenzen steht unsere Blutzeugenschaft: der Sozialist neben dem Bourgeois, der Bauer neben dem Gelehrten, der Prinz neben dem Arbeiter, und alle kämpfen für deutsche Freiheit, deutsches Familienleben, für deutsche

Kunst, deutsche Wissenschaft, deutschen Fortschritt, sie kämpfen mit vollem, klarem Bewußtsein für einen edlen und reichen Nationalbesitz, für innere und auch äußere Güter, die alle dem allgemeinen Fortschritt und Aufstieg der Menschheit dienstbar sind.« (Gerhart Hauptmann: Gegen Unwahrheit. Tägliche Rundschau, 26. 8. 1914. Zit. in: G. H.: Centenar-Ausgabe, Bd. XI. Berlin 1974, S. 847.)

Selbst die internationale Arbeiterbewegung war zusammengebrochen. Ihre Mitglieder marschierten an die Fronten, um sich gegenseitig zu vernichten. Dieser Krieg war schon im voraus genauestens analysiert worden. Diejenigen, die jetzt marschierten, hatten in tausend und abertausend Studienzirkeln und Kursen die Mehrwerttheorie analysiert und einander vorgeführt, wie der Krieg heranreifte. Und trotzdem marschierten sie.

Einige nahmen den Kampf auf. Vereinzelte Fraktionen der großen Internationale hielten an ihren früheren Analysen und Forderungen fest. Lenins Bolschewiken in Rußland, Blagoevs »engstirnige« Sozialdemokraten in Bulgarien; eine Handvoll hier und da: das war alles, was von der eben noch so mächtigen Weltbewegung übriggeblieben war. In Deutschland begann die Sozialdemokratische Opposition sich um Karl Liebknecht, Rosa Luxemburg und Franz Mehring zu scharen.

Gegen Ende des zweiten Kriegsjahres war die Opposition soweit, daß ein Kern gebildet werden konnte, der den Kampf gegen den Krieg anführte. Parteifunktionäre aus verschiedenen Teilen Deutschlands versammelten sich am Neujahrstag des Jahres 1916 zu einer heimlichen Konferenz in Karl Liebknechts Anwaltsbüro in der Chausseestraße in Berlin. Unter den Teilnehmern waren auch Franz Mehring und der einunddreißigjährige August Thalheimer aus Braunschweig. Die Konferenz bestätigte die Grundsätze ihrer Arbeit, die Rosa Luxemburg formuliert hatte. Im ersten Punkt wurde dargestellt, was geschehen war:

»1. Der Weltkrieg hat die Resultate der 40jährigen Arbeit der europäischen Sozialdemokratie zunichte gemacht, indem er die Bedeutung der revolutionären Arbeiterklasse als eines politischen Machtfaktors und das moralische Prestige des Sozialismus vernichtet, die proletarische Internationale gesprengt, ihre Sektionen zum Brudermord gegeneinander geführt und die Wünsche und Hoffnungen der Volksmassen in den wichtigsten Ländern der kapitalistischen Entwicklung an das Schiff des Imperialismus gekettet hat.« (Rosa

Luxemburg: Ausgewählte Reden und Schriften, 2. Teil.
Berlin 1951, S. 545.)

Ich glaube, daß du jetzt – fast sechzig Jahre danach – bereit sein
wirst, diese Darstellung des Krieges, der im Herbst 1914 in Europa ausbrach, als richtig anzuerkennen.

Bei dieser Konferenz wurden auch die Richtlinien für die
künftige Arbeit festgelegt. Hier entstand das, was später als
»Spartakus« bekannt wurde. August Thalheimer arbeitete zunächst in der Führungsspitze. Dann – als die Partei gegründet
wurde – an der Spitze der Kommunistischen Partei. Er war einer
von denen, die für den mißlungenen Revolutionsversuch von
1923 die Verantwortung trugen. Zwischen 1924 und 1928 arbeitete August Thalheimer in Moskau. Er gehörte zur »Rechten«.

Im Jahre 1928 befand sich Thalheimer im Widerspruch zu der
Parteiführung in Deutschland. Er behauptete unter anderem,
ihre Gewerkschaftspolitik sei abenteuerlich und könne zu anarchistischen Abweichungen führen. Sein Ausschluß aus der Partei
war nur noch eine Frage der Zeit. Er wurde auf der Parteikonferenz vom 3. und 4. November 1928 vollzogen.

Thalheimer und viele andere wurden als Rechtsopportunisten
ausgeschlossen.

Auf dem VI. Weltkongreß der Kommunistischen Internationale im Sommer 1928 waren Bucharin, Brandler und Thalheimer
angegriffen worden. Es war ein wichtiger Kongreß. Er bedeutete
viel für die nationalen Befreiungskämpfe in den Kolonien und
den Einflußsphären der imperialistischen Länder. Entgegen den
Vorstellungen von der Stabilisierung des Kapitalismus, die Bucharin, Brandler und Thalheimer schließlich repräsentierten,
wurde dort eine allgemeine Analyse gemacht, die sich im folgenden Jahr als richtig erwies, als die große Weltwirtschaftskrise
ausbrach. Zugleich aber war es ein Kongreß, der die Kräfteverhältnisse in Europa völlig falsch analysierte und einen harten
Schlag gegen den linken Flügel der Sozialdemokratie richtete; er
unterschätzte die wirkliche Gefahr des Faschismus und gab unrealistische Parolen aus.

Im Jahr darauf schrieb der ausgeschlossene Thalheimer ein
Vorwort zu der zweibändigen Ausgabe von Mehrings literaturgeschichtlichen Werken.

Karl August Wittfogel machte zu dieser Zeit gerade Karriere
mit parteikonformer marxistischer Ideologie. In der Zeitschrift
»Linkskurve« rechnete er im theoretischen Bereich mit dem Par-

teifeind Thalheimer ab. Dies geschah in einer langen Artikelserie, die im Mai 1930 begonnen wurde. Der Titel dieser Serie wuchs proportional zur Vielfalt der Artikel, und im November dieses Jahres hatte er eine imponierende Länge erreicht:

»Noch einmal zur Frage einer marxistischen Ästhetik.« Er ist in einer scholastischen und dogmatischen Sprache geschrieben. Es knarrt und knackt in den Thesen und Antithesen, wenn Wittfogels Argumente aufmarschieren, bis er endlich zu seinen Schlußfolgerungen kommt:

»3. Einige Schlußfolgerungen.

I. Die Erkenntnis, daß der Stoff das zentrale Zwischenglied zwischen ›Leben‹ und Form darstellt, bedeutet eine mächtige Waffe für unsere Kritik künstlerischer Schöpfungen. *Homers Thersites* konnte auf den griechischen Bauern keine Kunstwirkung ausüben, da diese Gestalt eine Lüge, eine Verleumdung der Bauern jener Epoche war. /. . ./ Bewußte Fälschung ist *Arnold Zweigs* Schilderung der edlen deutschen Soldaten und Offiziere. *Bewußte Fälschung zerstört den Kunstwert völlig.*« (Linkskurve, November 1930, S. 11.)

Als Ergebnis einer ästhetischen Analyse ist mit dieser Kompendienweisheit über Thersites kein Staat zu machen. Als marxistische Analyse ist sie unmöglich. Was die griechischen Bauern betrifft, so hat Fröding ihre Ansicht über Thersites folgendermaßen dargestellt:

»Wenn Agamemnon allzu laut sich brüstet,
wenn Nestor, wenn Odysseus sich mit dunklem Rate rüstet
zum Wettstreit mit dem delphischem Orakel,
wagst du allein zu lachen über das Spektakel.
/. . ./
Die Wahrheit ist's, die wütend du verkündest,
und wenn du auch vorm Thron der Fürsten stündest,
im Angesicht der hochgebornen Herren,
die mit der Peitsche jedem Widerspruche wehren.
Und deshalb bist du auch ein wahrer Heros,
was immer mag berichten uns Homeros
– ein Heros bist du, der sich schlägt und tritt
und Prügel erntet, armer Freund Thersit.
(Gustaf Fröding: Tersites. In: Saml. Skrifter, Bd. 2. Stockholm: Bonniers 1921, S. 110.)

Wittfogels totalem Mangel an ästhetischem Empfinden entspricht seine böswillige Art, marxistische Theoriegebäude in kleinen politisch-taktischen Auseinandersetzungen zu verwenden. (Sein Angriff auf A. Zweigs »Der Streit um den Sergeanten Grischa« war zwar dumm, aber sicherlich wirkungsvoll.)

Mehring gegenüber verhält sich Wittfogel zwar noch vorsichtig. Er macht ihn jedoch unter allgemeinen Höflichkeitsfloskeln zum Kantianer. Zusammenfassend sagt er:

> »So großartig nun die Mehrzahl der *konkreten Analysen* Mehrings mit den Mitteln des historischen Materialismus den Zusammenhang von Zeit, Klasse, Gehalt und Form des Kunstwerks bloßlegten, so ist der Pionier einer marxistischen Literaturkritik doch in seinen *theoretischen Anschauungen* die formalistische Betrachtungsweise Kants nicht völlig losgeworden. In der Praxis der jeweiligen Untersuchung leitete ihn sein materialistischer Instinkt. In seinen prinzipiellen Erklärungen bestimmte ihn – trotz aller Vorbehalte – die *Kant-Schillersche Kunstformel.*« (Linkskurve, Juni 1930, S. 10.)

Die zeitgenössische Literaturwissenschaftlerin Helga Gallas meinte 1969:

> »In der Tat ist diese Artikelserie nicht nur der erste Versuch in der LINKSKURVE, sondern der erste Versuch in Deutschland überhaupt, Ansätze und Prinzipien einer marxistischen Ästhetik darzustellen,«

Sie fügte jedoch sogleich hinzu:

> »genauer: derjenigen Richtung der marxistischen Ästhetik, deren Wortführer – sich im einzelnen auf Wittfogel stützend – wenig später Lukács wurde.« (H. G.: Marxistische Literaturtheorie. Neuwied: Luchterhand 1971, S. 111.)

Indessen überschätzt Helga Gallas Wittfogel. Er ist ja kein selbständig arbeitender Theoretiker; in seinen Theorien spiegelt sich lediglich die unmittelbare Taktik der Partei wider. Die Taktik war immer mehr zum Schrittmacher der Theorie geworden. Mit anderen Worten: die Partei steuerte auf die Katastrophe zu. Am 15. Juni 1929 verfaßt die KPD auf ihrem XII. Kongreß ein Manifest an die deutsche Arbeiterschaft. Mit keinem Wort wird in diesem Manifest auf die Gefahren der NSDAP hingewiesen. Der Text ist ein einziger Angriff auf die Sozialdemokratie. Sie ist es – und nicht die NSDAP – die als eigentlich faschistisch beschrieben wird:

»Darum auch die faschistischen Angriffe der regierenden Sozialdemokraten gegen das revolutionäre Proletariat, gegen die Kommunistische Partei. /. . ./ Die Diktatur, mit der Wels auf dem Magdeburger Parteitag drohte, das ist die blutige Diktatur des Sozialfaschismus gegen die Arbeiterklasse. Die sozialfaschistischen Bürokraten spalten die Massenorganisationen, sie werfen die besten Klassenkämpfer aus den Gewerkschaften heraus, sie denunzieren die revolutionären Arbeiter bei den Unternehmern und bei der Polizei, sie unterdrücken die revolutionären Organisationen, um freie Bahn zu schaffen für die Vorbereitung des imperialistischen Krieges, für die Durchführung der Unternehmeroffensive, für die schrankenlose Diktatur des Finanzkapitals.« (Geschichte der deutschen Arbeiterbewegung, hg. vom Institut für Marxismus-Leninismus beim ZK der SED, Bd. 4. Berlin: Dietz Verlag 1966, S. 521.)

Den deutschen Sozialdemokraten wiederum fehlte jede Perspektive. Sie standen der Weltwirtschaftskrise ratlos gegenüber. Aber nicht alle in Deutschland waren ratlos. Bei den Wahlen vom 20. Mai 1928 hatte die NSDAP 809 771 Stimmen erhalten. Bei den Wahlen vom 14. September 1930 bekam die NSDAP 6 379 672 Stimmen. Sozialdemokraten und Kommunisten hatten 1928 zusammen 40,4% bekommen; im Jahre 1930 war ihr Anteil auf 37,6% abgesunken. Aber die Kommunisten waren von 10,6% im Jahre 1928 auf 13,1% im Jahre 1930 vorgerückt und glaubten zu siegen; die Sozialdemokraten hatten in absoluten Zahlen nur 580000 Stimmen verloren und meinten, ihre Verluste wieder aufholen zu können. Unterdessen schrieben Ideologen wie Wittfogel taktische Analysen ohne theoretische Basis.

Dann kam Stalins Brief an die Proletarskaja Rewolutsija. Er wurde 1931 in Heft 6 veröffentlicht und hatte unmittelbare Auswirkungen auf Deutschland. Es war ein Glied in dem Kampf, den Stalin führte, um sich als Führer der Partei zu behaupten und den ersten Fünfjahresplan durchzusetzen. Die ideologischen Widersacher im eigenen Land mußten bezwungen werden:

»Werte Genossen!

Ich protestiere entschieden dagegen, daß in der Zeitschrift ›Proletarskaja Rewoluzija‹ (Nr. 6, 1930) der parteifeindliche und halbtrotzkistische Artikel von Sluzki ›Die Bolschewiki über die deutsche Sozialdemokratie in der Periode ihrer Vorkriegskrise‹ als Diskussionsartikel veröffentlicht wor-

den ist. /. . ./ Es ergibt sich demnach, daß Lenin in der Vorkriegsperiode noch kein echter Bolschewik gewesen sei, daß
Lenin erst in der Periode des imperialistischen Krieges oder
gar erst bei Ausgang dieses Krieges ein echter Bolschewik
geworden sei. Das erzählt Sluzki in seinem Artikel, Ihr aber
laßt Euch, anstatt diesen neugebackenen ›Historiker‹ als
Verleumder und Fälscher zu brandmarken, mit ihm in eine
Diskussion ein, stellt ihm eine Tribüne zur Verfügung. Ich
kann nicht umhin, dagegen zu protestieren, daß Sluzkis Artikel in Eurer Zeitschrift als Diskussionsartikel veröffentlicht worden ist, denn man darf die Frage des *Bolschewismus*
Lenins . . . nicht zum Gegenstand einer Diskussion machen.
/. . ./
Zeugen diese Fehler der deutschen Linken, die der Geschichte der Vorkriegsperiode entnommen sind, nicht etwa
davon, daß die linken Sozialdemokraten trotz ihres Radikalismus sich noch nicht von dem menschewistischen Ballast
befreit hatten? Gewiß, die Linken in Deutschland hatten
nicht nur ernste Fehler. Sie haben auch große und ernste revolutionäre Taten aufzuweisen.« (J. Stalin: Fragen des Le-
ninismus. Moskau: Verlag für fremdsprachige Literatur
1947, S. 425–431.)

Am 20. Februar 1932 versammelte sich das ZK der Kommunistischen Partei Deutschlands. Auch ausländische Gäste – darunter
Maurice Thorez – waren anwesend. In seiner großen Rede rechnete Thälmann rigoros mit Liebknecht, Luxemburg und Mehring ab. Mehring fügte Thälmann selbst hinzu. Ihn hatte Stalin
nicht erwähnt. Aber auch Thälmann wies darauf hin, daß Leute
wie Luxemburg, Liebknecht und Mehring große Verdienste hätten.

Unmittelbar darauf nahmen die Parteitheoretiker ihre theoretische Arbeit in Angriff. Da es taktisch opportun war, Mehring
zu liquidieren, mußte sich die Theorie nach dieser taktischen
Zweckmäßigkeit richten. Wittfogel setzte seine früheren Angriffe mit einem Artikel in »Der Rote Aufbau« fort: »Franz
Mehring als Literaturwissenschaftler«. (1932, S. 130–37 und
S. 180–87.)

Der junge Theoretiker Kurt Sauerland widmete Mehring in
seinem Buch »Der dialektische Materialismus« ein ganzes Kapitel.

»Haben schon seit Jahren Auseinandersetzungen über die Theorien Rosa Luxemburgs und Diskussionen über den ›Luxemburgianismus‹ stattgefunden, so ist Franz Mehring erst in jüngster Zeit unter dem Gesichtspunkt der Weiterentwicklung des Marxismus kritisch betrachtet worden, wozu die Neuherausgabe seiner Werke den meisten Anlaß gab.«

(K. S.: Der dialektische Materialismus. Berlin 1932, S. 145.)

Kurt Sauerland selbst schreibt schlecht. Mehring schreibt gut. Aus diesem guten Stil Mehrings folgert Kurt Sauerland:

»Mehring wird gerne und mit Freude gelesen, um so notwendiger ist eine Kritik seiner nun leicht zugänglichen Werke.« (ebenda, S. 146.)

Diese Kritik wiederholt – in noch etwas gröberer Form –, was Wittfogel bereits gesagt hatte. Der arme Mehring wird bis auf seine schändlichen bürgerlichen Knochen entkleidet:

»Das Wort von der ›freien‹, ›selbständigen‹, ›kritischen‹ Haltung gegenüber seinen Meistern, das alle liberalen feinfühligen Seelen so sehr an Mehring loben und dessentwegen sie ihn über die ›engstirnigen orthodoxen Marx-Epigonen‹ stellen, entpuppte sich bei genauerem Zusehen als eine versöhnlerische Haltung, als ein Wort, das ihn selbst nur schützen sollte in seinen Abweichungen von manchen Meinungen Marxens und Engels'.« (ebenda, S. 146.)

»Mehring war, wie wir gezeigt haben, bei allem Lippenbekenntnis zum Marxismus durchaus Eklektizist, Mechanist und Vulgärmaterialist, nicht ohne sehr starke idealistische Züge. /. . ./ Die theoretischen Fehler Mehrings erklären seine politischen Schwankungen.« (ebenda, S. 173.)

Nun trat Georg Lukács auf. Den Anfang machte er in der Linkskurve, im Juni 1932. Als sein Artikel veröffentlicht wurde, war der Wahlkampf dieses Sommers in sein letztes Stadium getreten. Sozialdemokraten und Kommunisten sollten zusammen auf 36,2% absinken; die NSDAP sollte 11 737 000 Stimmen bekommen und damit 33,1% erreichen. Es war der größte Sieg, den die Kommunistische Partei Deutschlands je an den Wahlurnen errungen hatte.

In »Tendenz oder Parteilichkeit« schreibt Lukács über Mehring:

»Bekanntlich betrachtet Mehring die für die Kunsttheorie des niedergehenden Bürgertums ausschlaggebende Ästhetik

Kants ebenfalls als theoretisches Fundament.« (Linkskurve, Juni 1932, S. 15.)

Mehring sei unsicher, Mehring sei ein Eklektiker, aber:

»Als ehrlicher Revolutionär bemüht sich Mehring, die richtigen, klassenmäßigen Konsequenzen zu ziehen, d. h. er bejaht die ›Tendenz‹. Aber seine politisch-klassenmäßige Stellungnahme steht in unlösbarem Widerspruch zu seinen künstlerischen Einsichten.« (ebenda, S. 17.)

Was aber – besonders im Jahre 1932 – noch schlimmer war:

»Hier haben wir im Keime bereits die *Literaturtheorie des Trotzkismus.* /. . ./ Es ist also kein Zufall, daß das unkritisch übernommene Mehringsche Erbe in unserer Literatur- und Kulturtheorie den Trotzkismus gefördert hat. Ebenso wenig, wie jede mechanistische Herunterzerrung unserer Literaturziele – bewußt oder unbewußt, gewollt oder ungewollt – in ein trotzkistisches Fahrwasser geraten muß.« (ebenda, S. 17.)

Im folgenden Jahr veröffentlicht Lukács seinen großen Essay über Mehring. Das geschah in der Sowjetunion. Da hatte Hitler in Deutschland bereits gesiegt. Es ist einer der durch und durch unredlichsten Essays, die es je gab. Er verdreht Zitate und arbeitet mit einer perversen Logik, nach der gerade Mehrings

». . . Treue zur Revolution«

zu einem schweren Verbrechen wird:

»Die Inkonsequenz der Anschauungen Mehrings hängt also sehr tief mit der Konsequenz seiner revolutionären Grundhaltung, mit seiner Treue zur Revolution zusammen. Aber dadurch sind diese Fehler objektiv für die deutsche Arbeiterbewegung nur noch gefährlicher geworden . . .« (Georg Lukács: Beiträge zur Geschichte der Ästhetik. Berlin 1954, S. 345.)

Mehrings unglückseliger Treue stellt Lukács den »instinktiven« Realismus Balzacs gegenüber:

»Vergleicht man Mehrings unkritisch sympathisierende Schilderung eines Kleist oder Tauentzien mit der Balzacschen Schilderung der diesem viel mehr ans Herz gewachsenen alten Vendéekämpfer Du Guernic oder D'Esgrignons, so sieht man, um wie vieles dialektischer dieser große Realist instinktiv, gegen seine politischen Überzeugungen diese Verhältnisse dargestellt hat als der in seinem Schema befangene Mehring.« (ebenda, S. 383.)

Dies ist die perverse Theologisierung des Marxismus. Der Subjektivismus zur Norm erhöht. Das, was in Deutschland mit Mehring veranstaltet wurde, war keine Auseinandersetzung. Es gibt bei Mehring viel zu erörtern. Aber in diesen Artikeln wurde das nicht auf anständige Weise erörtert. Es wurde vollstreckt. Diese Vollstreckung konnte auf mehr oder weniger geschliffene Art geschehen. Sie konnte gewandt sein wie bei Lukács oder plump wie bei Sauerland; in beiden Fällen aber war es eine aus taktischen Gründen durchgeführte literaturpolitische Liquidierung, in die Form der marxistischen Theorie gekleidet. Zwanzig Jahre später sollte Lukács selbst beschreiben, was da betrieben worden war. Sein Essay über Mehring:

> ». . . stammt noch aus der Zeit, da man beweisen mußte, daß die formell zerstreuten, gelegentlichen Bemerkungen von Marx und Engels über Literatur und Kunst ein streng zusammenhängendes, konkretisierbares und zu konkretisierendes System bilden.« (ebenda, S. 5.)

Mehring wurde liquidiert, weil der Marxismus von einer Wissenschaft zur Theologie umgewandelt werden sollte. Die drei, die bei diesem von einer vorläufigen Taktik gelenkten Theoretisieren die hauptsächliche Arbeitslast trugen, waren Wittfogel, Sauerland und Lukács.

Diese drei waren nicht identisch. Der intellektuelle Lukács läßt sich nicht ohne weiteres mit dem ungeschlachten Wittfogel gleichsetzen. Zudem führte Lukács seinen eigenen politischen Kampf, zum Teil auch gegen Wittfogel, während Kurt Sauerland lediglich ein aufstrebender Parteitheoretiker war.

Nach Hitlers Machtergreifung kam Wittfogel ins Gefängnis. Im Konzentrationslager wurde er gedemütigt und gebrochen. Die Proteste britischer Wissenschaftler retteten ihm das Leben und ermöglichten ihm die Emigration; nach einer Weile begab er sich in die Vereinigten Staaten. Dort trat er im Wandel der Zeiten als großer Professor und gelehrter Antikommunist auf. Die Briefe seiner früheren Genossen ließ er unbeantwortet. Er wurde ein zuverlässiger Zeuge für Joseph McCarthys Leute.

Kurt Sauerland, der 1932 in seinem Buch optimistisch behauptet hatte:

> »Auch die Niederlagen werden – und meist in besonderem Maße – zu Erkenntnisquellen. Denn: Geschlagene Armeen lernen gut!« (K. S.: Der dialektische Materialismus. Berlin 1932, S. 49.)

floh zuerst nach Paris. Dort arbeitete er mit Willi Münzenberg zusammen. Im Jahre 1935 siedelte er nach Moskau über. Er wohnte im ersten Stock des Hotel Lux. 1937 wurde er verhaftet. Er verschwand, und man hat nie wieder etwas von ihm gehört.

Georg Lukács hat diese Jahre überlebt. Er spann sich in die Theorie ein und webte sich durch die Kriege und die politischen Krisen. Bei vielen der deutschen kommunistischen Schriftsteller in der Emigration war er verhaßt. Sie verziehen ihm niemals seine durchtriebenen, abwertenden Rezensionen und seine Intrigen vom Anfang der dreißiger Jahre. Aber sie krümmten ihm kein Haar. Er überstand alle Intrigen und Verwicklungen mit heiler Haut und überlebte sogar seine kurze Zeit als Minister in Budapest während des Aufstands von 1956. Du hast ihn ja später getroffen. Du fandst ihn faszinierend. Ihm ist sogar die Vergünstigung zuteil geworden, eines natürlichen Todes zu sterben.

Du hast die Frage gestellt, wie hoch der Preis sein darf. Ich möchte eine Gegenfrage stellen. Im Jahre 1943 wurde ich politisch bewußt. Damals war ich sechzehn Jahre alt, und der große Krieg tobte. Keiner von uns war sicher, ob Hitler besiegt werden würde. Ich weiß noch, daß wir sagten:

– Auf die Dauer ist der Ausgang ja klar.

Aber wir wußten nicht, wie lang diese Dauer sein würde. Von einem alten Kommunisten bekam ich zwei Bände:

»Marxistische Arbeiterschulung. Politische Ökonomie.«
Es war eine Übersetzung aus dem Deutschen, 1934 in Leningrad gedruckt. Das Original ist von Wittfogel herausgegeben.

– Du mußt dir die Theorie aneignen, sagte er. Man kann aus diesen Bänden eine ganze Menge lernen, auch wenn sie als veraltet gelten.

Ich habe mir die folgende Stelle angestrichen. Der Text ist in der Sowjetunion auf Schwedisch gedruckt worden, »Tryck Petjatny Dvor, Leningrad«:

»In Deutschland gelang es den Faschisten unter Mithilfe der Sozialdemokratie, den antifaschistischen Widerstand der Massen zu brechen und einen blutigen Terror gegen die Arbeiterklasse zu organisieren. /.../ Der Faschismus in Deutschland hat gezeigt, auf welch schwankendem Boden er steht. Hitler kann kein einziges von seinen demagogischen Versprechen einlösen, womit die Faschisten die kleinen Leute für ihre Bewegung gewonnen haben /.../ Die Unzufriedenheit der Massen kommt bereits durch Aufstände in den faschistischen Sturmtruppen zum Ausdruck. Die innere Krise des Faschismus ist ja auch ein Bestandteil der allgemeinen Krise des Kapitalismus.

›Zum Unterschied von der ersten Welle der Faschisierung der kapitalistischen Staaten, die beim Übergang von der revolutionären Krise zur teilweisen Stabilisierung stattfand, geht die kapitalistische Welt heute am Ende der kapitalistischen Stabilisierung, zur revolutionären Krise über, was der Entwicklung des Faschismus und der revolutionären Weltbewegung der Werktätigen eine andere Perspektive eröffnet.‹ (XIII. Plenum des EKKI: Thesen und Beschlüsse. Zit. in: Rundschau über Politik, Wirtschaft und Arbeiterbewegung, Nr. 1. Basel 1934, S. 2.) Diese Situation bildete einen günstigen Boden für den heroischen revolutionären Kampf der deutschen Arbeiterklasse gegen den faschistischen Terror. In Deutschland ›häuft sich eine ungeheure revolutionäre Energie in den Massen an und beginnt bereits der neue revolutionäre Aufschwung‹ (Thesen).« (Zit. aus einem Nachtrag zur schwedischen Übersetzung: Marxistisk Arbetarskolning. Politisk ekonomi, del II. S. 214–217.)

Das war im Herbst 1943. Ich war erkältet. Die Schule hatte gerade wieder angefangen, aber ich lag zu Hause im Bett und las. Wir hatten uns einen großen Luxor mit gutem Kurzwellen-Empfang angeschafft, und wenn ich nicht las, hörte ich Nachrichten. Die Sowjetarmee näherte sich Kiew. Die Renaultfabriken außerhalb von Paris waren von den Luftstreitkräften der Vereinigten Staaten bombardiert worden. An der Salerno-Front waren harte Kämpfe im Gang. Wie ich die Analyse in der »Marxistischen Arbeiterschulung« auch drehte und wendete – eine Analyse, die damals erst neun Jahre alt war –, ich konnte sie mit den objektiven historischen Gegebenheiten nicht in Einklang bringen.

Später, als ich anfing, Dimitrow zu lesen, fand ich in seinen Reden und Artikeln aus den dreißiger Jahren eine verständliche Analyse. Aber nun fragte ich mich stattdessen:

– War die Niederlage der deutschen Arbeiterbewegung unvermeidlich?

– Ist dieser Krieg, in dem wir aufwachsen, wirklich notwendig?

– Hätte Dimitrows Analyse nicht schon im Jahre 1929 gemacht werden können?

Wie du verstehst, liegen diese Fragen – besser: dieser Typ von Fragen – seitdem meiner Arbeit zugrunde. Auf sie bezog ich mich, als ich in jenem Herbst meine ersten Gedichte zu schreiben begann.

Ich glaube, du würdest auf diese Fragen antworten, daß die Niederlage der deutschen Arbeiterbewegung nicht unvermeidlich war, aber sehr erklärlich; daß der Krieg erst notwendig wurde, als er ausgebrochen war, und daß Dimitrows Analyse im Jahre 1929 wohl im Bereich des Möglichen gelegen hätte, aber aus historisch verständlichen Gründen nicht realisiert werden konnte.

Denn du akzeptierst ebensowenig wie ich den Gedanken, daß Hitlers Sieg und der große Krieg unvermeidlich gewesen wären. Nichts steht in den Sternen geschrieben.

Ich bin durchaus bereit, von Hitler als von einer bösen Macht zu sprechen. Der Umstand, daß Marx den historischen und gesellschaftlichen Ursprung der Moralvorstellungen aufzeigte, hinderte ihn nicht daran, von flammender moralischer Entrüstung getrieben, den Hunden einen Strich durch die Rechnung zu machen, die eineinhalb Millionen Kinder weiterhin der Tortur unterwerfen wollten. Aber es war nicht das Böse, das Hitler an die Macht brachte. Wenn du dir die Zahlen seines großen Wahlsieges vom 6. November 1932 ansiehst, dann weißt du, daß diese 11 737 111 Deutschen, die für die Nationalsozialistische Deutsche Arbeiterpartei gestimmt haben, zu 99 % unsere Leute waren. Das Schreckliche ist ja, daß sie in dem Glauben für Hitler stimmten, sie würden damit wirklich feststellen:

– Wir sind nicht Scheiße!

Wittfogel, Sauerland, Lukács tragen eine schwere historische Verantwortung. In den Vereinigten Staaten hat Wittfogel versucht, seine Vergangenheit auszutreiben, indem er als Denunziant auftrat und seine Theorien so umformulierte, daß sie als Deckmantel für die Angriffskriege gegen die revolutionären Völker Asiens benutzt werden konnten. Sauerland wurde eines Nachts abgeholt und entschwand ins Nichts. Gegen ihn wurden genau dieselben schiefen Argumente verwendet, die er selbst ausgearbeitet hatte, als Mehring liquidiert werden sollte. Lukács blieb am Leben, stand neben dem Geschehen und konnte wieder und wieder sein perverses Glaubensbekenntnis von 1918 murmeln:

> »Und so, wie der einzelne, zwischen zwei Arten von Schuld wählend, schließlich dann die richtige Wahl trifft, wenn er auf dem Altar der höheren Idee sein minderwertiges Ich opfert, besteht eine Kraft darin, dieses Opfer auch für das kollektive Handeln zu ermessen; hier jedoch verkörpert sich die Idee als ein Befehl der welthistorischen Situation, als geschichtsphilosophische Berufung.« (Georg Lukács: Frühschriften II. Neuwied 1968, S. 52.)

Du weißt sicher, was Linné dazu gesagt hätte:

> »Melander, Theologiae Professor Upsaliensis, treibet die Sach immer sehr weit im consistorio academ. Eines Tages, da wir uns schon den ganzen Tag bis gegen 6 Uhr abends bei einem verdrießlichen Gegenstande aufgehalten hatten, wobei M. der stärkste Actor in einer höchst ungerechten Sache gewesen war, dreht sich ihm um 6 Uhr der Kopf auf den Rücken. Er fällt unter den Tisch, wird heimgetragen; erlebet nicht mehr den Tag seiner Genesung. Alle gehen heim und schlagen sich an die Brust, erkennend, daß der Herr all unsere Ränke siehet.« (Linné: Nemesis divina. Stockholm: Bonniers 1968, S. 162.)

Wenn du es so sehen wolltest, könntest du sagen: nachdem Wittfogel in die Selbsterniedrigung fliehen mußte und nachdem Kurt Sauerland bei Nacht und Nebel abgeholt wurde und nachdem Lukács genötigt war, sogar seine Zeit als Minister bei Nagy zu überleben, ist Mehring in der DDR aus seinem ideologischen Grab geholt worden und hat seit etwa einem Jahrzehnt einen – wenn auch nur begrenzten – Teil seiner früheren Ehre zurückgewonnen. Aber du kannst das ebensowenig so sehen wie ich. Die Toten sind tot, und die Ideologien haben kein Eigenleben.

Der Preis also! Wieviel menschliches Leiden ist zu verantworten, um der Menschheit eine bessere Zukunft zu garantieren? Aber diese Frage ist ja falsch gestellt. Das merkst du, wenn du sie konkretisierst: Wieviel Leiden kann ich verantworten der Menschheit zuzumuten, wenn ich ihr eine bessere Zukunft garantieren will? So würdest du nicht formulieren; dann würde die Ungereimtheit dieser Worte allzu deutlich zutage treten.

Natürlich existiert das Leiden. Die Menschen werden den entsetzlichsten Leiden ausgesetzt. Das weißt du; darin sind wir uns einig. Wir brauchen keinen Leidenskatalog zu schreiben. Die

Geschichte zeigt, daß die Menschen sich zur Wehr setzen. Wo Unterdrückung ist, ist auch Widerstand. Diese allgemeine Formulierung kann präzisiert werden. Es sind nicht irgendwelche Menschen, die sich gegen die Unmenschlichkeit zur Wehr setzen. Es sind Klassen, die kämpfen. Dieser Kampf ist keine Erfindung. Er ist nicht die Theorie, die die Streiks hervorgebracht hat. Der Streik hat Theorien über Streiks hervorgebracht, die dann mit bewußter Einsicht bei der Durchführung von Streiks angewandt werden konnten.

Es geht also nicht darum, daß der »Marxismus« verwirklicht werden soll. Die Theorie wird durch die Notwendigkeit der Praxis geformt; der Kampf ist an und für sich spontan und unausweichlich, er schafft auch spontan und zwangsläufig seine eigenen Vorstellungen.

– Wir sind nicht Scheiße!

Solche Vorstellungen können jedoch auch dazu benutzt werden, fast alles zu legitimieren: Lassalles Versuch, mit Bismarck eine Abmachung zu treffen (von Hofstetten vom »Sozial-Demokrat« nahm 1866 von Bismarck 2500 Taler entgegen), der chauvinistische Zusammenbruch im August 1914; die Selbstvernichtung der deutschen Arbeiterbewegung angesichts der Bedrohung durch Hitler. Dies alles wurde von verschiedenen Ideologen mit dem Hinweis auf die Erfordernisse des permanenten, des immer unausweichlichen Klassenkampfs legitimiert. Aber du kannst ja nicht die Frage stellen, inwieweit die Niederlage von 1932 notwendig war, um das Glück kommender Generationen zu sichern, und wie viele solche leidvolle Niederlagen noch für die künftigen Generationen notwendig sein werden.

Das wirklich Grauenvolle ist ja, daß diese Niederlagen nicht notwendig waren. Es wandert ja kein Weltgeist durch die Jahrhunderte; es steht nichts in den Sternen geschrieben; der Mensch gestaltet selbst seine Geschichte. Ideologisierte Marxismen, die sich zu selbständigen Lehren und starren Schablonen entwickeln und sich Axiome zulegen, welche mit Zitaten aus ihren eigenen Dogmen bewiesen werden, haben zwar ihren Ursprung in – und suchen sich ständig zu legitimieren mit – den Vorstellungen vom spontanen und unausweichlichen Klassenkampf, aber sie bleiben doch nur Ideologien, aus einem verzerrten und falschen Bewußtsein heraus entstanden.

Im heutigen Europa werden solche Marxismen dazu benutzt, die Privilegien der herrschenden Bürokraten im Kreml und die

Besetzung der Tschechoslowakei zu legitimieren, ebenso wie sie dazu benutzt werden, die Entspannung zu legitimieren, die doch nur zu einem Europa der Gendarmen führt, und dazu, die Macht des staatsmonopolistischen Kapitalismus zu legitimieren. Das neue Monopolkapital schmückt sich mit Marxismen, und sowohl in »Problems of Communism« vom USIS (United States Information Service) wie auch an Universitäten in West und Ost werden gescheite, interessante, offene, spannende Diskussionen über den Marxismus geführt. Es steht dir natürlich frei, diese Tätigkeit marxistisch zu nennen, aber dann mußt du zugleich darauf hinweisen, daß Marx – wie er selbst hervorgehoben hat – kein Marxist war.

Marxismus in einem anderen Sinn ist die notwendige *bewußte* Erkenntnis der Zusammenhänge, die es ermöglicht, den spontanen und unausweichlichen Kampf auf so zielbewußte Art zu führen, daß er zu einem Sprung in jenes Reich der Freiheit wird, das uns seit 1848 offensteht.

Eine solche bewußte Erkenntnis kann nicht außerhalb oder über oder neben der Praxis existieren; sie kann auch nicht irgendwelche Axiome haben oder über eine Diskussion und Überprüfung erhaben sein.

Das Leiden; das ist eine Realität. Man wäre wirklich ein Hornochse, wenn man darüber hinwegsehen würde; dumm, privilegiert, ahnungslos, phantasielos. In den ideologisierten Marxismen kann dieses Leiden zu einer Notwendigkeit gemacht werden, und jemand wie der junge Georg Lukács kann einen Artikel über Taktik und Ethik mit dem – nicht proletarisch, sondern bürgerlich – dekadenten Ausruf beschließen:

> »Um diesen Gedanken größter menschlicher Tragik mit den
> unnachahmlich schönen Worten von Hebbels ›Judith‹ aus-
> zudrücken: ›Und wenn Gott zwischen mich und die mir
> auferlegte Tat die Sünde gesetzt hätte – wer bin ich, daß ich
> mich dieser entziehen könnte?‹« (G. L.: Frühschriften II,
> a.a.O., S. 53.)

In gewisser Hinsicht ist das Leiden notwendig gewesen. Nämlich dann, wenn der Kapitalismus eine solche Entwicklung der Produktivkräfte erzwungen hat, daß die Kritik aus der »Utopie« – »Donquichoterie« – in die reale Möglichkeit umgeschlagen ist, einen Verein freier Menschen zu verwirklichen, die mit gemeinschaftlichen Produktionsmitteln arbeiten und ihre vielen individuellen Arbeitskräfte als eine gesellschaftliche Arbeitskraft verausgaben; dann wird das Leiden historisch gerechtfertigt, in dem Sinne, den Marx der Berechtigung in bezug auf Ricardo gibt:

> »Was ihm vorgeworfen wird, daß er, um die ›Menschen‹ unbekümmert, bei Betrachtung der kapitalistischen Produktion nur die Entwicklung der Produktivkräfte im Auge hat – mit welchen Opfern an Menschen und Kapital*werten* immer erkauft –, ist gerade das Bedeutende an ihm. Die Entwicklung der Produktivkräfte der gesellschaftlichen Arbeit ist die historische Aufgabe und Berechtigung des Kapitals. Eben damit schafft es unbewußt die materiellen Bedingungen einer höhern Produktionsform.« (Das Kapital III. MEW 25, S. 269.)

In »Theorien über den Mehrwert«, MEW 26, 2, S. 111 findest du diesen Gedanken auf eine etwas schärfere Weise ausgeführt.

Daß Marx zu dieser Erkenntnis gelangte, war insofern zufällig, als es eben gerade Marx war. Notwendig aber war es in dem Sinn, den Engels hier beschreibt:

> »Wenn Marx die materialistische Geschichtsauffassung entdeckte, so bewiesen Thierry, Mignet, Guizot, die sämtlichen englischen Geschichtsschreiber bis 1850, daß darauf angestrebt wurde, und die Entdeckung derselben Auffassung durch Morgan beweist, daß die Zeit für sie reif war und sie eben entdeckt werden *mußte*.« (Engels an W. Borgius, 25. Januar 1894 [bekannt als »Starkenburg-Brief«]. MEW 39, S. 207.)

Nun muß dies natürlich – wie auch andere Briefzitate – so gelesen werden, wie Engels das in demselben Brief verstanden wissen will:

> »Ich bitte, in obigem die Worte nicht auf die Goldwaage zu legen, sondern den Zusammenhang im Auge zu behalten; ich bedaure, nicht die Zeit zu haben, Ihnen so exakt ausgearbeitet zu schreiben, wie ich es für die Öffentlichkeit müßte.« (ebenda, S. 207.)

Somit gibt es aber keine Notwendigkeit des Leidens mehr; keine Möglichkeit, die Schandtaten dieses furchtbaren Jahrhunderts theoretisch zu motivieren. Nur: seine Geschichte zu erklären und sie zu verändern. Seit 1848 sind wir vor die praktische Möglichkeit und damit vor das moralische Gebot gestellt – wir sind ja nicht Scheiße! –, bewußt den spontanen und immer gleich unausweichlichen Kampf auf eine so einsichtsvolle und zielbewußte Art zu führen, daß dieses unnötige Leiden aufhört.

In »Utopien« formulierst du deine Position so:

»Die utopischen Möglichkeiten, die die Gesellschaft enthält, muß es hier und jetzt geben, und sie müssen in dem Augenblick verwirklicht werden können, wo unser Begriffsapparat ihnen ermöglicht, *erkannt zu werden.*« (L. G.: Utopien, übersetzt v. H. Grössel u. a. München: Hanser 1970, S. 110.)

Du hättest auch schreiben können:

»Die utopischen Möglichkeiten werden von unserem Begriffsapparat in dem Augenblick erkannt, wo sie bereits hier und jetzt in unserer Gesellschaft vorhanden sind und somit verwirklicht werden können.«

Lars Gustafsson
Seltsames Zwischenspiel:
Zwei Journalisten werden verhaftet, der
Autor leidet an seinem Heimatland

Der geniale Jacques Prévert schrieb während der deutschen Besatzungszeit eine Verszeile:
>»J'ai mal à mon pays«

Ich leide an meinem Heimatland. Es fällt mir schwer, eine bessere Formulierung für das zu finden, was ich jedesmal empfinde, wenn die Zeitungen aus Schweden ankommen.

Ich sitze im Sonnenschein auf meinem Bettrand, es ist erst viertel nach acht auf der Uhr am Turm der Gedächtniskirche; nicht unähnlich einem hohlen, schmerzenden Backenzahn von jemand, der es sich nicht leisten konnte, zum Zahnarzt zu gehen. Das Sonnenlicht wirft majestätische Reflexe im rotierenden Mercedeszeichen auf dem Dach des Europazentrums, der viertel-nach-acht-Zug aus Frankfurt am Main donnert in einer Wolke von weißem Kohlenrauch über die Brücke.

Ich sitze da und versuche mit Hilfe von Kaffee aufzuwachen, der bitter ist wie das Meer, und alles ist recht friedlich – bis die Zeitungen aus Schweden kommen.

Jan Guillou und Peter Bratt, zwei Journalisten, die aufgedeckt haben, daß der schwedische militärische Nachrichtendienst heimlich eine eigene Außenpolitik betreibt und die Gesinnung und Vereinszugehörigkeit schwedischer Staatsbürger registriert, obwohl ein Minister sechsmal im Reichstag aufgestanden ist und gelogen hat, es gäbe keine solchen Register, sind gestern morgen verhaftet worden – wegen Spionage! Diese Spionage besteht darin, daß sie die Geheimnisse einer Spionageorganisation veröffentlicht haben.

Den Rest hast du vermutlich schon in den Telegrammen gelesen, die dich sicherlich in Tournon d'Agenais überflutet haben, wo du jetzt gerade steckst.

Peter Bratt und Jan Guillou haben ein Stück Wirklichkeit hinter der offiziellen schwedischen Fassade enthüllt, jener sozialdemokratischen idyllischen Fassade, auf die junge deutsche Sozialdemokraten im Zwiebelfisch und im Kaisereck hinter ihren

Schnäpsen und Bierkrügen mit einem rührenden Vertrauen verweisen, wann immer das Gespräch auf politische Fragen kommt.

Der Gedankengang hinter diesen Verhaftungen ist ja nun ziemlich leicht zu verfolgen:

Zuerst wird ein Staatsanwalt beauftragt, sich mit den Enthüllungen der beiden Journalisten auseinanderzusetzen. Er nimmt sich ein paar von den nebensächlichsten Anklagepunkten der Journalisten vor. Als Ermittlungsinstanz fungiert eine Schwesterorganisation des Spionagedienstes, um den es hier geht, als Zeugen treten in etwa dieselben Personen auf, die Listen über die Gesinnung Linksintellektueller angefordert und *agents provocateurs* losgeschickt haben, um das Mitgliedsregister der schwedischen FNL-Bewegung zu beschlagnahmen.

Das Verfahren gegen die Geheimorganisation wird eingestellt, die Berichte kommen zu den Geheimakten.

Dann wird es Zeit, sich mit den Urhebern der Enthüllungen auseinanderzusetzen.

Ein Prozeß wegen des Verstoßes gegen das Gesetz der Pressefreiheit erscheint wenig angezeigt.

Stattdessen nimmt man einen Paragraphen, der besagt, daß das Pressefreiheitsgesetz nicht für Spione gelte. Die beiden riskieren sechs Jahre Gefängnis.

In den größeren Städten erscheinen abends Tausende von Demonstranten und fordern einen parlamentarischen Untersuchungsausschuß.

Es wird keiner zustande kommen. Diese Art von Parlamentarismus haben wir in Schweden nicht. Man wird einen Parlamentarischen Untersuchungsausschuß unter Schweigepflicht beauftragen, »in dieser Sache zu ermitteln«, wie es heißt.

Es sei gut, schreibt die *Vestmanland Läns Tidning*, eine mehr als hundertjährige, »feine« alte liberale Zeitung, die führende Zeitung meiner Heimatprovinz, es sei gut, daß der Reichstag jenen nicht nachgebe, die »nach einem parlamentarischen Untersuchungsausschuß schreien«.

In Schweden ist es nie für gut angesehen worden, wenn man schreit. In Schweden ist die Poesie mit dem Schweigen eng verwandt.

Diejenigen, die nach einem parlamentarischen Untersuchungsausschuß schreien, stammen gegenwärtig alle aus einer Partei, der kommunistischen.

Parlamentarisch gesehen könnte die bürgerliche Opposition

nur davon profitieren, wenn sie die gleiche Forderung stellte. Sie würde auf diese Weise sehr wohl eine Regierungskrise auslösen können. Für die liberale Partei würde eine solche Forderung bedeuten, daß man seinen Liberalismus ernst nähme.

Trotzdem tut man es nicht, man wird es auch nicht tun. Sich einer Forderung anzuschließen, die von einer kommunistischen Partei erhoben wird, wäre für diese Opposition undenkbar.

Man arbeitet im Reichstag nicht mit den Kommunisten zusammen. Im außenpolitischen Ausschuß und im Verteidigungsausschuß wären Kommunisten nicht vorstellbar.

Hinter diesen nicht vorstellbaren Kommunisten stehen Zehntausende von Wählern, die den Reichstagsabgeordneten ihr Mandat gegeben haben.

Die parlamentarische Praxis in Schweden ist so beschaffen, daß sie den Abgeordneten dieser Wähler keine Möglichkeit gibt, das Mandat zu vertreten, das ihnen gegeben wurde. Also ist das System nicht parlamentarisch!

Der Vorsitzende der liberalen Partei wird von einer Zeitung über seine Haltung zu der Forderung nach einer parlamentarischen Untersuchung interviewt.

Endlich, denkt man, jetzt werden wir hören, was ein Oppositionspolitiker zu einem größeren administrativen Skandal mit Rechtsverletzungen, Ministerlügen, Hausdurchsuchungen ohne Protokoll und Quittung zu sagen hat.

Zum Teufel auch! Der Mann redet wie ein Beamter! »Wir« erwägen zur Zeit keine solche Maßnahme. »Wir« beabsichtigen, diese Frage in dem geheimen Reichstagsausschuß zu behandeln, wo sie hingehört.

»Als Olof Palme und die Vorsitzenden der drei bürgerlichen Parteien am Mittwoch zusammentrafen, war man sich darüber einig, daß kein parlamentarischer Untersuchungsausschuß eingesetzt werden sollte.« (*Dagens Nyheter*, 25. Oktober 1973.)

Lies diesen Satz ein paarmal! Er ist in einer parlamentarischen Demokratie geschrieben.

Die Macht der öffentlichen Lüge wirkt auf mich derart ekelerregend und faszinierend, daß es manchmal fast zwangsneurotische Formen annimmt.

Natürlich weiß ich, oder glaube zu wissen, daß das, was in Schweden geschieht, Kleinigkeiten sind verglichen mit dem, was sich in Griechenland, Portugal und der Sowjetunion abspielt.

Ich weiß natürlich, daß es eine ernste Sache ist, wenn ein Minister sechsmal laut und deutlich in einer schwerwiegenden Frage lügt, bei der es um verfassungsmäßig garantierte Grundrechte geht, ohne daß jemand dagegen protestiert. Aber das ist ja eine Bagatelle im Vergleich dazu, daß die Sowjetunion sechs Mig 17, sechs Helikopter und achtzig Piloten liefert, um im April 1971 eine sozialistische Revolution auf Ceylon niederzuschlagen. (Der Spiegel, Nr. 43, 1973, S. 167.)

Man sollte den Sinn für die Proportionen wahren.

Und dennoch gibt es keine Erfahrung, die mich in einem solchen Maße fasziniert und quält wie diese: zu beobachten, wie ein Staat Punkt für Punkt seinen Kontakt zur Realität verliert, indem die offizielle Sprache sich Schritt für Schritt von der Alltagswirklichkeit ablöst.

Präsident Allende wird ermordet, Chiles legitime Regierung gestürzt. Ein Haufen von gut bewaffneten Banditen übernimmt die Macht. »Allende ist gescheitert«, schreibt die Springerpresse.

Aber in Stockholm gibt es einen Fackelzug. Olof Palme hält eine Rede. Ministerin Alva Myrdal hält eine Rede. »Allende war unser Freund.«

Alle bekommen feuchte Augen. Die Fackeln leuchten an diesem Herbstabend. Meine Augen werden nicht feucht, wie ich da an meinem Kurzwellensender in Berlin sitze und zuhöre. Einen Monat zuvor machte ich zufällig einen Spaziergang im Hafen von Västerås. Da lag Kupfer, eine ungeheure Menge Kupfer, in Barren hinter Stacheldraht aufgestapelt. Kupferbarren im Wert von Millionen Kronen.

– Was ist das für Kupfer, frage ich einen Zollbeamten, der vorbeikommt.

– Oh, das ist chilenisches Kupfer, das beschlagnahmt worden ist, bis die amerikanischen Kupferkonzerne von Chile bezahlt werden!

Nichts hat mein Bewußtsein und meine Entwicklung während der letzten zehn Jahre so stark geprägt wie dies: in einem Land zu leben, wo »Sozialismus«, »Gerechtigkeit« und »Demokratie« in jeder Festrede so hochgehalten werden und wo man zugleich in der politischen Realität mit einer solch totalen Rücksichtslosigkeit darauf scheißt wie in Schweden.

In der schwedischen Geschichte hat es einmal eine oscarianische Ära gegeben. Der alte König Oscar mit seinem großen Schnurrbart und seinen landesväterlichen blauen Augen reiste herum und weihte Bahnhöfe ein. Oberlehrer schrieben Pam-

phlete zur Onaniefrage. Idealistische Poeten gewannen akademische Preise. Strindberg wurde des Landes verwiesen. Ola
Hansson wurde des Landes verwiesen. Bengt Lindforss wurde
des Landes verwiesen.

Der Liberale J. P. Theorell konnte zur Wahlrechtsfrage folgendes schreiben:

>– daß unsere Wahlen bereits zu demokratisch sind, zu tief
in den Mob hineinreichen, notabene ein rechtes Gesindel,
das seinen politischen Einfluß verlieren und ihn der Nation
abtreten sollte.«

Manchmal ergreift mich eine perverse nostalgische Sehnsucht
nach jener Zeit. Darin zu leben, erschiene mir leicht, denn dann
wäre ich nicht ständig von Schizophrenie bedroht.

Wenn J. P. Theorell sagt, daß der Mob kein Wahlrecht haben
solle und daß das Wahlrecht des Mobs nützlicherweise zu vertreten sei durch etwas, das er »die Nation« nennt, dann weiß ich,
daß ich nicht eine halbe Stunde auf eine *Übersetzung* verwenden,
nicht lange an seinem Text herumdeuteln muß, um herauszufinden, *was denn nun eigentlich hinter den Worten steckt.*

J. P. Theorell ist zwar nicht gerade progressiv, aber von ihm
droht mir auch keine Schizophrenie. Das gereicht ihm immerhin
zur Ehre.

»Allende war unser Freund«

Teufel nochmal! Allende war keineswegs euer Freund. Ihr
habt euch im außenpolitischen Ausschuß zu Geheimkonferen-
zen getroffen und Allendes Kupfer mit einem Embargo belegt:
dieses Arbeitsprodukt des chilenischen Volkes, das Allende vielleicht hätte helfen können, das Vertrauen zu seiner Währung
aufrechtzuerhalten. Ihr habt dazu beigetragen, ihn abzuwürgen,
seinen Außenhandel lahmzulegen.

Was ihr von Allende haben wollt, ist sein Prestige, seinen
Heiligenschein und ein bißchen vom Glamour des Abenteuers,
das darin besteht, mit einem gefährlichen lateinamerikanischen
Revolutionär verglichen zu werden. In diesem Jahr muß ein Sozialist her!

Fackelzüge kosten so wenig. Man sollte in eure Mikrofone
pinkeln!

Ich habe verschiedene Freunde, die meine Beschäftigung mit
der öffentlichen Lüge kindisch finden. Sie halten mich für naiv
und sonderbar unschuldig.

– Herrgott nochmal, du weißt doch, daß die Leute nicht

meinen, was sie sagen! Du bist doch schließlich siebenunddreißig Jahre alt! Das hätte dir doch schon lange aufgehen müssen. Du redest ja wie Adorno: »Die Wahrheit ist, was in der Welt nicht paßt.« Mit deinen siebenunddreißig Jahren müßtest du doch den Unterschied zwischen Politik und Utopie kennen? Oder *tust du nur so?*

Ich antworte ihnen, daß sie selbst vielmehr naiv seien. Sie glauben, die öffentliche Lüge zu überlisten, indem sie sie als etwas Natürliches hinnehmen. Das gibt ihnen das Gefühl, Kontrolle auszuüben und alles überlegen zu durchschauen.

Aber es gibt keine solche Kontrolle über die Sprache, in der man lebt! Ebensowenig wie eine Forelle das Wasser kontrollieren kann, in dem sie schwimmt.

Der moderne sozialdemokratische Staat steuert – mit geschwächten parlamentarischen Funktionen, mit einer immer zentralistischeren Staatsgewalt – immer tiefer in eine Art monopolisierten Kapitalismus hinein. Die alten oscarianischen Behörden fungieren nicht mehr nach rechtlichen Prinzipien, es geht nicht darum, vorschriftsmäßig zu handeln, sondern darum, sich der Nachfrage anzupassen. Die Haushaltsplanung der Ämter wird auf langfristige Prognosen gegründet, um so den Bedürfnissen der großen Kunden des Staates besser zu entsprechen. Der Staat wird unerbittlich in einen Teil des Geschäftslebens verwandelt. Der alte klassische schwedische Staatszentralismus, gestützt auf den Klerus und auf Boströms Staatslehre ist nun in einen als Staat getarnten Geschäftsbetrieb verwandelt worden.

Dieser Prozeß erhebt zugleich den Anspruch, ein völlig anderer Prozeß zu sein. Auf Gleichheit, Demokratie, Gerechtigkeit rollt der Triumphwagen des sozialdemokratischen Wohlfahrtsstaats zu.

Die Anpassung der Schulen an das Wirtschaftsleben wird zu demokratischen Schulreformen gemacht, die systematische Ausplünderung der ländlichen Gebiete zu rationellen »physischen Reichsplänen« (Einteilung des Landes in Zonen zwecks wirtschaftlicher Regionalplanung – Anm. v. V. R.).

Es gibt nur eine Art, wie man das Problem lösen kann, diese beiden Dinge gleichzeitig zu tun, nämlich: allen inhaltschweren Wörtern der Sprache neue Bedeutungen zu geben, *ohne daß die alten verschwinden.*

Diese Sprache ist uns allen gemeinsam. Sie dringt tiefer in uns ein, als eine Injektionsspritze es je könnte, sie dringt bis in unsere Träume und Alpträume hinein.

Wenn ich mich dagegen wehre, so sind das keine Kindereien. Es ist nichts anderes als eine gesunde Angst vor dem Verrücktwerden, die bewirkt, daß ich mich unter den sonderbaren neuen Wörtern winde wie unter ebensovielen Peitschenhieben. ICH VERTEIDIGE MEIN ICH.

In einer sprachlichen Atmosphäre zu leben, wo die Wahrheit gerade von den sprachlichen Bedeutungsstrukturen bedroht ist – das wird letztlich zu einer physischen Angelegenheit. Das tut weh.

J'ai mal à mon pays.

Jan Myrdal
Doch: Der Tiger hat wirkliche Krallen!

Den ganzen Nachmittag lang haben wir in der Kapelle Saint-Jean-de-Balerme gearbeitet, die im Tal unterhalb von Montpezat an der kleinen Straße nach Saint-Caprais-du-Temple liegt, gleich nördlich von Agen.

Den Schlüssel hatten wir im Bürgermeisteramt bekommen. Die Sekretärin hatte ihn bei sich zu Hause. Als sie ihn holte, sagte sie:

– Jedermann kommt hierher, um die Kapelle zu sehen.

Aber im Tal unten hingen dicke Spinnweben rings um die Kirchentür. Quietschend ging das Schloß auf. Dort drinnen war alles verwüstet und verlassen. Haufen von Schafsmist. Im Mittelschiff zerbrochenes Inventar; die Kanzel hatte Schlagseite. Die Kapitelle aber waren wirklich so sehenswert wie man uns gesagt hatte. Gun war stundenlang damit beschäftigt, sie zu photographieren. Offenbar waren sie aus anderen Kirchen hierher gebracht worden; die Stilrichtungen paßten nicht zusammen. Aber ganz vorn im Chor – an der Nordseite – grinste ein verlegen lüsterner Adam. Auf der einen Seite sah man den Schöpfer und Adam. Der Adam war heuchlerisch, scheinheilig; er strotzte vor Falschheit. Auf der anderen Seite griff eine plumpe, geile Eva nach dem Apfel, Adam bedeckte seinen Schwanz mit einer großen, breiten Hand und feixte lüstern verlegen zum Altar hin.

Es war ein bemerkenswertes Werk, vor achthundert Jahren hier in Agenais von einem Zöllner Rousseau der Skulptur geschaffen. Es hatte eine gewisse Ähnlichkeit mit dem Sündenfall in Sauve-Majeure. Aber es war einfacher und straffer. Die Vereinfachung hatte das Expressive zutage gebracht: das Typische. Der Adam von Sauve-Majeure war der Kirchengeschichte entstiegen, während der Adam von Saint-Jean-de-Balerme ein Tölpel war. Ein Spitzbube. Und das verlieh ihm eine Kraft, die sich direkt gegen den Betrachter richtete. Wenn man dieses Kapitell ansah, war es, als bekäme man einen kräftigen Schlag zwischen die Augen. Ich glaube, ich habe zwei Stunden damit verbracht, nur dieses eine Kapitell zu studieren. (Die Hände: groß und plump. Schaufelhände.)

Am Abend kamen wir in Tournon d'Agenais an. Da lagen Telegramme. Da lag dein Brief. Ja, der Tiger ist aus Papier, aber dieser Papiertiger hat wirkliche Krallen.

In der Zeitungsredaktion hatte es eine Razzia gegeben. Peter Bratt, Jan Guillou und Håkan Isacson saßen im Gefängnis. Ein schlauer Staatsanwalt hatte im Interesse des Staatswohls eine Möglichkeit gefunden, das Pressefreiheitsgesetz zu umgehen und das Grundgesetz außer Kraft zu setzen. Die Obrigkeit trägt ihr Schwert nicht umsonst, und das Grundgesetz ist schließlich nur Druckerschwärze auf dem Papier. Und Papier ist etwas, womit man sich in unseren Breitengraden den Arsch abwischt.

Der Staatsanwalt mußte eingreifen, weil nachweislich Mitglieder der Regierung das Volk erneut belogen hatten. Es war nachgewiesen worden, daß hohe Beamte rücksichtslos gegen Gesetze und Vorschriften verstießen. Es war nachgewiesen worden, daß das Oberkommando des Militärs in verschiedenen schwedischen Organisationen gewöhnlich aus öffentlichen Geldern bezahlte Spitzel sitzen hatte. Diese Spitzel haben als Provokateure auf Rechnung des Staates gearbeitet. Der Kuchen des Staates ist klein, aber sicher, und für diesen Kuchen hat Gunnar Ekberg versucht, die Solidaritätsbewegung mit den Völkern Palästinas in eine antisemitische Organisation umzuwandeln, die judenfeindliche Karikaturen verbreitet. Dem Militär ist es nicht gelungen, die Solidaritätsbewegung antisemitisch zu machen. Aber sie hat es versucht.

Du hast völlig recht. Die Mörder sind unter uns. Sven Anderssons Hände sind groß wie die des Tölpels in der Kapelle Saint-Jean-de-Balerme; aber sie sind auf andere Weise beschmutzt. An den Händen des Tölpels aus dem 12. Jahrhundert kleben nur Erde und gewöhnlicher Schmutz. Aber an Sven Anderssons Händen klebt Blut. Er ist ein Schreibtischmörder. Er hat seine Agenten zu Vertriebenen geschickt, die um ihr Leben kämpfen. Sein Provokateur hat für das Geld des schwedischen Staates gegrinst und freundlich getan und seine MP herumgezeigt und erzählt, wie man sie noch wirkungsvoller verwenden könnte. Diejenigen, die ihm geglaubt haben, sind tot. Der Provokateur erhält eine staatliche Prämie aus unseren Steuergeldern, Sven Andersson erscheint als Patriot auf dem Fernsehschirm, und all die von uns bezahlten Politiker und Beamten spucken große Haufen von hochtrabenden Worten aus. Pfui Teufel!

Noch andere Neuigkeiten erwarten mich im Hotel Midi. Ein schwedischer Chefarzt und Psychiater hat die Sowjetunion besucht und festgestellt, daß man dort eigentlich dieselbe Einstellung zu Rechthabern und Paranoikern habe wie in Schweden. Die seien doch alle verkalkt. Die seien doch geistesgestört. Wenn sie nicht geistesgestört wären, würden sie nicht protestieren. Es sei doch nicht normal zu protestieren. Aber er gibt zu, daß man in Moskau die Proteste der Verkalkten doch wohl ein bißchen zu ernst nähme. In Schweden würde man diese Proteste nicht als staatsfeindlich betrachten, höchstens als anstößig, meint er.

Er sitzt im Krankenhaus von Umeå. Nimm dich vor Umeå in acht, Lars. Dort könnten dir deine Hirnlappen wegoperiert werden.

Nun sagt Gun, daß Jan Palachs Leiche aus dem Grab in Prag herausgeholt worden sei. Sie ist weggebracht worden. Die Behörden wollen nicht sagen, was sie mit der Leiche gemacht haben. Die Behörden möchten nicht, daß man der Leiche Jan Palachs Ehre erweist. Ich frage mich, ob sie der Leiche auch die Zunge herausgeschnitten haben. Die verwesten Sehnen der Fersen zerschnitten haben. Ihr einen Pfahl ins Herz gestoßen haben. Sie an einem Kreuzweg begraben haben.

Alles, was geschieht, ist begreiflich. Alles läßt sich erklären. Natürlich wissen wir, daß die Bäume nicht in den Himmel wachsen. Vor zwei Jahren gingen Gun und ich durch den Palast des Großkönigs von Persepolis, dort war jetzt nur ein Museum, die furchterregenden Namen gehörten der Geschichte an. Aber die Treppen hinauf schritten in Stein gehauene Figuren, und diese Figuren brachten Gaben aus allen Ecken und Enden der Welt; dieser ganze Palast war das Hohelied der Steuereintreibung in Stein. Aber früher hatte es hier wirkliche Eintreiber gegeben und eine wirkliche Macht, und diese wirkliche Macht hatte Jahrzehnte und Jahrhunderte überdauert, und für alle, die damals gelebt haben, ist es bestimmt kein großer Trost gewesen, daß dies alles verschwinden und vergehen würde, und daß irgendwann in der Zukunft ich und Gun durch die Ruinen wandern würden.

Mao Tse-Tung hat recht, wenn er sagt, die Reaktion sei ein Papiertiger. Selbst die mächtigsten Herren verschwinden irgendwann. Die gewaltigsten Reiche zerfallen. Wir können ihren langsam fortschreitenden Untergang täglich in den Kommuniqués der Nachrichten verfolgen. Aber er hat auch recht, wenn er darauf hinweist, daß dieser Papiertiger wirkliche Krallen habe. Wer die Krallen in der Kehle hat, kann nicht durch die Gewißheit geheilt werden, daß der Tiger selbst aus Papier ist. Die Krallen bohren sich in die Kehle, schlitzen das Opfer auf, die Eingeweide quellen heraus, dann ist es tot.

Du weißt aber ebensogut wie ich, daß auch diese Frage falsch gestellt ist. Wir suchen uns unsere Zeit nicht aus. Aber wir suchen uns unser Leben aus. Es ist natürlich sehr leicht, so zu leben, daß Sven Andersson Autoren wie Myrdal als angenehm empfindet und das Oberstaatsanwalt Robèrt sagt: eigentlich ist ja Lars Gustafsson mein Lieblingsdichter; ich lese ihn jeden Abend, bevor ich endgültig einschlafe. Es ist auch ganz unnötig, das Wegschaffen von Jan Palachs verwesten Überresten als schreckliche, abergläubische Handlung zu betrachten. Das mag doch ganz praktisch sein. Die Leute, die Blumen am Grab niederlegten, haben Ärgernis erregt. So etwas kann mit einer Lobotomie oder mit Spritzen oder Elektroschocks behoben werden, aber die tschechoslowakischen Machthaber waren humaner. Sie sind nicht gegen Lebende vorgegangen, sondern nur gegen Tote. Ein nachahmenswertes Beispiel.

Aber so lebt man nicht. Und deshalb reisen wir nun in Agenais auf dem Lande herum, zwischen Guyenne und Quercy, und suchen nach skulptierten Kapitellen in verlassenen Kirchen, wo es nach altem Schafsmist und allgemeiner Unsauberkeit stinkt.

Natürlich bin ich davon überzeugt, daß es möglich ist, die Entwicklung umzukehren; das Leben kann etwas anderes sein als das, was Robèrt und seinesgleichen um sich herum aufbauen.

Politisches Handeln erfordert Bewußtsein und Analyse; aber damit dieses Bewußtsein mehr sein kann als nur eine gewisse bewußte Fähigkeit und Geschicklichkeit bei der Textanalyse, wie sie Leute wie Kautsky, Sandler und Lukács bewiesen haben, ist auch das Wissen erforderlich, daß wir hundert Generationen von Tölpeln und Spitzbuben in uns tragen, die rufen:

– Wir sind nicht Scheiße!

Und deshalb ist es so wichtig, unsere eigenen Wurzeln in ihrer Wirklichkeit wieder aufzuspüren und sichtbar zu machen. Der Künstler und Steinmetz dieses Landes und dieser Gegend, der vor ungefähr achthundert Jahren den Adam für das Chor in Saint-Jean-de-Balerme gemeißelt hat, ist ein Verwandter. Er ist einer der unseren. Nicht in irgendeinem sonderbaren bluts-mystischen Sinn. Es ist keine Verwandtschaft im Sinne der Erbmasse oder der Rasse, sondern im eigentlich menschlichen: dem gesellschaftlichen. Der Grund dafür, daß das Bewußtsein und die Analyse, die Marx repräsentierte, so sehr mißbraucht und so ideologisch eingesetzt wurden, war nicht nur eine falsche Text-interpretation. (Wäre es so gewesen, dann könnten alle gesell-schaftlichen Probleme scholastisch gelöst werden; die alte Pariser Universität wäre somit das revolutionäre Ideal.) Eine falsche Interpretation ist zwar eine sehr wirkungsvolle Art, Texte zu kastrieren. Aber das Wesentliche war, daß die Bande zwischen uns und diesen hundert Generationen von Tölpeln und Spitzbuben zerrissen wurden.

Das macht das 12. Jahrhundert für uns jetzt so wichtig. Die Kunstgeschichte ist keine akademische Disziplin. Sie lebt hier und jetzt. Dort oben an den Säulen zeigen uns unsere toten Verwandten, daß:

> ». . . euer Widersacher, der Teufel, geht umher wie ein brül-lender Löwe und sucht, welchen er verschlinge. Dem wi-derstehet, fest im Glauben, und wisset, daß ebendieselben Leiden über eure Brüder in der Welt gehen.« (1. Brief des Petrus, 5: 8–9.)

Gerade heute, wo die Freunde Bratt, Guillou und Isacson im Ge-fängnis sitzen, weil sie die Wirklichkeit hinter den verzerrenden offiziellen Phrasen aufgezeigt haben, wird es umso wichtiger, daß Gun in der Dunkelheit der verfallenen Kapelle Saint-Jean-de-Balerme arbeitet, sorgfältig und liebevoll den tölpelhaften Adam photographiert, der seine großen Hände über sein Ge-schlecht breitet und uns verlegen lüstern angrinst. Er ist doch un-ser Vater.

Die Solidarität wird auch Bratt, Guillou und Isacson befreien. Aber die Solidarität verlangt einen bewußten und erfahrenen Tölpel.

Lars Gustafsson
Die Wege der Freiheit

Zum zweitenmal in einem Monat träume ich denselben scheußlichen Traum: ein Mann steht mit einer erhobenen Axt hinter meinem Kopfkissen und will gerade zuschlagen. Ich überlege blitzschnell, ob ich mich nach rechts oder links werfen soll und entscheide mich für rechts. Ich lande, schweißüberströmt, auf meinem Telephon und meinem Wecker, die sich mir beide hart in den Rücken bohren.

Es ist drei Uhr morgens. Vor dem Fenster wogt dichter Nebel, der die Neonreklamen vom Bahnhof Zoo dämpft. Ein Güterzug, gezogen von einer mächtigen schwarzen Dampflokomotive mit wilhelminischem Rauchschnurrbart, rattert auf seinem Weg in die Deutsche Demokratische Republik vorbei.

Immer, wenn die D-Züge das Viadukt über der Kantstraße passieren, vibriert der Fußboden in meiner Wohnung. Es ist tiefste Nacht in Berlin.

Immer noch erfüllt von den Schrecken des Traums kauere ich mich am Fenster unter einer Decke zusammen. Das Kino »Delphi« macht Reklame für etwas, das »Die Rückkehr der lebenden Leichen« heißt. Schädel mit schwarzen Augen starren mir unter Kapuzen von der anderen Straßenseite her entgegen.

Madeleine und die Kinder schlafen fest. Hier sitze ich nun, siebenunddreißig Jahre alt, in eine Decke gehüllt an diesem Fenster, vor dem der Nebel vorbeizieht, und zittere wie ein Kind. Siebenunddreißig Jahre alt, nicht gerade erfolgreich, nach zwanzig Bänden mehr oder weniger auf fremde Länder angewiesen, um Leser zu finden und den Lebensunterhalt für meine Familie und mich zu verdienen. Das meiste von dem, was ich mir in meiner Jugend erhofft habe, ist in die Binsen gegangen. Die Universität hat sich als eine Fortsetzung der Volksschule entpuppt, mit dem Lehrer, der ungeduldig mit seinem Bleistift aufs Katheder klopft, dem Einmaleins und den Gesangbuchsversen, die man auswendig können mußte. Die literarische Welt: so etwas wie eine Mausefalle. Das Land: Kahlschläge und rostende Geräte auf Äckern, die vom Tannenwald überwuchert werden. Es gibt keine – ich sage keine – Übereinstimmung zwischen mir und den Kräften, die in meiner Zeit die Erde beherrschen.

Wir fangen noch einmal an. Wir geben nicht auf. Wir sind nicht Scheiße. Ich bin nicht Scheiße. Meine zwanzig Bände sind nicht Scheiße. Aber Selbstmitleid ist Scheiße. Und genaugenommen: hat er nicht sein Ziel verfehlt, dieser Typ mit der Axt?

Wir fangen noch einmal an. Wir geben nicht auf. Jetzt gehe ich ins Wohnzimmer hinaus und rauche. Da liegen Sigmund Freuds gesammelte Werke, die rote *Studienausgabe*, in einem großen Haufen auf dem Tisch. Madeleine liest sie gerade.

Endlich finde ich meine stärksten französischen Zigaretten und nehme aufs Geratewohl einen der Freudschen Bände vom Tisch.

»Drei Abhandlungen über Sexualtheorie«, 1905. Kaum je ist ein so umstrittenes, bespötteltes, interpretiertes, falsch interpretiertes und mißverstandenes Buch herausgekommen wie dieses. Schwedische Psychologiestudenten bekommen Sigmund Freud bis heute noch nicht zu lesen. Mittlerweile gilt er als überholt. 1905 war er zu fortschrittlich. 1933 nannte man seine Wissenschaft »Die jüdische Wissenschaft«. Ich frage mich, ob »Drei Abhandlungen über Sexualtheorie« jemals in einem Lehrplan für schwedische Psychologiestudenten landen wird.

Hier kann man all die klassischen grundlegenden Theorien nachlesen, die für die Künstler und Schriftsteller jener Zeit so wichtig geworden sind und amerikanischen Psychiatern mit Luxuskliniken in New York zu so viel Geld verholfen haben.

Über den Ödipuskomplex. Wie das kleine Mädchen einen längeren Weg durch den ödipalen Konflikt zurückzulegen hat als der kleine Junge, da beide von der Mutter ausgehen. Wie das kleine Mädchen den Abgrund durch den sogenannten Penisneid überwindet. Es soll auch noch einen anderen Abgrund überwinden, die Lust soll von der klitoralen Zone auf die vaginale Zone übertragen werden. Die Mündung der Harnröhre, die Genitalien, die Afteröffnung, all das spielt mit und formt die infantilen Sexualphasen.

»Man könnte mit Napoleon sagen, die Anatomie – das ist das Schicksal.«

Wie fremd diese Begriffswelt anmuten kann! Man fragt sich, wie viel davon zeitbedingt ist, wie sehr Freud an seine Klasse, sein Wiener Milieu, seine eigene Erziehung, die enge Auswahl der Patienten gebunden ist. Empfinden kleine Mädchen in Wien auch heute noch Penisneid?

Und doch – wie klar, wie intelligent und diszipliniert ist nicht diese Darstellung! Welch ein Kontrast zum Tiefsinn der Interpreten und Kommentatoren, ihrem Clair-obscur. Dasselbe Gefühl tiefer Befriedigung, wie wenn man von den Marxisten zu Marx übergeht. Es ist *gut*, an die Quellen zu gehen. Hier wird also eine Theorie entwickelt – eine materialistische Theorie, könnte man sagen –, die darauf abzielt, die Triebkräfte hinter den Handlungen der Menschen aufzudecken.

All die großen Bemühungen am Ende des vorigen Jahrhunderts und noch ein Stück in das neue hinein zielen darauf ab, zu erklären, warum die Menschen sich so verhalten, wie sie es tun: Marx, Freud, Nietzsche.

All die großen Aufklärer gehen davon aus, daß die Verhältnisse anders seien, als man uns gesagt hat. Man könnte vielleicht sagen, daß sie von der öffentlichen Lüge ausgehen.

Marx: Du glaubst, den Wert einer Ware zu sehen, aber was du siehst, ist ein Fetisch. Die Wahrheit hinter dem Fetisch ist die Arbeit der Menschen und der Zwang, dem sie dabei unterworfen sind.

Freud: Die Angst, die du empfindest, ist eigentlich eine Angst vor etwas anderem, vielleicht vor Menschen, die schon seit langem vertrocknet, alt, klein, ungefährlich oder tot sind, die aber als riesige Schatten tief unten im Brunnen der Träume weiterleben. Die Schreckgestalt mit der Axt, die den schlafenden Mann zu ermorden versucht, ist vielleicht nur dein guter Papa, der den onanierenden Zwölfjährigen fast überrascht hätte, als er die Tür ein bißchen zu unverhofft öffnete.

Nietzsche, verstrickt in seine entsetzlichen Migräneanfälle, eingesperrt in sein tabakbraunes Untermieterzimmer, besessen von der Sehnsucht nach Lou Salomé; der arme Nietzsche glaubt, man könne gordische Knoten zerhauen. Das kann man nicht.

Sigmund Freud: »Drei Abhandlungen über Sexualtheorie«, Wien 1905. Das sind eine ganze Menge Jahre, nachdem unser Landsmann August Strindberg sein seltsames Gedicht über jenen elektrischen Dynamo geschrieben hat, der da summend steht,

eingeschlossen in den dunklen Keller eines Hauses in Öster-
malm, und der, obwohl er von Dunkelheit umgeben ist,
    »Licht mahlt für die ganze Gegend«
    (»mal han ljus åt hela trakten«).

Die Vorstellung, daß unter der Oberfläche der Gesellschaft etwas
verborgen sei, daß sie eine Lüge oder ein Geheimnis berge, ist der
große zentrale Gedanke des ausgehenden vorigen Jahrhunderts.
Ibsen schreibt die »Wildente«. Strindberg sein »Traumspiel«, in
dem der Mann, der sich sein ganzes Leben lang ein grünes
Senknetz gewünscht hat, enttäuscht ist, als er es schließlich bekommt – weil es nicht genau das Grün war, das er sich vorgestellt
hatte.
    Die Lüge oder das Geheimnis hinter der Gesellschaft. Gibt es
ein besseres Bild für die Problematik des 19. Jahrhunderts als die
Szene im »Traumspiel«, wo fast alle Personen des Stücks vor der
verschlossenen Tür stehen, der mit dem Ornament des vierblätt-
rigen Kleeblatts in der Mitte der Türfüllung, gespannt, gespannt
darauf wartend, daß sie sich öffnet?
    Die Idee vom *Geheimnis* und die Vorstellung von *der notwen-
digen Enttäuschung*, wie eng sind sie nicht miteinander verknüpft! Und wie nahe sind wir nicht deiner Idee von *der unnötigen Gegenwart*, wenn wir die Sache so betrachten.
    Also: Wir fangen noch einmal an. Wir sagen uns, daß Geheim-
nisse gelüftet werden können, daß die Enttäuschung keine notwendige Enttäuschung ist, sondern etwas, das man ändern kann.
Wir bleiben nicht beim »Traumspiel« oder bei der »Wildente«
stehen.
    »Drei Abhandlungen über Sexualtheorie«. Während ich
nachts um drei im Halbdunkel meines Wohnzimmers sitze und
darin herumblättere, stelle ich fest, daß dies ja eins von den guten,
den progressiven, den befreienden Büchern ist.
    Mit den Theorien über den Penisneid und ödipale Bindungen
werden wir uns vielleicht noch hundert Jahre auseinandersetzen
müssen, bevor wir wissen, wie es sich damit verhält, aber das Un-
bestreitbare und Richtige an diesem Buch ist natürlich, daß es
sagt:
    Du mußt erwachsen werden!
    In dir gibt es ein eingesperrtes Kind, das sich nur teilweise zu
einem erwachsenen Menschen entwickeln konnte. Dieses Kind
wollen wir jetzt herauslassen, wollen es ans Licht bringen, damit

es Gelegenheit bekommt, zu wachsen und zu einer fertigen Frau oder einem fertigen Mann zu werden.

Diese Leidenschaft ist es, welche die Kraft hinter den Worten in Freuds Buch darstellt. Wir müssen erwachsen werden. Wir sind nicht Scheiße.

Natürlich war dies eins von den ersten Büchern, die 1933 verbrannt wurden. Das gefährliche Buch des Juden Freud.

Wenn du an einigen Stellen des Textes von dir als Vierzehnjährigem sprichst, beginne ich mich selbst an dieses Alter zu erinnern.

Wir sitzen zu Hause bei P. in der Küche, denn dort gibt es nur ein Zimmer mit Küche, und spielen Beethovens Leonoren-Ouvertüre auf einem Grammophon mit diesen ärgerlichen Kaktusnadeln, die bei jedem Fortissimo kaputtgehen. In der Küche riecht es nach den Speckkuchen, die P.'s Mutter, schwerfällig, dick und lieb, für uns zurechtgemacht hat, bevor sie ihren schwarzen Mantel anzieht und zur Heilsarmee geht. Im hinteren Zimmer hält sich P.'s Bruder auf, er ist krank.

Wir sitzen da, und jeder von uns hält ein feines Schmirgelpapier bereit, um die Nadel rasch wieder in Ordnung zu bringen, wenn sie kaputtgeht. Kabel ringeln sich durch die ganze Küche. P. baut, mit seinen sechzehn Jahren, seine Verstärker immer selbst, meist mit Röhren, Widerständen und Kondensatoren, die er in alten Radios auf dem Müllhaufen findet. P. ist eine der größten physikalischen Begabungen, denen ich je in meinem Leben begegnet bin. Er war einer von denen, die später aufgefordert wurden, Vorarbeiten für eine schwedische Atombombe zu leisten, und er gehörte zu den Physikern, die auf der Stelle abgelehnt haben. Stattdessen hat er gelernt, Barocklaute zu spielen.

Herrgott nochmal, wie soll ich nur erklären, welche Beziehung wir in jener Zeit zu Beethoven hatten?

Ich glaube, man könnte es am besten so beschreiben, daß wir das Gefühl hatten, ihn mehr oder weniger selbst erfunden zu haben. Die Platten borgten wir uns hier und da. Wir kannten nicht besonders viele »gebildete« Leute, aber hin und wieder taten wir jemand in unserer Umgebung auf. Eine nette Lehrerin, eine norwegische Diplomingenieurin, Klassenkameraden, die aus einem Elternhaus kamen, wo es ziemlich natürlich war, sich für Beethoven zu interessieren.

Aber es war unser Beethoven. Wir erschufen ihn. Es war unsere Leonoren-Ouvertüre Nr. 3.

Ich erzähle das alles, um »das Liberale« in mir zu erklären, diese Übereinstimmung, die zwischen mir und bestimmten Idealen der bürgerlichen Revolution besteht und immer schon bestanden hat. Es ist kein Zufall, daß ich mich gerade an die Leonoren-Ouvertüre erinnere, du weißt, mit diesem Kantabilethema, das sich gegen Ende herausschält und das Walter Benjamin die Erkennungsmelodie der bürgerlichen Revolution genannt hat, ihr musikalisches Emblem für den Traum von einem freien, einem mündigen Menschen.

Ebensowenig ist es ein Zufall, daß ein Junge, der als Sechzehnjähriger die Leonoren-Ouvertüre zum Lehrmeister gehabt hat, sich als Sechsundzwanzigjähriger weigert, bei der Herstellung einer schwedischen Atombombe mitzuwirken.

In deinem Brief schreibst du von der Dialektik meiner Entwicklung, die mich etwa mit derselben Geschwindigkeit von Marx wegstürmen läßt, wie meine Überzeugung wächst, daß diese Gesellschaft eine kranke Gesellschaft sei.

Nun gut. Das ist eine komplizierte Angelegenheit. Ich bin mir ebenso klar darüber wie du, daß dies tatsächlich eine komplizierte Angelegenheit *ist*. Ich bin keineswegs unempfänglich für deine Argumentation.

Aber sieh dir nun mal eins von den Puzzlestücken an: Über verknäulte Kabel, Widerstände, ausrangierte Elektronenröhren vom Müllhaufen, Kaktusnadeln und zerkratzte Platten hinweg erreichte mich im Pfannkuchendunst einer Küche in einem nicht gerade vornehmen Stadtteil von Västerås irgendwann zu Beginn der fünfziger Jahre eine Botschaft aus dem 18. Jahrhundert, die mir so einleuchtend erschien, daß ich meinte, sie selbst erfunden haben zu können:

Jetzt gilt es, erwachsen zu werden.

Wir fangen noch einmal an. Du sagst, ich sei gegen die Mehrwerttheorie, und das stimmt nicht ganz.

Du mißverstehst ganz einfach meinen Text, wenn du glaubst, es gehe mir darum, die zentrale marxistische These zu widerlegen, daß das Kapital durch die Kontrolle über die Produktionsmittel die Arbeiter zur Mehrarbeit zwinge.

Man hat die Lehre vom Mehrwert mit mehr oder weniger fundierten, mehr oder weniger differenzierten Argumenten angegriffen und wird es wohl auch in Zukunft noch tun, aber das möchte ich einmal dahingestellt sein lassen. Ich kenne kaum einen Einwand gegen diese Theorie, der so vernichtend wäre, daß man ihn nicht mit einigen Umformulierungen und genaueren Definitionen widerlegen könnte.

Im Gegensatz zu den Kritikern der Mehrwertlehre bin ich der Ansicht, daß eine wichtige Wahrheit, auch über die moderne Industriegesellschaft, etwa in dem Bereich gesucht werden muß, wo Marx sie gesucht hat. D. h.: daß der Arbeiter gezwungen wird, unbezahlte Arbeit zu leisten, weil andere als er selbst die Produktionsmittel kontrollieren. Ob man diesen Umstand dann als »Diebstahl« bezeichnen soll oder als etwas anderes, ist nicht so wichtig. Den Begriff »unbezahlte Arbeit« habe ich von Marx, aus seinen Randglossen zum Gothaer Programm, 1875.

Was ich behauptet habe, ist eigentlich eine viel stärkere These. Marx meinte, die Übernahme der Produktionsmittel durch das Proletariat müsse dazu führen, daß die Ausbeutung des Mehrwerts aufhört.

Ich behaupte, vor allem aufgrund der Entwicklung in der DDR und der Sowjetunion, daß genau das nicht der Fall sei.

Der Ökonomismus, der diese Staaten kennzeichnet, im Fall Sowjetunion tatsächlich schon seit Ende der zwanziger Jahre, hat ein Gesellschaftssystem hervorgebracht, das sich manchmal als Versuch ausnehmen kann, sich den Verhältnissen der hochindustrialisierten kapitalistischen Welt anzugleichen, mit dem einzigen Unterschied, daß diese Angleichung mit anderen Mitteln geschieht. *Der Charakter und das Ausmaß der täglichen Arbeit haben sich nicht verändert.*

Nun gibt es Leute, die behaupten, das habe seinen Grund darin, daß es diesen Staaten nicht gelungen sei, den Sozialismus zu verwirklichen, den Marx im Sinn hatte. Ich behaupte nun – und werde noch eine ganze Weile dabei bleiben, nämlich bis du ein Argument gefunden hast, das mich wirklich widerlegt – der Grund dafür sei, daß dieser Sozialismus *nicht verwirklicht werden konnte.* Denn Marx hat in dem Entwicklungsprozeß, den er beschreiben wollte, auf katastrophale Art ein historisches Moment unterschätzt, nämlich die treibende Kraft, die nicht in den Produktionsverhältnissen, sondern in den Produktionsmitteln selbst enthalten ist, im industriellen Produktionsprozeß.

Du sagst, mein Standpunkt in der Mehrwertfrage erinnere an den von Ferdinand Lassalle, du führst Marx' »Randglossen zum Programm der deutschen Arbeiterpartei« und den Brief an Wilhelm Bracke vom 5. Mai 1875 gegen mich an, genau wie bald mehrere Generationen von Marxisten diese »Randglossen« gegen vermeintliche oder wirkliche Lassalleaner unter ihren Gesinnungsgegnern angeführt haben.

Unter allen klassischen Schriften des Marxismus kenne ich wenige, die so schwach sind wie diese »Randglossen«. Mehring hat, wie du hervorhebst, die politischen Mängel ziemlich klar gesehen. In einem Vorwort von 1891 betont auch Engels sehr nachdrücklich, daß die Randglossen in einer besonderen politischen und historischen Situation geschrieben worden seien. Er selbst und Karl Marx fühlten sich von zwei verschiedenen Seiten unter Druck gesetzt. Sie faßten das Gothaer Programm als einen Ausdruck von Defätismus und Kompromißlertum in der deutschen Arbeiterbewegung auf, die ihr besonderes Schoßkind ist. Aber sie fürchteten auch, daß Michail Bakunin und seine Freunde sie jetzt, kaum zwei Jahre nach den heftigen Auseinandersetzungen beim Haager Kongreß der Internationale, für *alle* Äußerungen des Kompromißlertums verantwortlich machen würden, die nun in der deutschen Arbeiterbewegung laut werden.

Über Lassalle sind wir uns vielleicht einig. Er ist ein Theoretiker – vielleicht ein großer Theoretiker – auf Irrwegen. Ich glaube, daß seine Rolle als Vater oder zumindest Großvater der heutigen schwedischen Sozialdemokratie unterschätzt wird. Ich glaube, daß er im Grunde genommen für die Sozialdemokratie genausoviel bedeutet hat wie Bernstein, vielleicht sogar mehr.

Als vor ein paar Jahren schwedische sozialdemokratische Wahlplakate mit der Parole FÜR EINE STARKE GESELLSCHAFT auftauchten, dachte ich sofort: Aha, Lassalle!

Wir wissen mittlerweile eine ganze Menge über Lassalles Zusammenarbeit mit Bismarck. Wir wissen beispielsweise, daß Lassallesche Publikationen finanzielle Unterstützung aus Bismarcks Fonds erhielten und daß Lassalle und seine Partei Bismarck erheblich bei seinen Sozialreformen inspiriert haben.

Unbestreitbar hat das eine sehr große Bedeutung für die weitere Entwicklung Deutschlands gehabt, und vielleicht hätten sowohl die große moralische Niederlage der internationalen Arbeiterbewegung von 1914 wie auch der Zusammenbruch der deutschen Revolution anders ausgesehen, wenn Lassalle nicht so gehandelt hätte, wie er es tat.

Lassalles Unglück ist ja, daß er institutionell orientiert ist. Er glaubt an EINE STARKE GESELLSCHAFT, oder, um es genauer zu sagen: er glaubt an den Staat.

Seine Ausgangspunkte sind keineswegs unvernünftig.

Sieh dir einmal Ferdinand Lassalles Verteidigungsrede vor dem Königlichen Kammergericht in Berlin von Juni bis Oktober 1863 an. (Die indirekte Steuer und die Lage der arbeitenden Klassen. In: F. L.: Reden und Schriften. Berlin: DTV 1970, S. 224–347.)

In dieser Rede, die hauptsächlich den Zweck hat, zu beweisen, daß die indirekten Steuern die unteren Gesellschaftsschichten unvergleichlich viel härter treffen als die höheren, gibt Lassalle eine glänzende Übersicht über den preußischen Staatshaushalt. Ein Mythos nach dem anderen wird gesprengt. Es ist nicht die Luxussteuer für den Champagner am Kurfürstendamm oder die Zigarren der Gutsbesitzer, sondern vielmehr die Steuer für Salz, Tabak und Branntwein von der großen Masse des Volkes, aus der der überwiegende Anteil der Staatsausgaben bestritten wird.

Schritt für Schritt weist Lassalle nach, daß das Kapital, genau wie andere Herrscher in anderen Epochen, systematisch danach strebt, *für sich die Steuerfreiheit einzuführen.*

Es ist übrigens sonderbar, diese Lassallesche Rede vor dem Hintergrund der schwedischen Steuerpolitik zu lesen. Was er über indirekte Steuern, über Steuerkapazität und die Steuerfreiheit des Kapitals zu sagen hat, würde in keinem einzigen Punkt, in keinem einzigen, sage ich, fremd erscheinen, wenn man es auf die modernen schwedischen Warensteuern bezöge, auf die Auswirkungen der schwedischen Spitzensteuer und auf die multinationalen Ölkonzerne, die in Schweden jahrzehntelang keinen Heller Steuer bezahlt haben, trotz ihrer ungeheuren Umsätze.

An einer zentralen Stelle seiner Rede sagt er:

»Sie sehen, wie streng historisch und unantastbar, wie präzis meine Behauptung ist, die Bourgeoisie habe die indirekten Steuern zwar nicht erfunden, *aber zu einem unerhörten System entwickelt.*

Den innern notwendigen Grund dieses Zusammenhanges – ich habe ihn gleichfalls in meinem Vortrag kurz, aber in seiner ganzen Tiefe herausgestellt. Indem das *Kapital* mehr und mehr zur *herrschenden Macht* wird, muß es sich, so gut es eben geht, auch das zu sichern suchen, was alle herrschenden Stände dem Element, auf welchem ihre Herrschaft beruht, beizulegen pflegen, das Privilegium der *Steuerfreiheit.*« (Ferdinand Lassalle: Reden und Schriften, a.a.O., S. 315.)

Was aber könnte uns denn vor dieser neuen Steuerfreiheit schützen, fragt sich Lassalle. Nun, *ein starker Staat* natürlich.

Bezeichnend für Lassalle ist, daß er an etwas glaubt, das er »das eherne Lohngesetz« nennt.

Diese theoretische Konstruktion, von Ricardo und letztlich auch von Malthus inspiriert, läuft darauf hinaus, daß unter den herrschenden Verhältnissen (s. Ferdinand Lassalle, ebenda, S. 204), d. h. solange Angebot und Nachfrage nach Arbeit die Arbeitslöhne bestimmen, diese immer auf dem Minimum bleiben werden, das in einem Volk gewohnheitsmäßig als gerade noch ausreichend angesehen wird, um seine Existenz und Fortpflanzung zu garantieren.

Wenn die Nachfrage nach Arbeit zunimmt, wächst nämlich die Zahl der Arbeiter, bis diese Nachfrage rasch befriedigt worden ist, nimmt sie aber ab, so wird die Grenze unterschritten, bis zu der die Arbeiterklasse ihre Zahl durch Geburten beibehalten kann, und folglich steigt die Nachfrage allmählich wieder etwas an. Über diese Grenzen kommt man nicht hinaus. (Wie sieht es in Tensta aus?)

In seiner Leipziger Rede »Zur Arbeiterfrage« vom 16. April 1863 (ebenda, S. 215) stellt Lassalle nun fest:

»Heben wir aber eine dieser Bedingungen auf, so *fällt* auch dieses angebliche Naturgesetz. Heben Sie z. B. die Voraussetzung auf, daß die Produktion notwendig für Privatunternehmer vor sich geht, und assoziieren Sie die Arbeiter (L. vertraut auf staatlich unterstützte ›Assoziationen‹ von Industriearbeitern, die zusammenarbeiten und am Besitz beteiligt sind – Anm. v. L. G.) so fällt jenes Gesetz weg. *Daher* eben stammt der *Haß* aller Manchestermänner gegen den Staat, weil dieser der einzige Punkt ist, *von dem aus man diese Verhältnisse ändern kann.* Daher hassen sie nicht diesen oder jenen Staat, nicht diese oder jene Staats*form*, sondern den *Staat überhaupt*, und wenn sie könnten, so würden sie, wie sie es hin und wieder ausgesprochen haben, gern *den Staat aufheben und ihn untergehen lassen in die Gesellschaft*, (Zischen und Bravo) damit gar kein Punkt übrig sei, von welchem aus gegen ihre kapitalbewaffnete Ausbeutungssucht irgend ein Schutz nur bedenklich sei.« (ebenda, S. 215.)

Dies ist der Gedankengang, der Lassalle zum *Staat* hingeführt hat. Heute ist es möglich zu erkennen, daß er ihn fehlgeleitet hat, weil er die deutsche Arbeiterbewegung zu erniedrigenden und lebensgefährlichen Kompromissen mit Bismarck, mit der preußischen Gutsbesitzeraristokratie geführt hat. Er hat zu 1914 geführt.

Beachte jedoch, wieviel Bedenkenswertes in diesem Gedankengang enthalten ist!

Beziehe Lassalles Worte über den Staat als dem einzigen Punkt, von dem aus ein Schutz gegen die kapitalbewaffnete Ausbeutung möglich ist, auf die aktuelle Debatte über die multinationalen Konzerne, und du wirst sehen, daß es gar nicht so schwer ist, ihn zu verstehen.

Für Lassalle ist der große Feind (im ideologischen Bereich) der Manchesterliberalismus, der den Staat zugunsten einer Laisserfaire-Politik schwächen möchte.

Armer Lassalle! Er hat niemals erkannt, daß der Tag kommen würde, an dem die Laisser-faire-Politik den Charakter von staatlich gelenkten lokalpolitischen Investitionen und »physischen Reichsplänen« annimmt und zum *Dienstleistungsbetrieb für das Wirtschaftsleben* wird, der mit Steuermitteln die geographischen Dispositionen des Großkapitals erleichtert. Armer Lassalle! Er konnte nicht erkennen, daß dieser Prozeß:

> *»Den Staat aufheben und ihn untergehen lassen in die Gesellschaft«*

sehr wohl auch so vollzogen werden kann, daß der Staat nach wie vor dort stehenbleibt, wo er steht, nur daß er sich bewegt hat, als alles übrige sich in Richtung auf einen immer umfassenderen Monopolkapitalismus, eine immer stärkere Zentralisierung, immer rücksichtslosere koloniale Beziehungen zum eigenen Land zubewegte.

Ferdinand Lassalle hatte, kurz gesagt, niemals Gelegenheit, Studien im modernen Schweden zu betreiben.

Er ist kein schlechter sozialistischer Denker. Er ist ein Denker, der Pech hatte, könnte man vielleicht sagen. Es gibt Denker, die Pech haben, ebenso wie es Denker gibt, die Glück haben.

Seine wesentliche Schwäche besteht vielleicht in seinem Vertrauen auf formale statt auf materielle Machtverhältnisse. Er sieht Institutionen, wo er besser daran getan hätte, die politischen Realitäten im Auge zu behalten.

Und genau an diesem Punkt setzt Marx mit seiner interessantesten Kritik an Lassalle an, in den berühmten Randglossen zum Gothaer Programm.

Das Gothaer Programm, der Programmentwurf der deutschen Arbeiterpartei, 1875 bei einem Kongreß in Gotha angenommen, widersprüchlich, Ausdruck einer beginnenden Kompromißpolitik, bald überholt, ist in einigen wesentlichen Punkten vom Einfluß Lassalles geprägt (aber Lassalle ist schon seit dem 31. August 1864 tot).

Einer davon ist, daß der Arbeitsertrag »unverkürzt« allen Mitgliedern der Gesellschaft zukommen soll.

Der zweite zentrale Punkt ist, daß die Partei dieses Ziel verwirklichen will, indem sie die individuelle Kontrolle über das Kapital im Rahmen des nationalen Staates aufhebt. Auf diese Weise will man folgendes erreichen:

> ». . . die Aufhebung des Lohnsystems *mit* dem *ehernen Lohngesetz* – und – der Ausbeutung in jeder Gestalt . . .«
> (Das Gothaer Programm, zitiert nach Marx: Kritik des Gothaer Programms. In: K. M.: Ausgewählte Schriften, Bd. 2, Berlin: Dietz Verlag 1966, S. 20.)

Marx kann manchmal erstaunlich demagogisch sein. Dem Lassalleschen Programmpunkt über den »unverkürzten Arbeitsertrag« begegnet er nun mit der pendantischen Bemerkung, bevor es zu einer individuellen Verteilung der Erträge kommen könne, müßten erst die Kosten des eigentlichen Produktionsprozesses gedeckt, Reservefonds eingerichtet werden usw. Dann müßten die allgemeinen Verwaltungskosten und Schulen etc. bezahlt und Fonds für Arbeitsunfähige eingerichtet werden.

Das ist ja nun eine Platitüde, es ist doch ganz selbstverständlich, daß die Urheber des Gothaer Programms niemals etwas so Dummes gemeint haben können wie: daß die *Bruttoerträge* ihrer industriellen Assoziationen geteilt werden sollten.

Viel wichtiger ist natürlich Marx' Einwand, daß so, wie das Gothaer Programm sich die Verteilung des Arbeitsertrags in den Arbeitervereinen vorstellt, das Ganze ja zu einer proportionalen Verteilung werde, die auf dem Modell des bürgerlichen Warenaustausches beruhe. Das *gleiche* Recht des Programms werde zum *ungleichen* Recht für *ungleiche* Arbeit, sagt Marx.

Auch seine Darstellung von Lassalles »ehernem Lohngesetz« ist offensichtlich demagogisch. Marx sagt folgendes:

> »Nehme ich aber das Gesetz mit Lassalles Stempel und daher in seinem Sinn, so muß ich es auch mit seiner Begrün-

dung nehmen. Und was ist sie? Wie Lange schon kurz nach Lassalles Tod zeigte: die (von Lange selbst gepredigte) Malthussche Bevölkerungstheorie. Ist diese aber richtig, so kann ich wieder das Gesetz *nicht* aufheben, und wenn ich hundertmal die Lohnarbeit aufhebe, weil das Gesetz dann nicht nur das System der Lohnarbeit, sondern *jedes* gesellschaftliche System beherrscht. Gerade hierauf fußend, haben seit fünfzig Jahren und länger die Ökonomisten bewiesen, daß der Sozialismus das naturbegründete Elend nicht aufheben, sondern nur verallgemeinern, gleichzeitig über die ganze Oberfläche der Gesellschaft verteilen könne!« (ebenda, S. 21.)

Nun gut, dann nehmen wir uns eben Lassalle vor, um zu sehen, ob er denn wirklich sein »ehernes Lohngesetz« als Naturgesetz dargestellt hat! Und was finden wir? Wir brauchen nicht lang zu suchen. In »Zur Arbeiterfrage« schreibt er folgendes:
»Herr Schulze sagt, und alle Anhänger der Manchesterschule sagen mit ihm: ›Die Gesetze, welche den Arbeitslohn regeln, sind *Naturgesetze*, gegen welche der Staat nicht ankämpfen darf.‹ In welchem Sinne kann man aber hier von Naturgesetzen sprechen? Ein Naturgesetz waltet mit Notwendigkeit, man kann es nicht aufheben; man kann aber auch seine *Bedingungen* nicht ändern. Das Gesetz des Arbeitslohnes waltet unter den *heutigen Verhältnissen* freilich mit eben solcher Notwendigkeit wie ein Naturgesetz; wir können aber seine *Bedingungen aufheben,* und dann ist das Gesetz geändert, folglich ist es *kein* ›Naturgesetz‹. /. . ./ Heben wir aber eine dieser Bedingungen auf, so fällt auch dieses angebliche Naturgesetz.« (Ferdinand Lassalle: Reden und Schriften, a.a.O., S. 215.)

Ich habe mich nun ungefähr zehn Jahre lang mit sporadischen Marx-Studien beschäftigt, und sie haben meinen Respekt vor diesem Meister immerzu wachsen lassen. Die einleitenden Kapitel in »Das Kapital« rechne ich zu den glänzendsten Abschnitten in der gesamten Philosophiegeschichte. Ich bin jedoch bei diesen Studien auch auf eine genügend große Zahl von solchen kleinen Tricks gestoßen, um mißtrauisch zu bleiben, bis ich mir die Originaltexte vorgenommen habe, die er kritisiert und angreift.
    In diesem Fall ist es ja so, daß Marx Lassalles Gedankengang

angreift, wie er in einer Sekundärquelle auftaucht, zehn Jahre nach Lassalles Tod, aber das ist genaugenommen doch kein mildernder Umstand. Außerdem muß man selbstverständlich annehmen, daß Marx eine so zentrale Lassallesche Schrift wie »Zur Arbeiterfrage« gelesen hat.

Nun ließe sich natürlich sagen, daß Marx theoretisch gesehen doch recht habe, daß Lassalles ehernes Lohngesetz *tatsächlich* ein Naturgesetz sei, aber in diesem Fall entfiele für Marx das Motiv, seine Randglossen zum Gothaer Programm zu schreiben.

Ich bin fest davon überzeugt, daß diese falsche Wiedergabe Absicht ist und politisch bedingt. Marx hat eine schlechtere philosophische Arbeitsmoral als beispielsweise Leibniz.

Ich komme nun zu dem wirklich entscheidenden Punkt von Marx' Kritik an Lassalle.

Er läßt sich mit zwei Zitaten aus seiner Kritik des Gothaer Programms zusammenfassen:

»Der Vulgärsozialismus (und von ihm wieder ein Teil der Demokratie) hat es von den bürgerlichen Ökonomen übernommen, die Distribution als von der Produktionsweise unabhängig zu betrachten und zu behandeln, daher den Sozialismus hauptsächlich als um die Distribution sich drehend darzustellen.«

(Marx: Kritik . . ., a.a.O., S. 18.)

»Seit Lassalles Tod hat sich die wissenschaftliche Einsicht in *unsrer* Partei Bahn gebrochen, daß der *Arbeitslohn* nicht das ist, was er zu sein *scheint*, nämlich der *Wert* respektive *Preis der Arbeit*, sondern nur eine maskierte Form für den *Wert resp. Preis der Arbeitskraft*. Damit war die ganze bisherige bürgerliche Auffassung des Arbeitslohns sowie die ganze bisher gegen selbe gerichtete Kritik ein für allemal über den Haufen geworfen und klargestellt, daß der Lohnarbeiter nur die Erlaubnis hat, für sein eigenes Leben zu arbeiten, d. h. *zu leben*, soweit er gewisse Zeit umsonst für den Kapitalisten (daher auch für dessen Mitzehrer am Mehrwert) arbeitet; daß das ganze kapitalistische Produktionssystem sich darum dreht, diese Gratisarbeit zu verlängern durch Ausdehnung des Arbeitstags oder durch Entwicklung der Produktivität, größere Spannung der Arbeitskraft etc.; daß also das System der Lohnarbeit ein System der Sklaverei, und zwar einer Sklaverei ist, die im selben Maß härter wird, wie sich die gesellschaftlichen Produktivkräfte der

Arbeit entwickeln, ob nun der Arbeiter bessere oder schlechtere Zahlung empfange.« (ebenda, S. 21.)

Die alten Klassiker sind doch gar nicht so dumm. Ich möchte wissen, wie ein moderner Wirtschaftswissenschaftler einer schwedischen Gewerkschaft reagieren würde, wenn ihm der zweite Abschnitt durch irgendeinen seltsamen Zufall in die Hände fiele!

Aber zur Sache:

Marx' berechtigter Haupteinwand gegen Lassalle ist, daß er das, was den entscheidenden Faktor im Produktionssystem ausmacht, als eine Frage der Distribution behandle. Er stelle die Arbeit so dar, als sei sie eine Ware, über deren Preis man diskutieren könne, die aber schließlich doch einen marktgerechten Preis haben müsse. Er setze sich mit der Arbeit auseinander, ohne sich mit dem Arbeiter auseinanderzusetzen.

Diese Kritik ist ja eng mit der verwandt, die die moderne Linke gegen die theoretische Entwicklung in den modernen sozialdemokratischen Staaten zu richten pflegt.

Ich stehe auf der Seite von Marx, was dir sicher klarwerden wird, wenn du dir noch einmal ansiehst, was ich über meinen Nachbarn J. und seine vermenschlichte, glückliche Sommerarbeit geschrieben habe. Und ich schrecke auch nicht, wie du zu glauben scheinst, vor der Konsequenz zurück, daß es im Paradies Arbeit geben muß, vielleicht viel, vielleicht intensive Arbeit, aber eine vermenschlichte Arbeit.

Lassalle möchte einen gerechten, unverkürzten Arbeitslohn, im Rahmen des nationalen Staates geregelt und dadurch erzielt, daß die Arbeit durch freiwillige industrielle Arbeiterverbände organisiert wird.

Was ich sage, ist: wenn die Mehrwerttheorien zutreffen, müssen Ausmaß und Charakter der Arbeit sich verändern, wenn man die Ausbeutung des Mehrwerts beseitigt.

Ich kann unmöglich einen wirklichen Grund dafür sehen, meinen Standpunkt mit Lassalles zu vermengen. Und ebensowenig kann ich verstehen, wie man die Kritik der »Randglossen« an Lassalle als Argument gegen meine Bemerkung verwenden könnte, daß der Sozialismus in Osteuropa nicht gehalten hat, was der Marxismus versprach.

Ich behandle diese Frage mit einer gewissen Ausführlichkeit, weil ich erlebt habe, nicht einmal, sondern viele Male, daß man mir mit den Randglossen gekommen ist, wenn ich den Marxismus ernst nehmen wollte. Aber zu behaupten, daß die Mehrwertausbeutung eine besonders lange oder besonders intensive Arbeitsleistung erfordere, das ist kein Lassalleanismus.

In letzter Zeit bin ich ziemlich oft nachmittags in Ostberlin gewesen. Kurz bevor ich wieder heimfahre, pflege ich auf ein Bier in eine Kneipe Nähe Friedrichstraße zu gehen. Ich lasse mich in einer Ecke nieder und lese »Neues Deutschland«.

Die Arbeiter strömen nach der Arbeit herein, müde und ausgelaugt, und bestellen sich an der Theke ihren Schnaps und ihr Helles. Es könnte Paris um 1880 sein oder das Västerås meiner Kindheit oder die Arbeiterviertel in Zürich oder die Stockholmer Südstadt – es ist genau derselbe europäische Arbeiter, den du um fünf herum in jeder beliebigen Stadt sehen kannst. Dieselbe Müdigkeit der Gesichtszüge, dieselbe entschlossene Art, den Schnaps herunterzukippen und sich eine Zigarette anzuzünden.

Sie sehen mich ein wenig forschend an, weil ich etwas anders angezogen bin. Dann entdecken sie »Neues Deutschland«, und ich kann mir recht gut vorstellen, was sie denken: Aha, das ist so ein progressiver Intellektueller von der anderen Seite, der zu einem Touristenbesuch rübergekommen ist.

Ich habe keine Veranlassung, diese Menschen im Geist des kalten Krieges zu schildern.

Ich weiß beispielsweise über sie, daß ihre durchschnittlichen Mieten bei dreißig, vierzig Mark pro Monat liegen. Ihre Kinder haben gute Schulen, gute Spielplätze, werden gut betreut. Ihre soziale Sicherheit ist in gewisser Hinsicht sehr viel größer als diejenige, die schwedische Arbeiter »genießen«. Die Lebensmittelpreise sind erträglich. Ihre Verhältnisse haben sich sukzessiv »verbessert«, genau wie die Verhältnisse der westdeutschen oder schwedischen Arbeiter sich in den letzten Jahrzehnten sukzessiv »verbessert« haben.

Es fehlt ihnen weitgehend an Farbfernsehern und Autos, aber es gibt gute Erklärungen dafür, warum es ihnen daran fehlt.

Der interessante Punkt aber ist, daß diese Arbeiter tatsächlich keine geringere Anzahl von Stunden und nicht weniger intensiv arbeiten als ihre Kollegen in der Bundesrepublik. (Vier Stunden mehr pro Woche.)

Im *grundsätzlichen Bereich* hat der Sozialismus ihre Situation nicht verändert. Er hat es ihnen nicht ermöglicht, erwachsen zu werden.

Rote Transparente an den Fabriktoren, schicke Plakate, die kundtun, welche Abteilung den Produktionsrekord des Jahres, des Monats und der Woche hält, ändern kein verdammtes bißchen an dieser grundlegenden Tatsache.

Das Unveränderliche oder Unveränderte, das du in ihren Gesichtern sehen kannst, wenn sie da in der Kneipe sitzen, hat mit Arbeitslöhnen nichts zu tun.

Ihre Arbeit wird nach Prinzipien konstruiert und gelenkt, die sich im Grunde genommen nicht im geringsten von den entsprechenden Prinzipien in der kapitalistischen Welt unterscheiden.

Überspitzt könnte man sagen, daß sie unter den allgemeinen Bedingungen des Kapitalismus leben, mit geringerem Streikrecht, als sie es in England haben würden, und mit mehr roten Transparenten.

Natürlich sind diese Probleme diskutiert worden. Es ist ungeheuer viel über die Rolle des »Ökonomismus« im sozialistischen Lager geschrieben worden. Meist arten diese Diskussionen in sonderbare historische Spekulationen darüber aus, an welchem Punkt es »schiefgelaufen sei«. Seltener sind jene Diskussionen, die davon ausgehen, daß es deshalb schiefgelaufen sei, weil das, was man zu tun versucht hat, unter den gegebenen Voraussetzungen, deren wichtigste ein industrieller Produktionsprozeß ist, unmöglich zu verwirklichen gewesen sei.

Damit bin ich wieder bei dem springenden Punkt, an dem ich mich vor mehr als hundert Seiten in diesem Buch befunden habe:

Ich sehe keinen Grund dafür, einen Sozialismus anzustreben, der uns auf einem strapaziösen Umweg zur kapitalistischen Gesellschaftsordnung zurückführt: ein bißchen unpersönlicher, mit etwas mehr Überbau, etwas mehr roten Fahnen, aber im wesentlichen die kapitalistischen Produktionsverhältnisse.

Um in unserer Diskussion weiterzukommen, müssen wir die Aufmerksamkeit auf ein anderes Problem lenken: den industriellen Produktionsprozeß.

William Morris berichtet in einer seiner glänzenden Vorlesungen von 1883, »Art under Plutocracy« (William Morris: Political Writings of William Morris. Edited and with an Introduction by A. L. Morton. New York 1973, S. 73), daß er einmal eine Passage von einem sizilianischen Dichter zitiert gesehen habe, der über eine wassergetriebene Mühle jubelt, die die Hände der Menschen von der mühsamen Arbeit an der Handmühle befreit.

Aber seht euch in der Welt um, sagt Morris, und ihr werdet John Stuart Mill zustimmen müssen, der bezweifelt hat, daß die ganze moderne Maschinerie auch nur einem einzigen Arbeiter die tägliche Arbeit erleichtert hätte.

»Der Begriff ›arbeitssparende Maschine‹ ist unvollständig. Gemeint ist eine Maschine, die Arbeitskosten einspart, aber nicht die Arbeit selbst. Die eingesparte Arbeitskraft wird vielmehr zur Bedienung anderer Maschinen eingesetzt.

Unsere Epoche hat Maschinen erfunden, die den Menschen vergangener Jahrhunderte als kühne Träume erschienen wären, und von diesen Maschinen haben wir bisher noch *keinen Gebrauch gemacht*. Sie werden als ›arbeitssparende Maschinen‹ bezeichnet – ein häufig gebrauchter Begriff, der ausdrückt, was wir von ihnen erwarten; diese Erwartung wird jedoch nicht eingelöst. In Wirklichkeit tun sie nichts anderes, als den Facharbeiter in den Rang eines ungelernten Arbeiters zurückzuversetzen, um die ›industrielle Reservearmee‹ zu vergrößern – d. h. die Unsicherheit im Leben der Arbeiter zu steigern und die Arbeit derer zu intensivieren, die die Maschinen bedienen (wie Sklaven ihre Herren).« (William Morris: Political Writings, a.a.O., S. 106.)

William Morris war, wie du weißt, Sozialist und Marxist, aber ein Marxist, der auf etwas anderen Wegen zu dieser Überzeugung gelangt ist als es in Deutschland oder Frankreich üblich war.

Ich argwöhne, daß das, was ihn zuerst auf diese ganze »soziale Frage« aufmerksam werden ließ, die entsetzliche ästhetische Deklassierung des menschlichen Lebens war, die die englische Industrialisierung mit sich brachte. Manchmal, wenn man seine Vorlesungen und Reden liest, kann man fast den Eindruck bekommen, daß hier ein moderner Umweltapostel spricht.

Der Aphorismus, in dem er seinen ganzen Sozialismus zusammenfaßt, ist sehr einfach, sehr vernünftig, sehr selbstverständlich:

»Ich will keine Kunst für wenige, ebensowenig wie Ausbildung für wenige, oder Freiheit für wenige.«

Das Kapitel im zweiten Band von John Ruskins »Stones of Venice«, das »On the Nature of Gothic« heißt, hat unauslöschliche Spuren in seinem Marxismus hinterlassen, wenn die Marxisten es auch vorgezogen haben, Ruskin als konservativen Rückschrittler zu betrachten (was er natürlich auch war, wenn man ihn platt ideologisch liest und nicht inhaltlich dialektisch).

Für Ruskin war Arbeit etwas Heiliges, dessen Heiligkeit wiederhergestellt werden mußte, und das konnte nur geschehen, indem man vom Industrialismus Abstand nahm.

Wenn du z.B. den Artikel *Vitrail*, Fenster, in Viollet-le-Ducs »Dictionnaire Raisonné de l'Architecture Française du XIe au XVIe Siècle« aufschlägst (seit einiger Zeit bin ich stolzer Besitzer dieses fast unentbehrlichen Buches), wirst du unschwer den heiligen Schauer verstehen, den Ruskin und seine Jünger angesichts des gotischen Handwerks empfanden, und warum sie sich mit solch schwärmerischer Hartnäckigkeit in ihren Protest gegen den aufkommenden Industrialismus verbohrten.

Hier begegnen wir wieder Herrn J. auf der Veranda seines Sommerhäuschens, aber nun in eine andere Dimension emporgehoben. Das Handwerk, das Hantieren mit Werkzeug, Farben und Material, so weit und so bewußt vorangetrieben, daß es sich ähnlich raffiniert, trotzig und himmelstürmend ausnimmt wie die Arbeit der zeitgenössischen Alchimisten in ihren Laboratorien.

Wenn man sich mit dem gotischen Handwerk beschäftigt, ich meine jetzt nicht Ruskins sicherlich sehr romantisierte Interpretation, sondern mit dem Handwerk selbst, den handwerklichen Techniken, kann einen ein sehr starkes Gefühl von Pessimismus überkommen. Welch ungeheure intellektuelle und emotionale Entwicklungschancen hat uns nicht der Industrialismus gekostet! Welch ungeheure Möglichkeiten für ungeheuer viele Menschen, *erwachsen zu werden,* hat es nicht gekostet, daß es Autos auf unseren Straßen gibt, Glühbirnen in unseren Häusern, Spraydosen in unseren Badezimmern und Kampfflugzeuge über Westasien!

Ich spreche davon, daß die Arbeit vom Leben getrennt worden ist, die Bewegungen der Hände von der Persönlichkeit, daß die Aktivität in den Stunden des Tageslichts vom Gesamtzusammenhang des Lebens abgeschnitten worden ist.

Es liegt etwas Entsetzliches, Grauenerregendes (ich benutze das Wort Grauen in seiner genauen Bedeutung: Grauen ist nicht dasselbe wie Furcht, Grauen ist das Gefühl, das einen überkommt, wenn man an Gespenster denkt, an etwas, das Leben *simuliert,* ohne es zu haben) in diesem Gedanken, daß ein sehr großer Teil der industrialisierten Menschheit nicht den geringsten Zusammenhang empfindet zwischen dem, was er *tut*, und dem, was er *ist*.

Ich bin fest davon überzeugt, daß Phänomene wie die faschistischen Bewegungen, mit ihrer perversen – um es mit Walter Benjamin zu sagen – »Ästhetisierung des politischen Lebens« eine tiefe innere Beziehung zum industriellen Produktionsprozeß besitzen. Eine psychologische Beziehung, wenn du so willst eine Beziehung auf der Ebene des Überbaus, eine Exaltation, die so etwas wie einen hysterischen Versuch darstellt, die Kluft zwischen menschlicher Wirklichkeit und industrieller Wirklichkeit zu überwinden.

Während ich das schreibe, ist der jüngste westasiatische Krieg in vollem Gange.

Dann und wann schalte ich meinen Fernseher an und sehe eine Nachrichtensendung.

Jede der beiden feindlichen Parteien bucht immerzu Erfolge für sich selbst. Da die territorialen Eroberungen auf beiden Seiten unbedeutend sind, meldet man die Anzahl der abgeschossenen Flugzeuge, die Anzahl der zerstörten Panzer. In den Wochenschauen sehe ich die verkohlten Leichen ägyptischer, israelischer, syrischer Soldaten, klein wie Fliegen, vom Helikopter aus gefilmt, aber was noch viel deutlicher zu sehen ist, sind die unermeßlichen Mengen von zerschossenen Fahrzeugen, Kanonen auf Selbstfahrlafetten, Flugzeugwracks, die nun in endlosen Reihen eine der schönsten Landschaften der Erde verschandeln.

»Alles Eisen will zu Rost werden«, pflegt ein gelehrter Metallurg aus meiner Bekanntschaft zu sagen. Er meint damit natürlich etwas Chemisches, und als Kürzel für einen chemischen Vorgang ist der Ausdruck wohl akzeptabel.

Aber laß ihn uns für einen Augenblick gesellschaftlich betrachten, historisch:

»Alles Eisen will zu Rost werden.«

Was ich auf dem Fernsehschirm sehe, ist nicht nur ein Schlachtfeld. Was ich sehe, ist auch *der perfekte Markt*. Eine unmittelbare, effektive, sich selbst erhaltende Konsumtion von hochwertigen Produkten der Schwerindustrie aus den USA, der Sowjetunion, Frankreich, England und der Tschechoslowakei.

Wie lange ist die Verschleißdauer eines Raupenfahrzeugs? Ich würde schätzen, daß z. B. Forsttraktoren in der Buchführung des staatlichen Domänenamts etwa im Laufe von fünf Jahren abgeschrieben werden.

Hier ist man dem Ideal sehr nahe: Totalverschleiß ein oder zwei Tage nach Lieferung, Bedarf an sofortigem Ersatz, zu Preisen, die der Verkäufer bestimmt. Hier gibt es Arbeit für viele Hände! Hier wird Wohlstand geschaffen! Hier werden Arbeitsmöglichkeiten geboten!

Alles Eisen will zu Rost werden.

Am Schluß meines ersten Briefes habe ich etwa folgendes gesagt:

Wer in der Autoindustrie arbeitet, produziert eigentlich zwei verschiedene Dinge. Er produziert sein eigenes Leben, durch die Lohntüte, Brot, Milch, Beefsteak, Bier, Miete und Heizung. Und er produziert Autos. Diese beiden Dinge sind logisch voneinander unabhängig. Was den Arbeiter treibt, ist selbstverständlich nicht seine tiefe Überzeugung, daß Autos gebraucht würden, sondern vielmehr die tiefe Überzeugung, daß Essen und Wohnung notwendig seien.

Wenn die Autofabrik ihre Produktion auf Panzer umstellt, hat das eigentlich nicht das geringste mit dem Beweggrund des Arbeiters zu tun, dort zu arbeiten. Denn er braucht nach wie vor Essen und Wohnung, und kein Pazifismus der Welt kann das Bedürfnis nach Essen und Wohnung unwichtig machen.

Was der Arbeiter eigentlich produziert, ist sein Leben. Aber so, wie die Dinge jetzt und in absehbarer Zukunft liegen, produziert er sein Leben nicht sichtbar für sich selbst, sondern zwischen ihm und seinem produzierten Leben steht eine gewaltige organisatorische Struktur, die sein Leben in Arbeit umwandelt.

Ob er Panzer oder Krankenwagen herstellt, ändert kaum etwas am Charakter seiner Arbeit. Nicht wenige Fließbandarbeiter und -arbeiterinnen befinden sich in totaler Unkenntnis darüber, *was sie tun.*

Bei ASEA (»Allgemeine Schwedische Elektro-AG«) habe ich zu Beginn der sechziger Jahre in der Apparatebau-Abteilung Arbeiterinnen getroffen, die nicht mehr wußten, als daß die Feder, die sie zusammensetzten, zu irgendeiner Art elektrischem Gerät gehörte.

In einer anderen Hinsicht weiß der Arbeiter natürlich ganz genau, was er tut. Er produziert sein Leben.

Und dadurch, daß er das tut, entsteht also *etwas anderes*, etwas (subjektiv gesehen) Belangloses. Dieses *etwas anderes* ist seiner Kontrolle entzogen.

Und von diesem anderen wissen wir, daß es sich auf verschiedene Weise manipulieren läßt, ohne daß sich eigentlich etwas an der primären Situation des Arbeiters ändert. Für ihn muß es etwas Scheinbares bleiben, da es genaugenommen nichts an seiner Lage ändert, ob es in einem Krieg oder in einem Badezimmer gebraucht wird. Es ist völlig austauschbar, und daher ist auch der Arbeiter völlig austauschbar.

Seine Stunden in der Fabrik sind die Strafe, die ihm auferlegt wird, damit er existieren kann.

Bei höheren Löhnen, mehr Konsumartikeln, mehr Freizeit kann diese Strafe plausibler erscheinen als bei niedrigeren Löhnen und einer kürzeren und weniger stimulierenden Freizeit, aber die grundlegende Tatsache bleibt bestehen: es steht eine Strafe von acht Stunden pro Tag darauf, zu leben.

Akkordsenkungen, rote Transparente, Leistungswettbewerbe und Berieselungsmusik können den Charakter der Strafe beeinflussen, aber die grundlegende Tatsache, daß auf das Leben eine Strafe ausgesetzt ist, bleibt bestehen.

Der Marx der Pariser Manuskripte hat ein paar von den besten Seiten verfaßt, die je über diese wohlbekannten Tatsachen geschrieben worden sind.

Der ökonomische Marx, der Marx des »Kapitals«, meint in erster Linie, daß die Überführung der Produktionsmittel in die Hände des Proletariats diese Strafe beträchtlich verringern würde, in zweiter Linie, daß es auf längere Sicht aufhören würde, eine Strafe zu sein.

Aus Gründen, die bestimmt noch lange rätselhaft bleiben werden, hat die offizielle Überführung der Produktionsmittel in die Hände des Proletariats keineswegs diese Wirkung gehabt.

Von *diesem anderen*, das der Arbeiter herstellt, wissen wir, daß es einen Markt erfordert.

Das haben alle Produkte erfordert, außer in den allerprimitivsten Kulturen.

Aber der Markt, den die industriellen Produktionsverhältnisse erfordern, hat historisch gesehen einzigartige Eigenschaften.

Er ist instabil. Er ist nicht besonders abhängig von Gebrauchswerten, da er Bedürfnisse weckt, wo ursprünglich keine vorhanden waren. (Was ist der Gebrauchswert eines Panzers?)

Genau wie das Eisen zu Rost werden will, müssen die industriellen Produktionsverhältnisse den Krieg wollen. Die Vernichtung, die systematische, gründliche, uneingeschränkte Vernichtung ist die selbstverständliche Kehrseite der industriellen

Produktion. Der Krieg garantiert diese Vernichtung, er ist die ideale Form industrieller Konsumtion.

Er ist auf besondere Art instabil: er stürzt nach vorn. Es ist nicht die Produktion, die zählt, sondern die Produktionssteigerung.

Die Existenz einer Arbeiterklasse, einer Klasse von Industriearbeitern, die Marx als potentielle Bedrohung der *Produktionsverhältnisse* angesehen hat, ist natürlich die notwendige Voraussetzung für den industriellen Produktionsprozeß.

Allem Gerede über die Automation zum Trotz gibt es nicht den geringsten Grund für die Annahme, daß die Industrie in absehbarer Zeit ohne Industriearbeiter auskommen könnte. Ebensowenig gibt es einen Grund für die Annahme, daß der Industriearbeiter ohne die Industrie existieren könnte.

Die »Ketten«, von denen in den letzten Zeilen des »Kommunistischen Manifests« die Rede ist, sind heute noch genauso aktuell wie zu der Zeit, als das Manifest geschrieben wurde.

Die Macht über die Produktionsmittel hat sich als unerheblich erwiesen gegenüber der Macht, die in den Produktionsmitteln selbst liegt.

Das Kapital – sei es nun Privatkapital oder Staatskapital – hat keinen Grund, die Arbeiterklasse zu bekämpfen, es hat lediglich gute Gründe dafür, sie in Schach zu halten, ohne daß die Situation wesentlich verändert wird. Einer der Gründe ist natürlich, daß die Arbeiterklasse aus Konsumenten besteht. Daraus ergeben sich ideale Möglichkeiten, die Ketten fester zu schmieden und sie zugleich zu vergolden.

Alle Länder der Welt streben nach einer größeren Industrialisierung, und das mit gutem Grund. Die Alternative sieht aus wie Indien.

Das Bild, das man erhält, wenn man für einen Augenblick den industrialisierten Teil der Welt zu sehen versucht, sind also ungeheure Menschenmassen, die essen wollen und die, um essen zu können, gezwungen sind, immer größere Mengen Eisen zu Rost zu machen.

Obwohl man Rost nicht essen kann.

Einige profitieren ungeheuer von diesem Prozeß. Die Dividenden und der private Luxus, die dadurch ermöglicht werden, spielen in diesem Zusammenhang sicherlich eine untergeordnete Rolle. (Um ganz aufrichtig zu sein, so habe ich mich durch den Umstand, daß einige wenige Leute Sommerschlösser, Swimmingpools und private Chauffeure haben, noch nie sonderlich gestört oder bedroht gefühlt. Das einzige, was bei mir so etwas wie Neid hervorrufen kann, sind schöne Frauen und ansehnliche Bibliotheken: das Problem der *sozialen Ungerechtigkeit* hat eigentlich weniger mit himmelschreienden Unterschieden des Lebensstandards zu tun als vielmehr mit dem Umstand, daß die meisten Menschen niemals *Zugang zu ihrem Leben* erhalten. Ich habe sozusagen lieber einen Zugang zu meinem Leben ohne einen Swimmingpool, als daß ich ihn mit einem solchen verliere. Wenn man die soziale Ungerechtigkeit am Konsum zu messen beginnt, hat man die Prämissen des Feindes schon akzeptiert.)

Die wirkliche Errungenschaft des Staats- und Monopolkapitalismus besteht nicht in Luxusautos und livrierten Chauffeuren, sondern in der ungeheuren Stabilität, der unbegrenzten Möglichkeit gesellschaftlicher Kontrolle, die das System bietet. Der Industrialismus gibt wenigen Macht über viele.

Es ist die wesentlichste Eigenschaft des Industrialismus, daß er undemokratisch ist. Er erlaubt niemandem, erwachsen zu werden. Reife ist der Tod des Marktes.

Das beginnt sich nach einem utopischen, einem äußerst utopischen Standpunkt anzuhören, nicht wahr?

Meine ich denn wirklich, daß der Industrialismus abgeschafft werden müsse?

Problem Nummer eins: Kann er abgeschafft werden?

Die grundlegende Theorie in »Das Kapital« spielt mit bestimmten elementaren Größen: *Rohstoffen, Produktivkräften, Produktionsmitteln, Produktionsprozessen, Produktionsverhältnissen.*

All diese Größen werden als variabel behandelt, und aus den Variationen ihrer wechselseitigen Beziehungen werden die zentralen Behauptungen der Theorie abgeleitet.

Die einzige Größe, die als Konstante behandelt wird, sind die Energiequellen.

Nach dem Bericht des Club of Rome hat man allen Anlaß, sich zu fragen, ob dieser Standpunkt haltbar sei. Die Krise des Erdöls scheint sich praktisch noch zu unseren Lebzeiten abspielen zu können. Die daraus raffinierten Heiz- und Treibstoffe gibt es nur in begrenzten Mengen, und bei der gegenwärtigen Steigerung des Verbrauchs sind die Aussichten bedrohlich. Die Zukunft der Atomenergie steht in den Sternen. Die gewöhnliche Atomenergie ist vom Uran abhängig und Uran ist nur in begrenzten Mengen vorhanden. Die Fusionsenergie ist eine theoretische Überlegung auf dem Papier. Bisher hat noch niemand eine Wasserstoff-Fusion gesehen, außer in den auf Millionen Grade erhitzten Plasmen der Sonnen, die eingeschlossen sind in Magnetfelder von ganz außerirdischer Stärke.

Windenergie, Wasserenergie und all die Energie, die man hervorbringen kann, indem man Holz oder verschiedene Holzdestillate verbrennt ist alles, was als Konstante übrigbleibt.

Lange bevor wir in einer Welt mit Windmühlen, Luftballons und Segelschiffen leben werden, wo Scharen von Fahrradfahrern die Straßen bevölkern, in einer Welt, die sehr viel stärker an die der Renaissance und des Mittelalters erinnern wird als alles, was wir bisher erlebt haben, kommen natürlich die großen Energiekriege über uns, und die Lebensmittelkriege. Und Hungersnöte, Barbarei, Pest, Massensterben.

Muß es so kommen? Ich glaube nicht an ein Muß. Es gibt Notwendigkeiten, aber sie können auf verschiedene Art gehandhabt werden. Es gibt Notwendigkeiten, die Tugenden hervorbringen.

Im Gegensatz zu Marx glaube ich nicht, daß das Proletariat allein imstande ist, sich aus seinen Ketten im Industrialismus zu befreien. Der Kreis zwischen Konsum und Produktion hat sich schon längst allzu fest geschlossen, der historische Augenblick ist längst verpaßt, die sozialistischen Doktrinen sind längst so stark auf die industriellen Produktionsmittel fixiert wie das Huhn auf den Kreidestrich.

Ich glaube jedoch, daß diese ganze Struktur ihren eigenen Untergang enthält, nur daß die Heilmittel vielleicht noch tiefer verschüttet sind als die Denker des 19. Jahrhunderts glaubten. Der äußere Rahmen des Industrialismus ist nicht unveränderlich. Auch Rohstoffe und Energiequellen sind es nicht. Die Fähigkeit der Großstädte, ihren eigenen Erstickungsprozeß zu ertragen, ist nicht unbegrenzt. Die technische Entwicklung führt zur Entstehung neuer Typen von sozialen Mittelschichten, die die gesellschaftliche Dynamik beeinflussen werden. Die große Rolle, die die Intellektuellen in der antiautoritären Bewegung der ausgehenden sechziger Jahre spielten, ist nicht zufällig.

Ich bin vollständig davon überzeugt, daß Wege in eine neue Freiheit offenstehen, aber es liegt in der Natur der Sache, daß wir die Möglichkeiten der Situation nicht überblicken können, bevor sie nicht schon hervorgetreten sind.

Also bin ich mit dir zugleich einig und uneinig darüber, daß wir in einer unnötigen Zeit leben. 1848 hat es eine Öffnung gegeben, davon bin ich ebenso überzeugt wie du.

Aber diese Öffnung hat sich längst wieder geschlossen.

Vielleicht hat sie sich an jenem Tag des Jahres 1914 geschlossen, an dem die europäische Arbeiterklasse beschloß, in den Krieg zu ziehen und sich selbst zu dezimieren, vielleicht hat sie sich auch schon früher geschlossen.

Wovon ich vollständig überzeugt bin, ist, daß eine neue historische Öffnung sich zeigen wird. Und ebenso überzeugt bin ich davon, daß sie am Anfang ungeheuer schwierig zu entdecken, zu erkennen sein wird, als Möglichkeit.

Beim Warten auf sie, nein: beim aktiven Suchen nach ihr haben wir genug Aufgaben, genug Fronten zu verteidigen, daß es für unsere Zeit reichen wird. Während wir nach ihr suchen, bekämpfen wir die Lügenmaschinerie, die Lügensprache, mit der die Machthaber das, was dazu dient, uns zu binden, so darstellen, als diene es dazu, uns zu befreien, und umgekehrt. Wir halten hartnäckig an der großen Erkenntnis der Denker des 19. Jahrhunderts fest, daß es ein Geheimnis unter der Oberfläche der Gesellschaft gibt, wir sagen mit William Morris:

»Ich will keine Kunst für wenige, ebensowenig wie Ausbildung für wenige, oder Freiheit für wenige.«

Nicht die Maschinen sind es, gegen die ich bin. Es ist die Art, wie sie verwendet werden. Aber in unserer historischen Situation gibt es kein anderes Beispiel für ihre Verwendung als das System, das ich das industrielle genannt habe, und dessen natürliche äußerste Konsequenz der Krieg ist, die Auslieferung des Menschen an eine äußere und innere Verelendung und die Möglichkeit einer kleinen Machtelite, das ganze System unter einer unendlich stabilen Kontrolle zu halten.

Was ich letzten Endes gegen dieses ganze System habe, ist, daß es die Welt leer macht, sie der Erfahrung, des Inhalts, ja, wenn man so will, der Erotik beraubt.

Es ist kein Zufall, daß fast die gesamte moderne Literatur, von Thomas Mann bis Salinger (und nicht nur die »bürgerliche«, wenn du genau hinsiehst) von Dropouts handelt, die auf die eine oder andere Weise versuchen, außerhalb des Systems zu leben, versuchen, es im Abstand zu sehen. Es ist sogar fast unmöglich, einen Roman über einen Arbeitsplatz im Geiste Willi Bredels oder der russischen Realisten der zwanziger Jahre zu schreiben, ohne auf die eine oder andere Weise diese Außenseiterperspektive einzunehmen, denn im Zentrum der Arbeit ist nichts als Leere. Und diese Leere muß so lange bestehenbleiben, wie die Arbeit nicht ein Teil des Menschen selbst ist.

Na, und was willst du dann mit den Maschinen machen? Sie verschrotten? Indien hat nur ein paar Prozent Industriearbeiter, willst du ein zweites Indien? Oder ein neues skandinavisches Mittelalter? Willst du die Elektrizität abschaffen?

Wie einfach wäre es jetzt nicht, ein paar schicke Utopien zusammenzubasteln, im Sinne von Owen oder Fourier oder vielleicht sogar von John Humphrey Noyes.

Wenn ich zehn Jahre jünger wäre, hätte ich versucht, das zu tun. So mache ich es nicht mehr. Ich weiß, daß ich nichts weiß.

Dies ist die Schwäche jedes utopischen Denkens. Daß man nicht weiß, oder nichts davon wissen will, daß man nichts weiß. Daß es im Grunde genommen unmöglich ist, über seine eigene Erfahrung hinauszudenken.

Darum ist das, was du am Ende deines langen Briefes über meine Definition der Utopie sagst, vollkommen richtig.

Ich kenne keine andere Verwendung der industriellen Produktionsweise als *diese*. Ich habe keine Erfahrung mit einer anderen Welt als der gewohnten. Ich bin kein Outsider. Der Outsider ist eine literarische Fiktion.

1848 sei die Zeit noch nicht »reif« gewesen, bekommt man oft zu hören. Aber nicht von dir, denn du sagst, daß alle Zeit nach 1848 eine unnötige Zeit gewesen sei.

1871 sagen Marx und Engels, die Zeit sei noch nicht reif. Sie unterstützen die Pariser Kommune, aber nur unter Protest und sozusagen im nachhinein. 1968 erklärt die Kommunistische Partei Frankreichs, die Zeit sei noch nicht reif, und versagt der französischen antiautoritären Bewegung ihre Unterstützung.

War die Revolution 1971 in Ceylon »reif«? Offenbar nicht, da sie gescheitert ist. Gescheitert ist sie zum Teil aufgrund des sowjetischen Eingreifens mit Jagdflugzeugen und Helikoptern. Die sowjetischen Streitkräfte haben mit den britischen zusammengearbeitet. Ceylon war ein gefährlicher Winkel des Subkontinents. Eine ceylonesische Revolution hätte theoretisch gesehen nach Indien übergreifen können. Hätte nicht etwas, das zumindest entfernt der Entwicklung in China gleicht, stattfinden können?

Offensichtlich gab es Leute, die das für so wahrscheinlich hielten, daß sie bereit waren, hochentwickelte Waffen einzusetzen, um es zu verhindern.

Vielleicht hat man das ganz einfach deshalb gemacht, weil man die Zeit noch nicht für »reif« hielt?

Im Ernst: es gibt natürlich, wenn man die marxistischen Klassiker akzeptiert, gute Gründe für den Versuch, eine Revolution zu verhindern, wie paradox das auch klingen mag. Zwar glaube ich nicht, daß Marx und Engels größeres Verständnis für die sowjetischen Einsätze auf Ceylon aufgebracht hätten, aber im Prinzip besteht ein abgrundtiefer Unterschied zwischen einem eschatologisch orientierten Revolutionär wie Thomas Münzer, der meint, daß hier und jetzt die Zeit sei, die Welt zu verändern, und einer marxistischen Auffassung von der Revolution.

In meinem Buch »Utopien« habe ich sogar zu zeigen versucht, daß dieser Unterschied tatsächlich der *Unterschied* zwischen einer utopischen und einer marxistischen Anschauungsweise ist.

Wie man die Sache auch dreht und wendet, es besteht ein entscheidender Unterschied zwischen denen, die meinen, daß die Geschichte eine *Richtung* habe, und denen, die das nicht meinen. Hegel meint, das habe sie. Marx meint, das habe sie.

Wenn man annimmt, die Geschichte habe eine Richtung, einen bestimmten Entwicklungsgang, wird es möglich, jede historische Situation in bezug auf eine Zukunft zu werten, die noch nicht historische Wirklichkeit geworden ist, es aber werden wird.

Wenn man nicht glaubt, daß die Geschichte eine solche Richtung habe, dann gibt es auch nichts, zu dem die Ereignisse in Beziehung gesetzt werden könnten. Sie müssen »in their own right« gewertet werden.

Wenn die Geschichte eine Richtung hat, wenn etwas Entscheidendes vor uns liegt, auf das wir uns beziehen können, dann kann die Kindheit des Industrialismus, mit Zehnjährigen, die in englischen Kohlenbergwerken arbeiten, in engen, dunklen Stollen in einer Tiefe von hundert Metern, dann kann dies alles als »progressiv« angesehen werden, weil es in sich den Keim einer besseren Welt birgt.

Wenn es keine solchen Fixpunkte in der unverwirklichten Zukunft gibt, an die man sich halten kann, dann erscheint natürlich genau derselbe Vorgang einzig und allein als etwas Scheußliches.

Der Schah von Persien kann als eine progressive Gestalt aufgefaßt werden, weil seine nationalistischen Ambitionen dazu beitragen, die imperialistische Kontrolle über die Dritte Welt zu brechen und einer besseren Welt den Weg zu bereiten, oder als ein unangenehmer, zutiefst reaktionärer Alleinherrscher – je nachdem, ob er aus einer relativen (d. h. marxistischen) Perspektive gesehen wird oder nicht. Im letzteren Fall muß er *absolut* beurteilt werden; so, wie es sich zu dem Zeitpunkt der Geschichte ausnimmt, an dem er tatsächlich da ist.

Die DDR und die Sowjetunion können aus einer marxistischen Perspektive progressiv erscheinen, denn trotz aller Unvollkommenheiten haben sie *»den ersten Schritt«* zum Sozialismus hin getan, wenn es eine Richtung in der Geschichte gibt.

Wenn es keine Richtung gibt, stellen sich diese Staaten nur als eine Variante des industriellen Hauptthemas dar, eine etwas grauere, etwas sonderbarere, etwas unpraktischere Variante.

Die Frage: »Geschichtsphilosophie oder nicht« ist die eigentliche Kernfrage in der Diskussion über den Sozialismus.

Es ist nicht unmöglich, ein Optimist zu sein, zumindest in einem begrenzten Sinn, auch wenn man sich keinen Geschichtsdeterminismus leistet. Es ist ebensowenig ausgeschlossen, ein Revolutionär zu sein. Nur mit dem Unterschied, daß in diesem Fall die revolutionäre Haltung mehr der von Thomas Münzer gleichen muß als der von Marx und Engels.

Und mit Münzers »recht yetzige Zeyt« konfrontiert, muß man das Legitimationsproblem, das ich im ersten Text formuliert habe, auf eine andere Art darstellen als wenn man Marxist ist.

Ich selbst habe keine deterministische Geschichtsphilosophie. Mein tiefster Grund dafür ist, daß ich nicht an Hegel glaube. Ich glaube nicht, daß eine Situation durch dialektische innere Widersprüche den Keim bestimmter zukünftiger Vorgänge enthalten kann, höchstens kann sie den Keim zu Veränderungen enthalten, aber kaum zu *spezifischen* Veränderungen.

Man kann sicherlich eine ganze Reihe von Argumenten dafür und dagegen anführen. Bei den Klassikern ist wohl die aufschlußreichste Stelle über die Bedeutung des marxistischen Determinismus der bekannte Brief an Joseph Bloch in Königsberg (MEW 37, S. 462–465), wo er sagt, daß die historischen Gesetze als allgemeine Gesetze aufgefaßt werden müßten, die sich schließlich im Wirrwarr der einzelnen Ereignisse durchsetzen.

Diese Interpretation einer deterministischen Geschichtsauffassung ist ja einleuchtend. Sie löst das Problem, daß es unmöglich zu sein scheint, einzelne Ereignisse vorauszusagen. Die Gesetze erhalten einen sozusagen stochastischen Charakter.

Ich kann mir vorstellen, daß solche allgemeinen historischen Gesetze existieren, daß z. B. die Produktionsweise eine entscheidende Bedeutung für die historische Entwicklung hat.

Wovon mich aber bisher noch niemand hat überzeugen können, ist, daß aus diesen allgemeinen Gesetzen eine *bestimmte* historische Entwicklung ableitbar sei.

Für mein Gefühl ist das eine überholte Vorstellung. Sie trägt allzu tiefe Spuren der deutschen idealistischen Philosophie in ihrer zweiten Phase, als daß ich sie wirklich ernst nehmen könnte.

Die gesetzmäßigsten Vorgänge, die wir kennen, sind physikalische Vorgänge, nicht wahr? Ein gutes Beispiel ist das Gay-Lussacsche Gesetz des Verhältnisses zwischen Volumen, Temperatur und Druck bei Gasen. Daraus kann man z. B. ableiten, was jedem, der einmal eine Fahrradpumpe benutzt hat, bekannt ist: daß nämlich bei steigendem Druck auch die Temperatur des Gases steigt. Das ist eine Tendenz, die sich sozusagen »durchsetzt« im Gewimmel individueller Beobachtungen und mehr oder weniger komplizierter Prozesse, die mit eingeschlossenen Molekülen in gasförmigem Zustand zusammenhängen.

Es gibt andere Naturgesetze, z. B. die thermodynamischen, aus denen man tatsächlich Voraussagen darüber ableitet, was mit dem gesamten Universum geschehen wird. Daß früher oder später, d. h. später, die gesamte Wärmeenergie im ganzen Universum gleichmäßig verteilt sein wird.

Wenn jemand an einem schönen Sonntagmorgen voraussagt, daß der größte Teil des Verkehrs auf den Ausfallstraßen der Stadt nach draußen gehen wird und nur ein kleinerer Teil stadteinwärts, so erscheint mir das einleuchtend.

Wenn jemand sagt, daß von Schwedens heute aktiven Autofahrern in einem Jahr etwas weniger als tausend bei Verkehrsunfällen umgekommen sein werden, ist auch das einleuchtend.

Was alle diese auf Gesetzmäßigkeiten basierenden Voraussagen von der marxistischen Geschichtsphilosophie unterscheidet, ist ihr positivistischer Charakter.

Sie sind nicht aus Begriffen, nicht aus der Dialektik der Begriffe abgeleitet, sondern aus mathematischen Formulierungen von Relationen zwischen meßbaren Daten. Eine rohe Art, mit der Wirklichkeit umzugehen, eine Art, mit ihr umzugehen, die sie auf die Dauer unerklärt läßt, wenn man unter Erklärung etwas versteht, das die Schleier der Illusion von den Dingen reißt, doch eine meist ungeheuer zuverlässige Art.

Diese Formeln sind wie Registrierkassen. Du haust auf ein paar Tasten, es klirrt, und peng! kommt das Wechselgeld aus dem Kasten.

Alle diese Voraussagen haben eine Eigenschaft. Sie sind sehr *unspezifisch.*

Gay-Lussac sagt nicht, daß eine bestimmte Fahrradpumpe warm werden wird. Nicht einmal die Thermodynamik sagt, daß die Temperatur im Universum gleichmäßig verteilt *sein wird*, nur, daß sie es unter den jetzt bekannten Voraussetzungen sein wird.

Wenn in diesem Winter in Schweden eine Benzinrationierung eingeführt wird, weil das arabische Öl knapp wird, werden mehr Menschen den Autoverkehr des Winters überleben. Naturgesetze sind nicht kategorisch: sie lassen immer einen Spielraum für die Möglichkeit, daß die Prämissen sich nicht erfüllen, daß neue Variablen ins Spiel kommen. Im Begriff des Positivismus ist enthalten, daß man keine Geschichtsphilosophie konstruieren kann.

Er schließt nicht aus, daß man die Geschichte erklären kann. Aber er schließt die Möglichkeit aus, die Geschichte im Lichte von Ereignissen zu sehen, die noch nicht eingetroffen sind. Erklärungen positivistischer Natur können wahrscheinlich dazu benutzt werden, die Vergangenheit zu erklären, aber nicht, sie zu werten.

Es ist wichtig, sich diesen Unterschied klarzumachen. Der Positivist liest die Geschichte, als sei sie etwas, das sich in einem Teekessel abspielt. Der Marxist liest sie, als sei sie ein Gedicht.

Indem der Marxismus – im Geiste des deutschen Idealismus – mit einer spezifischen Zukunft rechnet, verleiht er jedem Ereignis einen teleologischen Charakter.

Wohlgemerkt: ich sage nicht, das sei unsinnig, ich sage nur, es sei ein großer Schritt zwischen diesen beiden Arten, die Welt zu betrachten.

Deine Idee von einer unnötigen Gegenwart gründet sich darauf, daß du die Vorstellung hast, es gäbe etwas, womit sie sich vergleichen ließe.

Wenn es das nun aber nicht gibt?

Die teleologische Geschichtsbetrachtung hat uralte Traditionen. Am deutlichsten erscheinen sie in der jüdischen Mystik, als messianische Vorstellungswelt. In der jüdischen Mystik sind Welt und Geschichte tatsächlich etwas, das zum Gegenstand einer *Interpretation* werden kann, etwa so, wie ein Gedicht interpretiert werden kann.

Bei Walter Benjamin beispielsweise mit seiner doppelten Staatsbürgerschaft in beiden Ideentraditionen ist es faszinierend zu sehen, wie selbstverständlich er – in seinem Aufsatz über »Eduard Fuchs – der Sammler und Historiker« – auf eine Briefstelle bei Engels reagiert, wo Engels sagt, daß wir imstande seien, der Vergangenheit neues Leben zu verleihen, je nachdem, wie wir in der Gegenwart handeln. (Friedrich Engels an Mehring, 14. Juli 1893. MEW 39, S. 96–100.) Benjamin erscheint an dieser Stelle ungefähr wie einer, der in einer Menge von Fremden plötzlich stutzt, weil er eine wohlbekannte Sprache hört.

> Herr Jansson läuft so schnell.
> Warum läuft Herr Jansson so schnell?
> Weil er zum Zug will.

Nun ist es also ein philosophisches Problem ersten Ranges, was wir mit dieser Antwort anfangen sollen: »Weil er zum Zug will.«

Kann ein zukünftiges Ereignis ein Ereignis in der Gegenwart verursachen? Kann ein Zweck eine Ursache sein? Kann der menschliche Wille, verknüpft mit vernünftigen Zwecken, eine Abfolge von Ereignissen verursachen?

Der Positivist sagt nun folgendes:

Der Satz »Weil er zum Zug will« ist ein verkürzter Satz. Wenn wir ihn wörtlich nehmen, werden wir irregeführt, denn wenn wir ihn wörtlich nehmen, müssen wir anfangen, mit Zweckursachen zu rechnen, aber eine solche Kategorie von Ursachen ist völlig unvereinbar mit einem naturwissenschaftlichen Weltbild. Wir müssen den Satz also in eine psychologische Sprache übertragen:

Jansson läuft zum Zug, weil er eine psychische Vorstellung hat, die besagt, daß er den Zug nicht mehr erreichen wird, wenn er nicht läuft. Diese Vorstellung, die also etwas Psychisches ist, *verursacht*, daß er läuft.

Aber was ist das denn für eine psychische Vorstellung? Die Vorstellung, *den Zug zu erreichen.*

Ja, das haben wir gehört, aber was bedeutet dies *zu*?

Das bedeutet *um zu.*

Aber ist nicht *um zu* gerade ein Ausdruck, den du loswerden wolltest, indem du eine Argumentation so analysierst, daß die Zweckursachen auf gewöhnliche Ursachen reduziert werden? Vorhang

Das sogenannte Polhemsrad in Kärrgruvan im nördlichen Västmanland ist keine Konstruktion von Christopher Polhem, sondern in Wirklichkeit bedeutend jünger, und es wurde noch in den ersten Jahren des 20. Jahrhunderts genutzt, um die Grubenpumpen in einigen Bergwerken in der Gegend von Norberg anzutreiben.

Das Rad war ursprünglich durch kilometerlange Gestänge, d. h. durch ein System von Pleuelstangen, die durch eine hin- und hergehende Bewegung die Kraft übertragen, mit den Gruben verbunden. Die klobigen Kraftleitungen der damaligen Zeit, die sich mit ihren knarrenden und knirschenden Geräuschen durch Norbergs Wälder und Sümpfe erstreckten. Es muß phantastisch ausgesehen haben, als sie früher einmal in Bewegung waren. Kein Mobile von Calder kann so imponierend gewesen sein.

Durch eine geniale Konstruktion, die auf Polhem zurückgeht, das sogenannte Drehwalzwerk, konnte die Kraft in jede beliebige Richtung gedreht werden, im Winkel von neunzig Grad, ja, im Winkel von hundertachtzig Grad, wenn es nötig gewesen wäre.

Von diesen Gestängen sind nur noch ein paar Fragmente in einem ungewöhnlich mückenreichen und sumpfigen Wald übriggeblieben. Sie müssen sehr zerbrechlich gewesen sein, Anlaß ständiger Betriebsunterbrechungen und Reparaturen. Es ist eine Technologie, die zu fünfundneunzig Prozent auf Holz gegründet ist und nur zu den restlichen fünf Prozent auf Eisen.

Eisenbeschlagenes Holz ist das Material, mit dem die Bergingenieure gearbeitet haben. Man kann mit ziemlich guten Gründen sagen, daß ihre Technologie ihrem Material haushoch überlegen war.

Das Rad selbst in seinem Radgehäuse ist ein kolossal imponierender Anblick. In einer Höhe von etwa vierzehn Metern verschwindet es oben in der Dunkelheit in dem sonderbar schmalen Radgehäuse mit seinen blinden Fenstern, der untere Teil verschwindet ebenso tief unten in einem gepflasterten Grab. Das Wasser kommt ganz oben herein – es ist ein oberschlächtiges Wasserrad, der Wasserstrom wird mit einem einfachen Hebel an einer Dammschleuse reguliert.

Die ungeheuer klobige Radachse ruht in schalenförmigen Lagern aus Granit. Es muß fürchterlich geknirscht haben, als dieses große Rad in Betrieb war.

Solche Wasserräder, solche kunstvollen Gestänge und Drehwalzwerke wie das in Kärrgruvan haben früher einmal in allen

Bergwerksbezirken Europas eine zentrale Aufgabe erfüllt. Sie haben der Förderung Auftrieb gegeben, sie haben die Gruben durch seufzende und schnaufende Kolbenpumpen mit plumpen Lederventilen vom Wasser befreit. Im Harz war Leibniz der große Erfinder und Konstrukteur, in Schweden war es Christopher Polhem.

Die Mechanik sollte eine bessere Welt hervorbringen. Diese Technologie war eine Technologie anderer Art als unsere. Eisenbeschlagenes Holz, ruckartige mechanische Bewegungen, klobige Zahnräder aus der Schmiede, ja, das alles, aber der wesentliche Unterschied ist ein anderer.

Das Rad in Kärrgruvan ist, wie ich schon sagte, riesig.

Dieses riesige Rad hat eine Leistung von 38 PS gebracht!

Das sagt mehr über den Unterschied zwischen unserer Zeit und dem ausgehenden 18. Jahrhundert als ellenlange Abhandlungen. Es gibt mindestens dreißig junge Schnösel, die auf dem Åmänningen herumfahren und die Enten verscheuchen, mit Bootsmotoren, die eine größere Leistung bringen.

Nun brennt seit hundert Jahren das große Energiefeuer. Die Schwefeldioxyde liegen als gelbe Schicht über den Großstädten, und in diesem Herbst liegen im Sinai viele Leichen um des Öles willen. Die Leuchtreklamen flackern vor dem Himmel, mit Öl betriebene Kraftwerke schwitzen ihre Megawatts aus. Es ist eine Welt anderer Art.

Wie maßvoll, wie menschlich in ihren Dimensionen wirkt nicht die Technologie des 18. Jahrhunderts verglichen mit der des 20. Jahrhunderts, und wieviel *intellektueller* im besten Sinn des Wortes! Es war eine Technologie, die die Kräfte zwischen den Dingen herauslas, die Räder in Bewegung setzte. Es war der mathematische Verstand der damaligen Zeit, der gezwungen wurde, zu einem mechanischen Verstand zu werden und das Drehwalzwerk zu erfinden.

Man kann diese Technologie nicht betrachten, ohne zu denken: das war der richtige Weg, der, welcher verlorengegangen ist. Das ist der Weg, der der Menschheit bestimmt war. Und sie wird ihn gehen müssen, um zwei oder drei Jahrhunderte verspätet, wenn der letzte Hungerkrieg und der letzte Erdölkrieg abgeflaut sein werden und der zerstörte Ackerboden wieder Früchte zu tragen beginnt.

Das ist eine Art Geschichtsphilosophie. Diese Betrachtungsweise der Mechanik ist eine teleologische Betrachtungsweise.

Denn in dieser Perspektive wird die intellektuelle Entwicklung zu etwas, das dem Menschen entspricht wie der Schlüssel dem Schloß oder das männliche Geschlechtsorgan dem weiblichen. Genauso, wie eine sexuelle Beziehung als Möglichkeit schon beim kleinen Mädchen oder beim kleinen Jungen vorhanden ist, scheint die Möglichkeit einer vernünftigen Entwicklung, eines vernünftigen Lebens, einer vernünftigen Gesellschaftsform, einer vernünftigen Technologie schon potentiell durch die Tatsache gegeben zu sein, daß der Mensch in der Natur seinen Platz hat.

Ich habe in diesen Briefen viel Kritisches über Marx gesagt. Ich halte ihn für unzulänglich, für einen in wichtigen Punkten überholten Philosophen.

Es gibt jedoch einen grundlegenden Punkt, in dem ich mich ganz selbstverständlich der Ideentradition verbunden fühle, der er angehört, und das ist eben diese sonderbare Sache: es scheint unmöglich, ohne eine teleologische Betrachtung der Geschichte auszukommen. Das heißt: man muß sich vorstellen, daß zu den menschlichen Veranlagungen die Fähigkeit gehört, vernünftig zu handeln.

Daher gehört zu der menschlichen Geschichte auch die Möglichkeit einer vernünftigen historischen Entwicklung.

Dies ist vielleicht eine Teleologie, die eher mit der Aufklärungszeit verwandt ist als mit Marx und Engels, denn diese erscheinen mir allzu eng, allzu spezifisch, um den Überraschungen der Geschichte Raum zu lassen.

(Du fragst mich nach Beispielen für solche historischen Überraschungen, nun gut, dann weise ich darauf hin, daß die beiden großen sozialistischen Revolutionen dieses Jahrhunderts nachweislich in nicht-industrialisierten Agrargebieten stattgefunden haben, nämlich in Rußland und China.)

Aber es ist trotzdem ein wichtiger Schritt auf deinen Standpunkt zu: ohne irgendeine Form von Zweckdenken wird jede Geschichtsphilosophie unmöglich, aber ohne irgendeine Art von Geschichtsphilosophie wird das Dasein insgesamt unbegreiflich.

Der Herr ist also Optimist, trotz all seines Jammerns?

Ja, so ist es. Zuinnerst bin ich ein Optimist, ein melancholischer Optimist, aber dennoch ein Optimist.

Was für ein schöner Sonntagmorgen! Im Hof der Kantstraße 154, tief wie ein Schacht, blühen noch einige Herbstastern zwischen den Mülleimern, der blaue Himmel liegt wie eine wunderbare chinesische Lackarbeit über dem Schacht, ein paar Spatzen hüpfen zwitschernd herum und der Hausmeister, Herr Eichhorn, der eigentlich Schüler in der Meisterklasse der Musikakademie ist, spielt am offenen Fenster ein Thema aus Monteverdis »L'Incoronazione di Poppea« auf der Clarintrompete. Ich möchte wissen, wie viele Menschen es auf der Welt geben mag, die die schwere Kunst beherrschen, die Clarintrompete zu blasen. Ich würde auf dreißig, höchstens vierzig tippen. Und dann hat man das Glück, einen davon zum Hausmeister zu bekommen.

Aus der Hintertür des chinesischen Restaurants, das auch auf unseren Hinterhof hinausgeht, riecht es schon nach dem Mittagessen, Soya und Huhn und Ingwer, ein Geruch, der mit keinem anderen verwechselt werden kann. Dann kommt der chinesische Koch heraus und wirft den Spatzen Brot hin, und die Clarintrompete steigt immer höher, in einem atemberaubenden Renaissanceornament.

Nach einer fast zehnjährigen Bekanntschaft mit dieser Stadt glaube ich manchmal, daß ich sie liebe, und das ist ja eigentlich sonderbar.

Bevor dieser blaue Himmel über der Innenstadt gegen Mittag durch die Abgase und die Schwefeldioxyde aus Hunderttausenden von Schornsteinen gelb geworden ist, möchte ich den Bus Nummer 19 zum Grunewald hinaus nehmen und in dem rötlichen, preußischen Herbstlicht an den vier Seen entlangspazieren, vom Hundekehlensee über den Grunewaldsee und den Schlachtensee zu der kleinen idyllischen Krumme Lanke. Es sind fünfzehn Kilometer, unterwegs kann man fünfhundert Hunden begegnen, und um diese Jahreszeit leuchtet das Laub wie Gold rings um das südliche Seensystem.

Das südliche Seensystem besteht aus Grundwasserseen, der Wasserstand wird durch ein kompliziertes System von Flutmesserstationen und Meßstöcken kontrolliert, brummende elektrische Pumpen nehmen Wasser aus dem großen Wannsee auf und schieben es durch eine Reihe von Pumpstationen das ganze Seensystem hinauf, bis zum Halensee.

Es ist mit anderen Worten ein Stück Natur, das mit Hilfe von Elektrizität und Pumpstationen an seinem Platz gehalten wird, aber daran denkt man ja nicht, wenn man dort entlanggeht. Das letzte Glied in der Kette ist eigentlich die kleine Talschlucht am

Willepark in Schöneberg, wo man um diese Jahreszeit gewöhnlich kleine Jungens und energische Väter sehen kann, die Drachen steigen lassen. Nicht viele Berliner wissen es, aber dieses Tal ist tatsächlich der letzte Teil des südlichen Seensystems, die Erde ist dort so sumpfig, daß man beim Bau der Schöneberger U-Bahnstation 1932 (im selben Jahr, als Mehring in der Linkskurve liquidiert wurde), gezwungen war, sie in einer Art Kasten über der Erdoberfläche zu bauen, und deshalb hat diese Station eine so sonderbare Glaswand zum Park hin.

Dieser Teil von Schöneberg war damals, 1932, natürlich ein schicker, ein sehr eleganter Bezirk, ist es teilweise heute noch, und ich kann mir vorstellen, welch einen Eindruck von Modernität, fortschrittlicher Architektur und technischer Kühnheit diese U-Bahnstation mit der Glaswand auf skandinavische Besucher der olympischen Spiele von 1936 gemacht haben mag.

Nur einen Steinwurf davon entfernt liegt übrigens Kurt Wegeners Antiquariat, wo du im Winter 1972 eine fast vollständige Sammlung der schwedischen Strindberg-Ausgaben gefunden hast, die Emil Schering bei seiner Übersetzung benutzt hat, mit allen Unterstreichungen und Fragezeichen Scherings. Die Streichungen sind auch darin.

Habent sua fata libelli, wie der Lateiner sagt. Oder: Bücher haben ihre Schicksale.

Die preußische Seenkette in ihrem Naturschutzgebiet, die mit diskret angebrachten Pumpstationen an ihrem Platz gehalten wird, erinnert mich an etwas, ohne daß ich so recht sagen kann, woran sie mich erinnert.

Sollen wir sagen, sie sei eine Metapher für die schwedische Literatur? Die Schwedische Akademie wäre dann der Halensee, der PEN-Club der Hundekehlensee, alle Schriftsteller, die in *Dagens Nyheter* rezensiert werden, der Schlachtensee und die Krumme Lanke, und die Schriftstellermassen im Schriftstellerverband wären der mütterliche Wannsee, aus dem das ganze Wasser die Steigung hinaufgepumpt wird. Ein seltsamer hydrologischer Prozeß!

Übrigens hat die Seenkette einen literarischen Eigenwert, der aus phantastischen Verbots- und Warnschildern besteht, die eine väterliche preußische Forstverwaltung hier und da im Wasser draußen angebracht hat.

Am oberen Ende der Krummen Lanke gibt es ein riesiges Schild:

»WINTERWARNUNG
Schlittschuhlaufen ist hier lebensgefährlich

SOMMERWARNUNG
Schwimmen ist hier lebensgefährlich«

Das ist hervorragend, es ist ein Klassiker, aber der Preis gebührt doch dem von Enten umschwärmten Schild im Schlachtensee, auf dem steht:

»SCHWIMMEN IST HIER FÜR NICHT-
SCHWIMMER BESONDERS GEFÄHRLICH«

Was für wundervolle Kurzgedichte könnte man nicht machen, wenn man verschiedene wichtige Verben für »schwimmen« einsetzte!

»DENKEN IST HIER FÜR NICHT-
DENKER BESONDERS GEFÄHRLICH«

Ich meine, Touristen, die hier durchrasen, merken es nicht, aber wenn man ein paar Jahre hier gewohnt hat, entdeckt man allmählich, daß Berlin eine *lustige* Stadt ist.

Tomas Tranströmer hat in diesem Herbst ein kleines Heft mit neuen Gedichten herausgebracht, und den ganzen Sonntagmorgen habe ich damit verbracht, mir auszudenken, was ich über sie schreiben könnte.

Der Dichter steht sehr deutlich vor mir, wenn ich seine neuen Gedichte lese, anspruchslos, liebenswürdig, intelligent. Tomas, Anfang der sechziger Jahre über die Sumpfwiesen bei Roxtuna wandernd, auf der Suche nach einer besonderen Art des delikaten Tintenpilzes, die nur dort wächst und zu der man keinen Alkohol trinken darf. Tomas, schmal, mager und konzentriert Rachmaninov spielend, daß es in der ganzen Wohnung widerhallt, immer mit einem kleinen, kleinen Unterton von Ironie in seinem Vortrag. Einer der wenigen wirklich guten Dichter meiner Generation. Ein großer Handwerker, ein Präzisionslyriker:

»Der Schleppkahn ist rostgefleckt. Was soll er
  hier, so tief im Landesinnern?
Er ist schwer, eine erloschene Lampe in der Kälte.

Die Bäume flammen in wilden Farben, Signale
    zum andern Ufer!
Als wollte jemand geholt werden.

Auf dem Heimweg sehe ich Tintenpilze
    die Grasfläche durchstoßen.
Hilfesuchende Finger von einem,
der lange geschluchzt hat, allein im Dunkel
    dort unten.
Wir gehören der Erde.

> (Skiss i oktober. Stigar. [»Oktoberskizze.
> Pfade.«] Stockholm 1973.)

Tranströmer ist bemerkenswert. Wenn man seine Gedichte
sorgfältig liest, entdeckt man, daß sie sich eigentümlich gleichge-
blieben sind, von den fünfziger Jahren an bis heute. Man meint
zu sehen, wie sie mit ungeheurer Intensität immerzu dasselbe
auszurichten versuchen.

Sie wollen *den Zustand vor dem Sündenfall* wiederherstellen.
Ich meine, man beobachtet darin immerzu, wie der Dichter, oft
mit der Hilfe von genial eingesetzten Metaphern, zu einer ur-
sprünglicheren Sensibilität zurückzufinden versucht, einer, die
eigentlich der Kindheit angehört. Ein Zustand, in dem die Farben
leuchtender waren, in dem die Wahrnehmungen *sinnvoller* erschienen als jetzt.

> »(– –) All das andere ist jetzt, jetzt, jetzt.
>   Die Gesetze der Schwerkraft,
> die uns hinunterdrücken,
>   tagsüber zur Arbeit und nachts
>   auf das Bett. Der Krieg.«

> (Decemberkväll -72. [»Dezemberabend«.]
> Ebenda, S. 17.)

Diese Haltung, dieses ganze Fluchtbedürfnis ist mir so vertraut,
daß ich meine, die Gedichte früher schon gelesen zu haben, auch
wenn sie neu sind. Vielleicht könnte man sagen, die Grundhaltung dieser Gedichte sei infantil, aber dann darf man dieses infantil nicht als etwas Herabwürdigendes auffassen – ich meine
nur, daß sie sich nervös und hartnäckig wie diese Tintenpilzwur-
zeln zu einem verlorenen Glückszustand zurücktasten.

Nicht unähnlich einem Sisyphus versucht der Dichter wieder
und wieder den steilen, entgleitenden Abhang einer Art innerer

Sandgrube emporzuklettern, hinauf zu etwas, das er zu fassen bekommen will, und immer wieder gleitet er ab.

Diejenigen, die sagen, diese Gedichte seien exklusiv, eigentümlich oder einzigartig, beweisen nur, daß sie ihren tiefsten Sinn nicht erfaßt haben.

Sie bilden den genauen, adäquaten Ausdruck eines Gemütszustands, der in unserer Kultur von allen der üblichste ist, eines Gemütszustands, dem ich in diesem ganzen langen Text nachgejagt bin.

Sie handeln von dem Zustand, der unter gesellschaftlichen Bedingungen und Lebensverhältnissen entstehen muß, die es den Menschen nicht erlauben, bei ihrer Arbeit Ruhe zu empfinden.

Woran denken die Fabrikarbeiterinnen, wenn sie am Fließband sitzen?

An das Gras, durch das sie als Fünfjährige gegangen sind? Daran, daß dieses Gras früher einmal stärkere Farben hatte? Daran, daß die großen schwankenden Bäume früher einmal allein schon in ihren Bewegungen etwas Sinnvolles hatten?

Woran denken die Zugreisenden im Morgengrauen, wenn sie da sitzen, ohne ein Buch oder eine Zeitung, mit abwesenden Augen vor sich hinstarrend?

Tomas Tranströmers Lyrik handelt von den *schmalen Rissen* in den Mauern eines von fremden Mächten okkupierten Alltags.

Sie drücken, möchte ich sagen, das Gefühl aus, daß etwas unser Leben okkupiert hat, sie drücken das eingeschlossene Freiheitsbedürfnis aus, das sich in Ermangelung von Hoffnung und in Ermangelung von Handlung nach innen wenden muß, zu den unterbewußten Schichten, wo es noch Farben gibt, wo die Kindheit ist.

Er bildet eine Leere sozusagen negativ ab, indem er vielmehr seine Versuche, ihr zu entfliehen, abbildet.

Taufrische marxistische Literaturkritiker haben das manchmal als Eskapismus bezeichnet, und es ist natürlich auch Eskapismus, aber daß diese Kritiker den eskapistischen Aspekt zum wichtigsten erheben, zeigt nur, daß sie die Bedeutung der dialektischen Philosophie nicht erkannt haben.

Das Wichtigste an diesem Dichter ist ja, daß er mit so großer Deutlichkeit zeigt, *was wir brauchen.*

Solche starre, irgendwie halbleere Augen, wie ich sie oft im Zug sehe, tauchen an einigen Stellen bei Baudelaire auf.

Das paßt ganz gut zusammen. 1857 kam »Fleurs du Mal« heraus, zu einem Zeitpunkt, als der französische Industrialismus Wirklichkeit zu werden begann. Da gibt es das Gedicht »Une Passante«, dem Benjamin eine so gigantische, liebevolle Analyse in seinem »Passagenwerk« widmet, mit diesem Erlebnis der *Volksmenge*, in der die Menschen kontaktlos aneinander vorübergehen.

1857. Drei Jahre zuvor hatte George Boole, Professor in Cork, Schottland, sein »Laws of thought« veröffentlicht und damit die Grundlage für die Booleanische Algebra geschaffen, jene Algebra, auf der die moderne Datenverarbeitung basiert. (Und die übrigens eine Vorgeschichte bei Leibniz hat, der sie durch Beschreibungen des »Buches der Wandlungen« kennenlernte, die von jesuitischen Chinabesuchern stammten.)

Ich habe Tranströmers Haltung eine »infantile« Haltung genannt, ohne darum ihn oder seine Lyrik ablehnen zu wollen.

Aber dieses Klettern den sandigen Steilhang hinauf, dieses ständige Bedürfnis, das zu überwinden, was Tranströmer »die Gesetze der Schwerkraft« nennt, die die Menschen zur Arbeit hinunterdrücken und sie abends müde aufs Bett drücken, diese Erfahrung, daß ein sinnvoller Augenblick immer *außerhalb* der gewöhnlichen Augenblicke liegen müsse, ist das *Symptom*. Daß das Leben sozusagen außerhalb des gewöhnlichen Lebens angesiedelt werden müsse.

Es wäre verlockend, hier noch von anderen Dingen zu reden.

Zum Beispiel von der Erotik.

Die erotische Beziehung zwischen den Menschen soll ja als Fenster dienen, als das einzige Fenster zum Leben, da sie beinahe das einzige Gebiet ist, das nicht von anderen okkupiert ist. Das führt natürlich zu einer ungeheuren Überlastung der erotischen Beziehungen, die Glückserwartungen werden auf ein Niveau hochgeschraubt, das unhaltbar ist. *Eine* einzige Form menschlicher Kommunikation soll all die Aufgaben erfüllen, die sich in einer klügeren, einer weniger entfremdeten Gesellschaft über ein ganzes Spektrum von menschlichen Kommunikationsformen verteilen würden.

Die ungeheure Intensität des (wenn du so willst) erotischen Tagtraums in dieser Gesellschaft ist ein Maßstab für die Fremdheit in ihrem Alltag.

Nun könnte man gleich hinzufügen, daß dieses erotische Fenster so besonders frei nun auch wieder nicht sei. Auch die Erotik wird allmählich in eine Ware verwandelt.

Die Liebe, so wie sie in Europa seit der Renaissance verstanden wird, läuft darauf hinaus, daß man zu fliegen versucht, mit dem Risiko, abzustürzen und sich das Genick zu brechen.

Nun gibt es eine Art von Propaganda, die besagt, daß man gefahrlos fliegen könne, wenn man einen Zentimeter über der Erde flöge. In diesem Abschnitt des Kurfürstendamms, einen Block weiter östlich, gibt es ein paar Schaukästen, in denen man Reklame für bemerkenswerte Massageapparate macht. Sie werden übrigens »personal vibrators« genannt.

Darüber könnte man ja nun eine Reihe von nicht gerade sauberen Witzen machen, aber ich habe nicht die geringste Lust, über sie zu scherzen.

Solche Scheußlichkeiten stellen in meinen Augen einen Angriff auf das Innerste des Menschen dar, sie rufen in mir die Vision von den toten Augen irgendeiner unmenschlichen Roboterzivilisation in einem Science-Fictionfilm hervor.

Sie sind ein Ausdruck äußerster Resignation.

Auch die erotische Liebe wird vom persönlichen Leben abgetrennt und in etwas verwandelt, das mit *Techniken* hervorgerufen werden kann. Sinnesreizungen, unpersönliche Nervenimpulse treten an die Stelle des erotischen »du«.

Wieder ein Markt! Bordelle mit gekachelten Wänden, toten Augen, Massageapparaten, ein Flug möglichst niedrig über der Erdoberfläche. Wo es überhaupt keine Liebe gibt, gibt es auch keine unglückliche Liebe.

Meine Kinder und ich pflegen über eine besonders gute *mousse au chocolat* zu scherzen, die Madeleine manchmal zum Sonntagsessen macht: daß man irgendwann einmal eine ganze Badewanne voll davon machen, sich dann ausziehen, gründlich duschen und hineinkriechen sollte.

Als Kinderspaß ist das lustig und ziemlich unschuldig. Als Metapher für den Zerfall der erotischen Tagträume in unserer Zeit wäre das Bild natürlich erschreckend. Aber darauf wollen sie hinaus! Flieg niedrig! Flieg niedrig! Dann tust du dir nicht weh.

Ich sitze hier und blättere in einer Sammlung von Georges Batailles Aufsätzen zur Erotik, die gerade auf Deutsch erschienen sind. Ihr Titel ist »Der heilige Eros«. (Übers. v. M. Hölzer. Frankfurt/M.: Ullstein 1974.)

Bataille ist natürlich so etwas wie ein Extremist der Erotik. Für sein Gefühl ist die Erotik immer etwas Lebensgefährliches, er ist fasziniert von Unterwerfung und Gewalt, er glaubt, bei Marquis de Sade eine große Wahrheit zu entdecken. Und im Geiste de Sades definiert er die Erotik folgendermaßen:

> »Von der Erotik kann man sagen, daß sie die Zustimmung zum Leben bis in den Tod hinein ist.«
>
> (Georges Bataille, a.a.O., S. 10.)

Das ist eine Definition, die an eine lange klassische Tradition anknüpft, wie du weißt; eine Tradition, die ihre Wurzeln bei de Sade hat, aber auch in den Debatten, an denen sich unter anderem der junge Hölderlin und der junge Hegel beteiligen, platonische Nebenströmungen der Philosophie des späten 18. Jahrhunderts.

Die Liebe bedeute den Tod, denn die Liebe schließe die Aufgabe des eigenen Ichs ein.

Das ist, wie sowohl Schiller als auch Hegel bemerkt haben (Siehe: Dieter Henrich: Hegel und Hölderlin. In: Hegel im Kontext. Frankfurt/M. 1971, S. 9–40) ein abenteuerlicher Gedanke.

Aber wieviel vernünftiger wirkt nicht diese sonderbare platonische Lehre von Freiheit durch Unterwerfung und Untergang, wieviel gesünder als diese Massenideologie, in der die Liebe zu etwas Ähnlichem wird wie die TV-Kassette!

Es gilt, erwachsen zu werden.

Auf fast jedem Gebiet führt die Freiheit heute einen Defensiv-Kampf, und es vergeht kein Tag, ohne daß man meint, einen neuen Abschnitt zu entdecken, wo die Front ins Wanken gerät.

Im Jahre 1968 sah es so aus, kam es einem so vor, als befände sich die Linke in der Offensive, als befände sich die alte Welt wirklich in einem Stadium der Erosion, wo sich Risse bilden.

Heute beginnen wir die Ansätze zu einem Europa der Gendarmen vom Ural bis Portugal zu sehen, wie du vor einigen Monaten in *Dagens Nyheter* geschrieben hast. (Jan Myrdal: »Stöd Sacharov!« [»Unterstützt Sacharov!«] DN, 22. 9. 1973.)

Daß Schweden, das so lange als eine Oase, als ein friedlicher kleiner Winkel der Welt betrachtet worden ist, wo Parlamentarismus, Demokratie und freie Presse noch einen Spielraum hätten, daß dieses Schweden sich jetzt rasch verändert, ist im Grunde genommen nicht verwunderlich.

Natura abhorruit vacuos,
die Natur verabscheut den leeren Raum, sagte man in der

Kindheit der Naturwissenschaften. Und es ist klar: was jetzt geschieht, ist, daß das Kontinuum sich schließt.

Es braucht nur noch ein paar IB-Affären (»Informationsbyrån« [IB]: der schwedische Geheimdienst – Anm. v. V. R.) und die öffentliche Meinung wird es als selbstverständlich erachten, daß Kritik an der Obrigkeit Landesverrat sei. Die meisten Zeitungen, die jetzt gegen eine Definition der Pressefreiheit protestieren, bei der Gesellschaftskritik der Spionage gleichkommt, werden ermüden. Stattdessen wird man gegen unterlassene TV-Reportagen von der Fußballweltmeisterschaft protestieren.

Du pflegst mich manchmal als liberal zu charakterisieren, linksliberal selbstverständlich. Meinetwegen, wenn ich nur den Liberalismus auf meine Art definieren darf.

Ich fühle mich nicht als Manchesterliberaler, und auch nicht als Sexualliberaler.

Das Liberale an mir besteht darin, daß ich mich weigere, ein *Anspruchsniveau* zu akzeptieren, wo die staatsbürgerliche Freiheit reduziert wird auf die Freiheit, über unterlassene Sportreportagen im Fernsehen zu berichten.

Der große Defensivkampf gegen die Gendarmen Europas, der jetzt begonnen hat, wird an vielen Fronten geführt werden, und der Ausgang ist mehr als ungewiß. Was die schreibenden Intellektuellen in diesem Kampf ausrichten können, ist ebenso ungewiß.

Aber ich stelle mir vor, daß es zu unseren wichtigsten Aufgaben gehören muß, zu zeigen, daß es eine Alternative gibt, daß es durchaus möglich ist, ein *Maximum*, nicht ein Minimum, vom Leben zu fordern. (Und das ist vielleicht letzten Endes der Grund, warum ich trotz allem eine anhaltende Irritation über die Gedichte meines alten Freundes Tranströmer empfinde: er versucht so viel aus einem *Minimum* zu machen.)

Es ist nicht selbstverständlich, daß sich das Zugabteil mit uniformierten Männern und Polizeihunden füllt, wenn du eine Grenze passierst. Es ist nicht selbstverständlich, daß du deine Religion, deinen Familienstand und deinen Ausbildungsstand angeben mußt, wenn das Statistische Zentralbüro Fragebögen verschickt. Es ist nicht selbstverständlich, daß du im Regierungsblatt als Querulant, als ichbezogener Exzentriker und wirklichkeitsfremder Paranoiker bezeichnet wirst, wenn du einen Artikel schreibst, um darauf hinzuweisen, daß die Behörden lügen. Akzeptiere das nie, nie als die gegebene Ordnung der Dinge.

Es gilt, erwachsen zu werden.

1969, im Dezember, als die Bergarbeiter im Grubenfeld von Kiruna die Abgase, den Lärm, die Silikose und die sonderbaren Ordnungsvorschriften satt hatten und zum größten Streik der letzten Jahre aus der Grube hervorkamen, hat man sie im Fernsehen interviewt.

Das werde ich niemals vergessen. Denn in ihrem Tonfall gab es eine ungeheure Veränderung. Sie redeten nicht mehr unbeholfen, sie blieben nicht mehr an dieser etwas infantilen, unvollständigen Syntax kleben, die man von einem Arbeiter erwartet. Sie hatten diese Rolle ganz und gar abgelegt.

Sie standen da und redeten. Und sie redeten wie erwachsene Männer.

Jan Myrdal
Sieh nur, wie der Pudel wächst!

Dieser Brief hat lange auf sich warten lassen. Es ist auch nicht genau die Antwort, über die ich vor drei Wochen mit dir diskutiert habe, als ich dich in Berlin anrief, um über das Betragen des Justizkanzlers zu reden. Da waren Gun und ich gerade wieder nach Hause gekommen. Noch standen wir der IB-Affäre abwartend gegenüber. Die letzten Wochen sind nun ganz ausgefüllt gewesen mit diesem Skandal, der sich immer mehr ausweitet. Aber meine Antwort hat nicht nur deshalb auf sich warten lassen, weil die IB-Affäre die andere Arbeit verdrängt hätte; diese Affäre hat jetzt begonnen, die gesamte Struktur zu verändern, in der wir arbeiten. Das geschieht viel schneller, als wir es im Sommer vorhersehen konnten, als wir darüber sprachen, wie dieses Buch herausgegeben werden könnte.

Tag für Tag verwandelt diese Affäre nun die schwedische Normalität. Der Alltag wird durchlässig. Er verwittert. Seine Konturen verwischen sich. Grundgesetz und Strafgesetz werden zu einer nachgiebigen, weichen und klebrigen Masse aufgelöst. In diesem kalten Brei von aufgelöster Normalität beginnen jetzt fremde Strukturen in die Höhe zu schießen. Sie zeichnen sich mit harten, schwarzglänzenden Flächen in spitzen Winkeln und scharfen Kanten vor dem Novemberhimmel ab.

Es ist ein sonderbares Schauspiel. Es ruft dasselbe Gefühl von Unwirklichkeit hervor wie ein Traum, in dem der Träumer in Eschers mit Treppen gefüllten Weltraum hineinwandert. Die Gestalt der Gesellschaft wird in unmögliche Figuren aufgelöst. Der Justizkanzler stellt das Grundgesetz auf den Kopf; die hohen Beamten setzen unter allgemeinem Knirschen Gesetze und Instruktionen außer Kraft; der Verbrecher Gunnar Ekberg wird an unbekanntem Ort im Ausland in einem Luxushotel gepflegt, während Jan Guillou in Långholmen gefangensitzt, in einer so strengen Isolation, daß die Gefängnisdirektion eingreift, wenn es jemand gestattet wird, »Augenkontakt« mit ihm aufzunehmen. Vor der Zellentür stehen Tag und Nacht zwei Wächter. Die Regierung verfängt sich im Grundgesetz, Minister Geijer stellt öffentlich Minister Lidbom bloß, um das Kabinett Palme von einem Verstoß gegen RF § 86 freizusprechen.

Ich sollte nach Borås fahren, um auf einer großen Veranstaltung von *Folket in Bild/Kulturfront* zu reden. Sie war eigentlich unter dem Thema Volkskultur angekündigt, aber jetzt müßte ich auch die Frage des Geheimdienstes und der Bedrohung unserer Sicherheit anschneiden. Kurz bevor die Veranstaltung begann, habe ich die wesentlichen Punkte meiner Rede mit den Tagungsleitern durchgesprochen. Während der Saal sich füllte, ging ich herum, um mit dem Publikum zu reden. Es war ein repräsentatives Publikum. Sowohl ganz junge Schüler wie alte Pensionäre. Da gab es Textilarbeiter und Hausfrauen, Studenten der Bibliotheks-Fachhochschule, Angestellte und Lehrer. Sie waren an diesem kalten Herbstabend hergekommen, weil sie beunruhigt waren über die Vorgänge in diesem Land.

In meiner Rede zog ich dann Hegel heran, um die Vorgänge im Schweden des Jahres 1973 begreiflich zu machen. Wie sich herausstellte, bereitete es diesem normalen Publikum in Borås nicht die geringsten Schwierigkeiten, die Hegelschen Analysen zu verstehen, die unsere hohen Vertrauensleute angeblich nicht kapieren können:

> »Es würde aber derjenige, der das, was in Deutschland zu geschehen pflegt, nach den Begriffen dessen, was geschehen soll, nämlich nach den Staatsgesetzen kennenlernen wollte, aufs höchste irren. Denn die Auflösung des Staates erkennt sich vorzüglich daran, wenn alles anders geht als die Gesetze.«
>
> (G. W. F. Hegel: Politische Schriften. Berlin: Akademie-Verlag 1970, S. 6.)

Hegels Analyse aus dem Jahre 1802 führt zu dem Schluß, daß das Deutsche Reich zwar existiere, aber keine Wirklichkeit besitze. Diese Analyse ist dann auch nachdrücklich von der Weltgeschichte bestätigt worden (diesem wirklich Jüngsten Gericht). Wohlgemerkt wird in Hegels Ausführung eine brauchbare Methode der Analyse beschrieben. Daß ich mich in meiner Polemik so gewissenhaft auf das Formalrecht berufe (was geschehen soll) und Paragraphen auf Paragraphen häufe, ist kein Zufall. Der Kaiser ist erst dann nackt, wenn man seine Worte ernst nimmt. Wer schon von vornherein das Formalrecht außer Kraft setzt (durch einen platten Materialismus), kann niemals den Zeitpunkt erkennen, an dem die Auflösung des Staates sich zu zeigen beginnt.

Natürlich hätte ich es vermeiden können, Hegel beim Namen

zu nennen. Ich hätte auch versuchen können, seine Sprache in die meine zu übertragen. Das habe ich aber nicht getan. Ich habe die Argumentation bis zu Hegel hingeführt, ihn beim Namen genannt, ihn mit Anführungsstrichen zitiert und Schlüsse gezogen. Denn ich respektiere mein Publikum. Zur Zeit führen viele regierungstreue Journalisten eine sonderbare Kampagne gegen »Intellektuelle«.

Diese Kampagne verdient Aufmerksamkeit. Sie ist gefährlich. Sie ist symptomatisch. Darin zeigt sich sowohl, wie die Loyalen jetzt auf eine intellektuelle Kritik gegen die korporative Macht reagieren, als auch, welcher Mittel sie sich zu bedienen bereit sind, um eine solche Kritik zum Schweigen zu bringen. Sieh dir Karl Frithiofsons gestrige Äußerungen an. Er hat eine politische Karriere gemacht. Er ist einen einträglichen Weg gegangen: vom Büro des Ombudmanns über das Sozialinstitut und den Staatssekretärposten zum Amt des Regierungspräsidenten und der Mitgliedschaft in der Akademie der Kriegswissenschaften, die unter der hohen Schirmherrschaft Seiner Majestät des Königs steht. Dieser Karl Frithiofson, der monatlich mehr verdient als der durchschnittliche schwedische »Kulturschaffende« pro Jahr, empört sich darüber, daß die verhafteten Schriftsteller Bratt und Guillou als »Elite« aufgetreten seien. Der Regierungspräsident meint, die 317 Schriftsteller, die gegen die Verhaftung protestiert haben, seien »unbesonnen« und »unglaubwürdig«. Und:

»Sie sollen nicht glauben, daß wir davon beeindruckt wären.«

Karl Frithiofsons »wir« sind also nicht beeindruckt, sondern warnen die Kulturschaffenden davor, daß »die Proteste auf sie selbst zurückfallen« und damit »die militante Haltung« verstärken werden,

»die schon jetzt bei den Kulturschaffenden vorhanden ist«.

(*Aftonbladet*, 2. 12. 73.)

Dieser Sozialdemokrat, der eine politische Karriere gemacht hat, drückt sich mit fast genau denselben Redewendungen aus wie seine Amtskollegen in der Tschechoslowakei Husaks oder im Frankreich Pompidous. Er ist in der Sowjetunion oder in den Vereinigten Staaten tätig; in Deutschland sowohl östlich wie westlich der Elbe; er kann sich als Gemäßigter oder als Sozialdemokrat, als Liberaler oder als Kommunist bezeichnen. Er bleibt Mitglied der Akademie der Kriegswissenschaften und erhält weiterhin sein hohes Gehalt.

Wenn Leute wie Karl Frithiofson mit Drohungen gegen die Intellektuellen ankommen, dann gilt es, die große Lüge ihrer Kampagne aufzudecken: daß nämlich die intellektuelle Kritik in einen Konflikt mit den Interessen des Volkes geriete. In demselben trüben Herbst, in dem Karl Frithiofson seine Erklärungen abgibt, kann ich in Borås demonstrieren, daß Hegel ein brauchbares und notwendiges Instrument für Textilarbeiter, Hausfrauen, Angestellte, Studenten und Rentner ist, die sich versammelt haben, um gemeinsam eine beunruhigende gesellschaftliche Wirklichkeit in den Griff zu bekommen.

Ich lese Olle Svensson. Das tue ich oft. Er hat sich nicht pensionieren lassen wie Karl Frithiofson, er ist noch mitten drin in der Karriere. Er ist Chefredakteur und Reichstagsabgeordneter, führt den Vorsitz im Ausschuß für Psychologische Verteidigung, ist Mitglied der Massenmedien-Kommission, die uns ein neues Grundgesetz bescheren soll, um unsere wirkliche Redefreiheit zu sichern. Er schreibt nicht nur, um sich an einer Kampagne zu beteiligen; er formuliert das neue Denken, das immer mehr die Struktur einer Ideologie annimmt.

»Die Hybris der Schriftsteller kommt u. a. darin zum Ausdruck, daß sie sich über die Köpfe der repräsentativen Vertreter hinweg an die Öffentlichkeit wenden.« (*Folket*, 13. 11. 73.)

Das ist neu! Hier schlägt die Auflösung in eine Struktur um. Ich glaube nicht, daß Olle Svensson sich dessen bewußt ist. Ich kenne ihn seit dreißig Jahren. 1944 bin ich von der Schule abgegangen. Nach verschiedenen Gelegenheitsarbeiten war ich bei *Värmlands Folkblad* gelandet. Ich wollte Journalist werden. Olle Svensson hatte ein Jahr zuvor sein Abitur gemacht, auch er war Volontär bei *Värmlands Folkblad*. In jenem Winter war er einberufen worden, leistete seinen Militärdienst. Aber er kam in die Redaktion, und wir redeten miteinander. Ein Bewußtsein davon, daß er eine neu strukturierte Ideologie formuliert, traue ich ihm nicht zu. Etwas derartiges brauchen wir auch gar nicht vorauszusetzen, um aus seinem Text eine Lehre zu ziehen. Der Text ist wichtig, Olle Svensson dagegen nur eine Pfeife, durch die der Zeitgeist bläst.

Der Text ist brauchbar. Aber er muß ernst genommen werden. Es reicht nicht, einfach zu notieren, daß Olle Svensson – psychologischer Verteidiger und Zentrumsdemokrat – noch einen Schritt weitergegangen ist. Denn darin, daß er das in aller Form getan hat, zeigt sich das Neue seiner Ideologie. Die Grundsätze der Pressefreiheit – und damit auch ihre Doppeldeutigkeit –, die seit Milton und den großen bürgerlichen Revolutionen bestanden haben, sind ausgelöscht worden. Das souveräne Volk ist in eine Öffentlichkeit ohne politische Wirklichkeit umgewandelt worden, hervor tritt stattdessen ein Beamtenstaat der repräsentativen Vertreter. Wie du siehst, ist es in dieser Situation unser großes und unverzeihliches Verbrechen, daß wir lästerlich handeln (crimen laesae majestatis divinae), indem wir die »Öffentlichkeit« auf eine Weise ansprechen, die die Würde der höchsten politischen Existenz (»der repräsentativen Vertreter«) untergräbt. Ganz zutreffend wendet Olle Svensson das Wort »Hybris« auf unser Verbrechen an.

Um die Verachtung für das Volk (die Gegenüberstellung von »Öffentlichkeit« und »repräsentativen Vertretern«), die das Denken dieses Reichstagsabgeordneten prägt, voll und ganz zu verstehen, mußt du bedenken, daß die politische Demokratie in Schweden nur schwach verwurzelt ist. Als Finnland noch ein Großherzogtum unter der Herrschaft des Zaren war, gelang es diesem Volk, eine politische Freiheit zu erobern, die in Schweden undenkbar gewesen wäre. Es sollte noch sechzehn Jahre dauern; es brauchte einen Weltkrieg, Revolutionen in Rußland, Deutschland und Ungarn und die offene Drohung eines schwedischen Bürgerkriegs, bis ein vor Schreck gelähmter Reichstag genötigt war, dem schwedischen Volk das Wahlrecht zu geben, das der Zar dem finnischen Volk schon im Jahre 1906 hatte geben müssen. Der schwedische Liberalismus war allzu schwach und jämmerlich, um die Frage der politischen Demokratie voranzutreiben. In den Jahrzehnten vor dem Ersten Weltkrieg war Schweden eine autoritäre und konservative Enklave in Europa. Nicht nur im Vergleich mit Australien und den Vereinigten Staaten erschien Schweden als ein Relikt, auch verglichen mit unseren Nachbarländern Norwegen und Finnland trat die altertümliche, autoritäre Struktur unseres Staates deutlich hervor.

Die schwedischen Sozialdemokraten waren ebenso jämmerlich wie die Liberalen; der Kollaps der offiziellen schwedischen Sozialdemokratie erfolgte nicht *nach* dem Zusammenbruch der offiziellen deutschen Sozialdemokratie; in Schweden kollaboriert Branting auf eigene Faust, noch bevor die deutsche Sozialdemokratie aufgegeben hat. Schon am 1. August 1914 sagt Hjalmar Branting in einer Rede in Kisa:

»Angesichts der Bedrohung durch den Krieg müssen die inneren Auseinandersetzungen eines Volkes, wie sehr sie sich auch infolge der Klassengegensätze verschärfen könnten, vorläufig zurückgestellt werden.« (Zit. nach Bäckström: Arbetarrörelsen i Sverige, II. Stockholm: Arbetarkultur 1963, S. 248.)

Über das klägliche Rechtsregime, das aus dem Borggård-Putsch hervorgekrochen kam, schrieb Hjalmar Branting am 1. 8. 1914 in *Socialdemokraten*:

»Glücklicherweise können wir der Gewißheit Ausdruck geben, daß unsere jetzige Regierung in ihrem schweren Amt nach einer klaren und ungeheuchelten Neutralität streben muß. Darin hat sie unsere volle Unterstützung, und solange diese Politik verfolgt wird, soll Schweden in der Krise, der unser Erdteil wohl kaum entgehen wird, nach außen hin wie ein Mann dastehen.« (Hjalmar Branting: Tal och skrifter, V. Stockholm: Tiden 1927, S. 292.)

Es ist diese Tradition, die durch Olle Svensson weht und seine Worte formt. Du hast eine ganze Menge über den eigentümlichen Charakter des schwedischen Staatsapparats geschrieben. Es könnte der Mühe wert sein, sich einmal anzuhören, wie der zentrale schwedische Staatsapparat sich einem ausländischen Publikum präsentiert, ohne den Umweg über einen sozialdemokratischen Chefredakteur zu nehmen:

»Im Gegensatz zu vielen anderen Ländern, insbesondere denen der angelsächsischen Welt, hat Schweden sehr lange einen umfangreichen zentralen und lokalen Verwaltungsapparat gehabt. Trotz der großen Veränderungen der modernen Zeit ruht dieser Verwaltungsapparat immer noch in vielem auf den wichtigsten Organisationsänderungen, die während des frühen 17. Jahrhunderts vorgenommen wurden. Das charakteristische Kennzeichen dieser Organisation ist darin zu sehen, daß die meisten zentralen Verwaltungsbehörden nicht direkt einem Minister oder Ministerium unterstellt sind.« (Tatsachen über Schweden: Gesetzgebung und Rechtspflege in Schweden. Stockholm: Schwedisches Institut 1971, S. 4.)

Das Vorgehen von Oberstaatsanwalt Robèrt in dieser IB-Affäre muß einem normalen Engländer oder Franzosen unverständlich bleiben, solange er nicht die Tradition und den Aufbau des eigentümlichen schwedischen Staatsapparats studiert hat und die ungewöhnliche Macht der schwedischen Staatsanwälte, den mangelhaften Schutz der persönlichen Rechtssicherheit in Schweden kennt.

Der Staatsapparat ist nicht nur alt, stabil und im Besitz einer bemerkenswerten Selbständigkeit gegenüber der Regierung, er rekrutiert sich auch auf eine besondere Art:

> »Schließlich sei noch erwähnt, daß Richter und höhere Verwaltungsbeamte – wie im übrigen auch Staatsanwälte, höhere Polizeibeamte und Rechtsanwälte – die gleiche akademische Ausbildung haben.« (ebenda, S. 3.)

Diese Bürokratie von Generalisten hat bereits eine Entsprechung gehabt, den Indian Civil Service:

> »Dies führte zur Entstehung einer starken Bruderschaft – eines *corps d'élite* – die von der geschlossenen Hierarchie einer Beamtenaristokratie gebildet wurde. Man nannte sie treffend die neuen Brahmanen von Indien, da sie denselben Anspruch auf intellektuelle Überlegenheit und gesellschaftliche Vorherrschaft erhoben, was unvermeidlich auch dieselbe Beschränktheit und Arroganz zur Folge hatte.« (R. C. Majumdar: British paramountcy and Indian renaissance, II. Bombay 1965, S. 411.)

Der Korpsgeist, den der Justizkanzler und der Justiz-Ombudsmann, der Generalstaatsanwalt, der Polizeipräsident, die Führungsspitze der Sicherheitspolizei und die übrigen hohen Beamten, die in den IB-Skandal verwickelt waren und es noch sind, nach außen hin den Bürgern demonstriert haben, trotz erbitterter innerer Auseinandersetzungen, kann am besten nach dem Muster der Konflikte um den I.C.S., The Indian Civil Service, in den ersten Jahrzehnten dieses Jahrhunderts erklärt werden. Für die schwedische Bürokratie gilt dasselbe wie damals in Britisch-Indien, daß nämlich:

> ». . . eine straff organisierte Verwaltung . . . den stärksten Anstoß zur Forderung nach Reformen gibt.« (ebenda, S. 409.)

Die jetzigen Gesetzwidrigkeiten in der IB-Affäre sind systematisch, zweckmäßig und wirkungsvoll, nicht willkürlich, zufällig und privat. Auch wenn die Bürokratien die Ihren so lange wie möglich in Schutz nehmen, selbst wenn diese gesetzwidrig handeln (erinnere dich an den Stockholmer Amtsrichter Lundquist), sind sie doch Kasten und keine Cliquen.

Es gibt jedoch einen entscheidenden Unterschied zwischen

dem I.C.S. und der hohen schwedischen Beamtenwelt. Du denkst vielleicht, ich wolle damit auf den nationalen Charakter der Bürokratie anspielen. Der I.C.S. war ja als Instrument der britischen Herrschaft über die Inder geschaffen worden. Diese Frage ist jedoch nicht entscheidend. In der britischen Zeit kämpfte das »gebildete Indien« für das Recht, sich beim I.C.S. zu bewerben, und als dieses Ziel erreicht war, zeigte es sich, daß die in Indien gebürtigen Verwaltungsbeamten ebensogut funktionierten – oder ebenso schlecht, wenn man es andersherum betrachtet – wie die gebürtigen Engländer. Sie kleideten sich schließlich auch genauso, redeten genauso, traten genauso auf und – handelten genauso wie diese. Die Engländer haben den indischen Subkontinent vor einem Vierteljahrhundert verlassen, aber noch immer funktioniert ihr Staatsapparat in Pakistan ebenso wie in Indien. Auch für den schwedischen Staatsapparat ist es nicht entscheidend gewesen, daß er zeitweilig aus Deutschen und gemischtem baltischen Adel bestanden hat. Nun stellen jedoch die Überreste des I.C.S. eine Bürokratie im Verfallszustand dar, während der schwedische zentrale Staatsapparat nach dreieinhalb Jahrhunderten keinerlei Symptome der Zerrüttung zeigt.

Denn es ist eine Besonderheit der zentralen schwedischen Verwaltung, daß sie fähig ist, Leute aufzusaugen und zu kooptieren, die für ihre Stellung hätten bedrohlich werden können. Karl Frithiofson kämpft als Jungsozialist und Maler für Gerechtigkeit, Gleichheit und Brot. Bei diesem Kampf steigt er vom Büro des Ombudsmanns auf, und als er sich den Posten nähert, von denen er erklärt hat, er könne darin etwas für die vielen ausrichten, die ihn emporgetragen und damals geglaubt haben, er meine es ernst, wird er mit allerlei Auszeichnungen, Vergünstigungen und Einkünften ausgestattet und von der hohen Beamtenwelt kooptiert, deren Tradition und Ideologie er übernimmt. Durch seinen Mund reden jetzt vierzehn Generationen des schwedischen Amtsadels zum Volk herab. Die hohe schwedische Verwaltung hat nämlich nun einmal gelernt, was weder der I.C.S. noch der Herrgott begreifen konnten. Wenn:

».. . Adam ist geworden wie unsereiner, und weiß, was gut und böse ist« (1. Mose, 3:22.)

soll er in Gnaden aufgenommen und keineswegs vertrieben werden, sondern vielmehr als treuer Wächter am Tor des Gartens Eden stehen,

». . . mit dem bloßen, hauenden Schwert, zu bewahren den
Weg zu dem Baum des Lebens.« (1. Mose, 3:24.)
und da steht nun der Bauer Anderssons Kalle, herausgeputzt für
die Königliche Provinzialregierung in Mariestad, und verteidigt
die Herren und ihre Rechte gegen das Pack und die Kultur.

Zurück zu Olle Svensson. Für diesen Vorsitzenden des Aus-
schusses für psychologische Verteidigung existieren keine gesellschaftlichen Mächte mehr. Er bringt nicht nur die traditionelle
schwedische Beamtengesinnung zum Ausdruck; Olle Svenssons
Worte strukturieren sich zu einer neuen Ideologie:

»Die Hybris der Schriftsteller kommt u. a. darin zum Ausdruck, daß sie sich über die Köpfe der repräsentativen Vertreter hinweg an die Öffentlichkeit wenden.«
Denn die Tradition der schwedischen Zentralverwaltung hat zu
ihrer eigenen Auflösung geführt. Im Herbst 1973, als die verschiedenen Zweige der Verwaltung schließlich anfingen, einander in den Rücken zu fallen, um ihre privaten Positionen zu
schützen, und als offenkundig wurde, daß hohe Beamte ihre Politik auf die Berichte mythomanischer Denunzianten gegründet
hatten, ohne auch nur notdürftig die Angaben zu überprüfen, die
sie als Grundlage für ihre Arbeit benutzten, und als jeder Tag
neue und unverändert peinliche Enthüllungen brachte, da zeigte
es sich, daß gerade die Maßnahmen, die die Verwaltung traditi-
onsgemäß zu ihrer eigenen Verteidigung traf, schließlich ihre
Position untergraben hatte.

Machtstrukturen beruhen nicht auf einem lose zusammenge-
würfelten Cliquenwesen. Ideologien sind falsches Bewußtsein;
wenn ihre Falschheit offenkundig wird, können sie nicht mehr
als Legitimation dienen. Die Struktur bedarf einer ideologischen
Legitimation, um zusammenzuhalten. Die traditionelle schwedische Verwaltungsideologie ist ja nicht unbekannt. Unbestech-
lichkeit, Redlichkeit; Gott und die Gesetze:

»Das Recht zu schützen, zu verteilen schwerer Bürden Last,
das hat er sich zur heilgen Pflicht gemacht,
und darum war sein Tag auch ohne Rast,
und ohne Schlaf war seine Nacht.
So saß er einmal in dem Amtsgemach,
nur er, und zwei von seinen Sekretären;
. . .

Da stand Wibelius vor dem Richtertisch,

darauf lag unser schwedisches Gesetz.

. . .

Hier ist noch Sicherheit, die keine Waffen braucht,
unser Gesetz, der große Schatz in Freud und Leid;«

(J. L. Runeberg: Landshövdingen ur Fänrik Ståls sägner.
[»Der Landeshauptmann aus den Erzählungen des Fähnrich
Stål.«] In: J. L. R.: Saml. Arbeten, Bd. 3. Stockholm: Bon-
niers 1921, S. 174–176.)

Daß derselbe Beamte anders aussehen konnte, wenn er sich nicht
selbst bespiegelte, sondern von den Leuten betrachtet wurde, denen er der Bürden Last auferlegte, verhindert nicht, daß diese
idealisierte Selbstbespiegelung stabilisierend wirkte. Im Laufe
der Jahrhunderte veränderte das schwedische Beamtenkorps natürlich seine ideologische Legitimation. Aber aus einem Selbst-
erhaltungstrieb heraus hielten sie die Tradition aufrecht; sie
haben niemals mit ihrer ideologischen Tradition gebrochen.
Wenn Oxenstierna die Göttin der Geschichte und das Postament
Gustav II. Adolfs verließe und auf schweren Bronzefüßen über
die Brücke zur Altstadt und den Amtsgebäuden hinüberwan-
derte, so ginge da ein konservativer und altertümlicher – aber
völlig verständlicher und respektabler – Beamter aus der schwedischen Beamtenwelt.

Um ihre Position zu schützen, hat diese schwedische Beamtenwelt alle aufgenommen, die ihr bedrohlich werden konnten.
Jetzt steht nicht Wibelius im Amtszimmer der Residenz; jetzt
steht dort Karl Frithiofson. Was sie unterscheidet, ist nicht der
Wille, das Bestehende zu schützen; was sie unterscheidet, ist
auch nicht die formale Ausbildung. Frithiofsons intellektuelles
Gepäck ist schwerer als das, welches Wibelius mitgegeben
wurde. Aber obwohl vierzehn Generationen Amtsadel aus
Frithiofsons Mund sprechen, steht er der Tradition gleichgültig
gegenüber. Durch ihn spricht die Macht ohne Legitimität.

Olle Svensson und Karl Frithiofson sind typische Gestalten.
Aber sie konnten nur von der Situation hervorgebracht werden,
die entstand, als Brantings Rechtstendenz sich in der Arbeiterbewegung durchsetzte und die Arbeiterklasse nicht als eigenstän-
dige Klasse handeln konnte, sondern zur Zusammenarbeit mit
anderen Klassen gebracht wurde. Während die großen Worte
verklangen und die Fahnen zu Dekorationsstücken wurden, prä-

sentierte sich die sozialdemokratische Organisation als Verwaltung. Ihre Ombudsmänner wurden zu Beamten. Sie beteiligten sich an den Anstrengungen, Schweden leistungsfähig zu machen.

Konkret bedeutete das, daß die sozialdemokratische Partei zu der politischen Organisation wurde, die die Interessen des Großkapitals am besten vertrat. Schweden entwickelte sich zum erfolgreichsten kapitalistischen Staat der Welt. Zur Operationsbasis für spezialisierte multinationale Konzerne. Schweden ist ein kleines Land, aber es gehört zu den raubgierigsten kapitalistischen Staaten. Ein solches raubgieriges kapitalistisches Land, das als Operationsbasis für multinationale Monopole dient, dessen Auslandsinvestitionen prozentual betrachtet größer sind als die der Vereinigten Staaten, das mit die mächtigste Luftwaffe von Europa besitzt, dessen Geheimdienst ebenso an den Stränden des Mittelmeers wie an denen des Indischen Ozeans tätig ist und seine Informanten sowohl in der sibirischen Tundra wie in den südamerikanischen Anden hat, ist kein unschuldiger kleiner Wohlfahrtsstaat, kein Volksheim mit roten Wänden und weißen Ecken, wo man an einer hausbackenen Mischung aus Marktwirtschaft und Planwirtschaft herumbastelt. Es ist ein leistungsfähiger imperialistischer Staat, klein und gierig wie eine Piranha.

Diese Wirklichkeit erklärt – und erfordert – die öffentliche Lüge. Allende ist unser Freund, und wir beschlagnahmen sein Kupfer, und wenn er gestürzt ist, öffnen wir den Überlebenden unsere Grenzen. Es ist eine dreifache Absicherung, die uns unsere Exportindustrien garantiert, was immer geschehen mag. Ein kleines raubgieriges Land muß im Kopf haben, was es nicht in den Beinen hat, muß die Zunge benutzen, wenn es nicht genug Muskeln hat.

Olle Svensson und Karl Frithiofson gehören einer späten Generation von Funktionären an. Sie haben ihre Aufgaben innerhalb des Apparates übernommen, als er schon auf Hochtouren lief. Sie haben beide ihre Karriere in der Nachkriegszeit gemacht. In diesem Herbst ist es immer offenkundiger geworden, daß die hohe Bürokratie – dieses Skelett der schwedischen Leistungsfähigkeit – sich in einer Krise, in einem Zustand beginnender Auflösung befindet. Dem schwedischen Staatsapparat ergeht es nun allmählich wie dem Deutschen Reich zu Anfang des 19. Jahrhunderts – eine Existenz ohne Wirklichkeit. Es ist offensichtlich, daß gerade die Methoden, die den Staatsapparat so lange geschützt und ihn vor Umwälzungen und Zerfall bewahrt haben, jetzt zu seiner Auflösung beitragen. Die neuen großen Gruppen vom Typ Karl Frithiofsons und Olle Svenssons, die von der hohen Verwaltung kooptiert werden, haben die innere Struktur dieser Verwaltung so verändert, daß ihre Ideologie gesprengt worden ist und sie allmählich ihre Legitimität und Identität verliert und von inneren Krisen geschüttelt wird.

Nun stellt sich die Frage, warum ein Staatsapparat, der dreihundertfünfzig Jahre lang Neulinge hat assimilieren können, gerade jetzt in Schwierigkeiten gerät. Das liegt nicht an der sozialen Herkunft der Neulinge. Es ist auch nicht so, daß diese neuen Gruppen sich als Gegner der historischen Legitimität empfänden; für sie ist diese historische Legitimität überhaupt nicht existent. Sie stehen dieser Tradition fremd gegenüber. Um diese Fremdheit deutlich sichtbar zu machen, habe ich mich für ein formelles Vorgehen entschieden und Olle Svensson beim Wort genommen. Denn diese Fremdheit ist etwas Neues.

Du könntest natürlich einwenden, daß Olle Svensson kein Denker sei und daß ich einen sehr niedrigen Maßstab angelegt hätte, als ich mich für ihn entschied. Aber du darfst Olle Svensson nicht unterschätzen. Wenn er sich weigert, zuzugeben, daß er mit seinen Formulierungen eine Ideologie strukturiert, so ist das keine Dummheit. Er ist repräsentativ. Aber ich gebe zu, daß der Maßstab niedrig ist. Es ist auch nicht gerade inspirierend, ein Denken zu analysieren, dessen Grundhaltung auf einem ahistorischen Anti-Intellektualismus beruht. Aber es ist notwendig. Denn wenn du einen höheren Maßstab anlegst, wird das Verhalten der hohen Beamtenwelt in diesem Herbst auf einmal unmöglich. Dann zerfallen die Handlungen des Justizkanzlers, des Generalstaatsanwalts, des Justiz-Ombudsmanns, des Oberstaatsanwalts, der Präsidenten der Sicherheitspolizei und der Reichspolizei, des Justizrates und des Ministerrates und der Mitglieder des Verteidigungsausschusses in zusammenhanglose Abfolgen von absurden Gesten, in eine unbegreifliche, aber offenbar schlüpfrige politische Pantomime.

Dieser Fremdheit und dieser ahistorischen Illegitimität fehlt es natürlich nicht an historischer Tradition. Man könnte es so ausdrücken, daß Olle Svensson eine rückwärtsgewandte Utopie sei. Die Forderungen, die er zum Ausdruck bringt, sind in aller Schärfe im Jahre 1516 von Thomas Morus in »Utopia« formuliert worden:

»Dabei wird Vorsorge getroffen, keine politische Entscheidung zu treffen, über die nicht drei Tage vor dem Beschluß im Senat verhandelt ist. Außerhalb des Senats oder der Volksversammlungen über öffentliche Angelegenheiten zu beraten, gilt für ein todeswürdiges Verbrechen.« (Thomas Morus: Utopia, übersetzt von G. Ritter. Berlin 1922. Fotomechanischer Nachdruck, Darmstadt: Wissenschaftliche Buchgesellschaft 1964, S. 48.)

Thomas Morus jedoch – Humanist und Ratgeber Heinrichs VIII., ein Olaus Petri, der tatsächlich verurteilt und auch hingerichtet wurde – formuliert dies vor dem Aufstieg der Bourgeoisie. In seinem praktischen Handeln ist er selbst an der Arbeit beteiligt, die Staatsgewalt zu schaffen, die dann ein Oxenstierna in Schweden zu der Verwaltung weiterentwickelt, die noch heute hier in unserem Land besteht. Du könntest sagen, diese Staatsgewalt sei eine verwirklichte Utopie. Denn sowohl in seiner Utopie als auch in seinem politischen Handeln versucht Thomas Morus, durch eine neue Staatsordnung die immer schrecklicher werdende Wirklichkeit im damaligen England zu bewältigen:

> »Damit also ein einziger Prasser, unersättlich und wie ein wahrer Fluch seines Landes, ein paar tausend Morgen zusammenhängendes Ackerland mit einem einzigen Zaun umgeben kann, werden Pächter von Haus und Hof vertrieben: durch listige Ränke oder gewaltsame Unterdrückung macht man sie wehrlos oder bringt sie durch ermüdende Plackereien zum Verkauf. /. . ./ genügt doch ein einziger Schaf- oder Rinderhirt, um dasselbe Land mit seinen Herden abzuweiden, zu dessen Anbau als Saatfeld viele Hände benötigt werden!« (ebenda, S. 18.)

Die ursprüngliche Akkumulation war ein gewalttätiges, blutiges Stadium:

> »Das Vorspiel der Umwälzung, welche die Grundlage der kapitalistischen Produktionsweise schuf, ereignet sich im letzten Drittel des 15. und den ersten Dezennien des 16. Jahrhunderts. Eine Masse vogelfreier Proletarier ward auf den Arbeitsmarkt geschleudert . . . Den unmittelbaren Anstoß dazu gab in England namentlich das Aufblühn der flandrischen Wollmanufaktur und das entsprechende Steigen der Wollpreise. Den alten Feudaladel hatten die großen Feudalkriege verschlungen, der neue war ein Kind seiner Zeit, für welche Geld die Macht aller Mächte. Verwandlung von Ackerland in Schafweide ward also sein Losungs-

wort . . . Was das kapitalistische System erheischte, war . . . servile Lage der Volksmasse, ihre eigne Verwandlung in Mietlinge und Verwandlung ihrer Arbeitsmittel in Kapital.« (Das Kapital I. MEW 23, S. 745–748.)

Das Stadium, in dem wir uns vierhundertfünfzig Jahre danach befinden, ist nicht weniger gewalttätig und blutig. Wir erleben den weltweiten Untergang des Systems, das sich damals herauszubilden begann. Wenn ein Olle Svensson heute dieselben Formulierungen durchläuft, die Thomas Morus angesichts der Probleme des beginnenden 16. Jahrhunderts ausarbeiten mußte, so ist dies keine Wiederholung. Es sind die Probleme unserer Gegenwart, die einen Olle Svensson dazu zwingen, eine Legitimation für sich und die Seinen mit Hilfe von Formulierungen zu suchen, die aus der Periode stammen, die der Entstehung der schwedischen Verwaltung vorausging. Dieser Versuch, die »repräsentativen Vertreter« zu legitimieren, macht zugleich die historische Legitimität des Staates (der repräsentativen Vertreter) zunichte.

Siehst du, wie der Pudel wächst? Denn gerade hier wird es möglich, die sonderbare Fremdheit Olle Svenssons in den Griff zu bekommen und zu sehen, was sich dahinter verbirgt. Schweden ist nicht ein zweites England vor fünfhundert Jahren. Unser Land ist jetzt ein voll entwickeltes kapitalistisches Land. Aber der Kapitalismus befindet sich in einer schweren Krise.

Bezeichnend für den schwedischen Kapitalismus ist sein extremer Monopolismus. Nun geht dieser in die neuen Formen des Monopolkapitalismus über; er verschmilzt mit dem Staat – benötigt alle Mittel des Staates, um zu überleben. In diesem IB-Herbst hat sich die schwedische Zementindustrie in EUROC zusammengeschlossen. Das ist ein totales (100%) Monopol. Aber zu den Aktionären dieses Monopolunternehmens gehören auch der Staat und der Verband der Bauarbeiter durch BPA (»Bauproduktion AG«). Das ist nichts spezifisch Schwedisches. Die gesamte kapitalistische Welt bewegt sich in derselben Richtung, aber Schweden ist auf diesem Weg schon weit gekommen. Es ist die innere Krise des Kapitalismus, die den Staatskapitalismus hervorbringt. (Letztlich das Gesetz des tendenziellen Absinkens der Profitrate.) Diese Entwicklung wurde durch die Niederlagen des Imperialismus und den Zerfall des kapitalistischen Weltsystems beschleunigt. Wie diese Krise früher den Imperialismus und den Kampf um Märkte und Rohstoffquellen vorangetrieben hat, so verstärkt sie sich jetzt nur umso mehr, da die Märkte schrumpfen und die Völker ihre Rohstoffquellen selbst in Besitz nehmen.

Dadurch erklärt sich auch die tiefgehende Krise des schwedischen Staatsapparates. Die Selbständigkeit der schwedischen Staatsgewalt ist ja nur eine Ideologie gewesen, keine Wirklichkeit. Der schwedische Staat ist ein Klassenstaat gewesen wie jeder andere. Aber bei dieser Fusion von Monopolkapital und Staat, die jetzt stattfindet, verändern sich die Rollen, und diese Veränderung ist selbst eine treibende Kraft bei der Herausbildung eines staatsmonopolistischen Kapitalismus. Blindlings und unbewußt formuliert Olle Svensson die gesellschaftlichen Forderungen der neuen bürokratischen Schichten. Sie schneiden die Frage nach der Macht über den Mehrwert an. Diese neue Bürokratie verschmilzt in einem staatskapitalistischen Schweden mit den Repräsentanten des Monopolkapitals zu einer neuen herrschenden Klasse besonderer Art. Dies ist die große Revolution, die jetzt durchgeführt wird und sich gespenstisch und schattenhaft in der offiziellen Politik und in den unterschiedlichen Gesten des offiziellen Schwedens spiegelt. Wenn du die Fremdheit Olle Svenssons so in den Griff bekommst, wird plötzlich die ganze absurde Pantomime dieses Herbstes zu einem verständlichen, logisch konstruierten Schauspiel.

Eine Warnung nur! Bedenke, daß dies ein Klassenkampf ist, der nicht den Sturz der herrschenden Klasse zur Folge hat. Die Vertreter des Monopolkapitals verschmelzen mit der neuen Bürokratie. Die Monopolisierung schreitet in immer rascherem Tempo fort, immer größere Gruppen von Kleinkapitalisten werden enteignet, und damit wird ihnen auch ihre gesellschaftlich-politische Macht entzogen. Es ist auch nicht so, daß Klassenfragen als genetische Fragen behandelt werden müßten. Daß die Klasse mit der biologischen Elternschaft zusammenhinge, ist eine ideologische Vorstellung.

Das Osmanische Reich im 15. und 16. Jahrhundert bietet aufschlußreiche Beispiele dafür. Seine Herrscher verfügten über die perfekteste Eroberungs- und Okkupationsmaschinerie jener Epoche. Die Macht der Osmanen gründete sich auf das Eigentumsrecht an Grund und Boden. In den Ländern, die sie eroberten, übertrugen sie das Eigentumsrecht an Grund und Boden – ohne Rücksicht darauf, wer es besaß – auf den Sultan. (Dies im Prinzip. Es wurden Ausnahmen gemacht.) Der Sultan verlieh den Boden als persönliche Dienstlehen, militärische und zivile. Das Lehen war an den Dienst gebunden, es war weder erblich noch käuflich. Wer seinen Dienst vernachlässigte, konnte sein Lehen verlieren.

Die Bauern hatten das Recht, den Boden zu bewirtschaften. Sie hatten dieses Recht nur solange, wie sie den Lehnsherren bezahlten und ihre Pflichtarbeit ausführten.

Im Namen des Sultans war also der wirkliche Herr über Grund und Boden die osmanische Feudalklasse als Kollektiv. Doch diese osmanische Feudalklasse rekrutierte sich selbst. Die unterjochten Bauern hatten auch eine Blutsteuer zu entrichten: sie mußten den Osmanen Kinder überlassen, die in besonderen Kasernen erzogen werden konnten. Diese wurden zu den treuesten Schützern des Osmanischen Reichs. Das Herrschen war keine Frage der Genetik. Erst als die »Türken« eine Nation bilden, löst diese Ordnung sich auf.

Anderssons Kalle ist nicht von einer osmanischen Feudalklasse rekrutiert worden, die im Namen des Sultans kollektiv den Boden besitzt; er ist von einer staatlichen Bürokratie rekrutiert worden, die, fusioniert mit dem Monopolkapital, den Kampf um die volle Macht über den Mehrwert im staatsmonopolistischen Kapitalismus aufgenommen hat. Es ist möglich, daß der Besitz dieser Macht sich als »schwedischer Sozialismus« legitimieren wird. Aber es ist ebenso möglich, daß er sich mit Bezeichnungen wie »Wohlfahrtsstaat« oder »konservativer Humanismus«, oder »liberal-soziale Einstellung« schmücken kann, oder was sonst gängig sein mag. Worte ändern nichts an der Sache.

Gestern habe ich ein Buch aus Finnland bekommen. Freund N.-B. Stormbom aus Helsinki schickte mir seine neue Essaysammlung »Pejlingar« (»Peilungen«). Es schließt mit einem langen, neugeschriebenen Kapitel, das bisher noch nicht veröffentlicht worden ist. »En egocentrisk betraktelse (Brev till en yngre vän)« (»Eine egozentrische Betrachtung [Brief an einen jüngeren Freund]«). Dieser Brief spricht genau das an, wovon du jetzt schreibst:

»Es ist eine Tatsache, daß sich in den sozialistischen Staaten eine Kategorie von Menschen herauskristallisiert hat, die als neue Oberschicht bezeichnet werden kann: eine Oberschicht, welche die Produktionsmittel zwar nicht besitzt, sie aber beherrscht, den Staat über die Köpfe des Volkes hinweg regiert und sich eine Menge Privilegien verschafft hat, die an die der bürgerlichen Oberschicht in der kapitalistischen Gesellschaft erinnern. Diese Kategorie besteht aus Bürokraten und Technokraten auf höchster Ebene. Siehst du denn nicht, daß es diese neue privilegierte Klasse gibt, und daß sie Marx' dynamische Theorie und Methode in ein starres Dogma verwandelt, mit dessen Hilfe sie die Entwicklung zu bremsen und ihre eigene Machtstellung zu zementieren versucht?

Du glaubst mir nicht? Dann laß uns ein wenig über den Mehrwert reden. Die Mehrwertrate ist ja nach Marx und Engels der exakte Ausdruck für die Ausbeutung der Arbeit durch das Kapital. Sie bestimmt sich durch die Masse des Mehrwerts im Verhältnis zum variablen Kapital, oder, in normaler Sprache ausgedrückt: in dem Maße, wie die Arbeitsproduktivität oder der Gesamtwert der produzierten Waren schneller steigt als der Gesamtbetrag, der für die Arbeitslöhne aufgewendet wird, fließt erhöhter Profit, erhöhter ›Mehrwert‹ in die Taschen anderer Leute als der Arbeiter, wodurch der Ausbeutungsgrad, d. h. die Ausplünderung wächst. Daher ist die Ausbeutung in der kapitalistischen Welt noch in vollem Gange – und nimmt sogar zu, unabhängig davon, daß der Lebensstandard der Arbeiter gestiegen ist. Nicht das ist des Pudels Kern. Sondern die sich erweiternde Kluft zwischen Profit und Löhnen. Aus demselben Grund wird auch in den sozialistischen Ländern Ausbeutung betrieben: jeder, der sich dort einmal umgesehen oder die Diskussion ein wenig verfolgt hat, die auch dort geführt wird – allerdings öfter hinter den Kulissen als davor – weiß, daß beträchtlicher Mehrwert, erzielt durch Automation und erhöhte technische Kapazität, nicht in die Taschen der Arbeiter, sondern in die der Bürokraten und Technokraten, der neuen ›Oberschicht‹ fließt.« (N.-B. Stormbom: Pejlingar. Borgå: Söderström & Co. 1973, S. 249–250.)

Damit löst N.-B. Stormbom den Knoten des zweiten Kapitels, deiner Fragestellung zum Staatskapitalismus auf S. 21. Dennoch ist es nötig, die Probleme noch genauer darzulegen. Wenn Stormboms Lösung der Frage richtig ist – und ich halte sie für richtig –, so bedeutet das, daß das absolute Gesetz der Produktionsweise, die in der Sowjetunion und in ihren Vasallenstaaten herrscht, folgendermaßen beschrieben werden kann und muß:

»Produktion von Mehrwert oder Plusmacherei ist das absolute Gesetz dieser Produktionsweise.« (Das Kapital I. MEW 23, S. 647.)

Diese Klarstellung bedeutet, daß es keiner höchst spitzfindigen Theorien über historische Zufälle und Verzerrungen bedarf, um die Entwicklung der Sowjetunion zu erklären. Die Mehrwertproduktion lenkt ihre Entwicklung, ebenso wie sie die der Vereinigten Staaten lenkt. Eine Produktionsweise, deren absolutes Gesetz die Produktion von Mehrwert ist, kann nicht als sozialistisch bezeichnet werden, ohne daß die Worte ihren Sinn verlieren. Also: erst wenn du den Wert der Worte wiederherstellst und den Begriff »Sozialismus« aus deiner Fragestellung zur DDR im zweiten Kapitel herausnimmst, schlägt diese Fragestellung aus einer Fiktion in Wirklichkeit um. Das ist ja eine sehr ernste Frage.

Die Oktoberrevolution hat stattgefunden. Trotzdem herrscht in der Sowjetunion ein staatsmonopolistischer Kapitalismus. Es kann den Anschein haben, als vermöchte der Marxismus keine Antwort zu geben auf die Frage, wie das zu erklären ist. Das stimmt. Solange die Frage erklärt werden sollte, blieb sie unerklärlich. Nach ausgedehnten Reisen in der Sowjetunion und in China und unter dem Eindruck des Konflikts zwischen der KP Chinas und der KPdSU habe ich im Jahre 1965 versucht, mir beim Schreiben Klarheit über das Geschehen zu verschaffen. (»Turkmenistan, en revolutions övergångsår«. [»Turkmenistan, die Übergangsjahre einer Revolution«.] Stockholm: Norstedts 1966. Und: »The reshaping of Chinese Society« für die Chinakonferenz in Chikago im Februar 1966 – später übersetzt und auf Schwedisch in »Det nya Kina«, [»Das neue China«] Prisma 1967, herausgegeben.) Das war schwierig. Ich habe wohl schon das Richtige geschrieben, aber es war nicht deutlich genug. Selbst die an und für sich zutreffende Analyse Chinas, die auch die großen Umwälzungen der kommenden Jahre direkt voraussagte, war nicht präzise und deutlich genug.

Eine solche Deutlichkeit war auch gar nicht möglich; noch handelte es sich um Erklärungen. Aber Marx ist derjenige, der – um mit Gramsci zu sprechen – die Philosophie der Praxis ausgearbeitet hat, und die Frage, wie die Oktoberrevolution zur Entstehung einer neuen Herrscherklasse geführt hat, konnte erst dann wirklich gestellt und somit beantwortet werden, als die revolutionäre Praxis der Massen während der chinesischen Kulturrevolution die Wirklichkeit so grundlegend veränderte, daß auch das Geschehen in der Sowjetunion klargestellt wurde und deutlich hervortrat.

Ich kann noch ein anderes Beispiel – es ist persönlich, nicht privat – dafür nennen, wie die Praxis etwas verdeutlicht. Im Jahre 1962 schrieb ich »Rapport från kinesisk by« (»Bericht aus einem chinesischen Dorf«). Es war der Versuch, eine realistische Schilderung zu geben. Als der Moskauer Freund Pavel Toper im Januar 1963 das Manuskript gelesen hatte, holte er uns vom Zug ab, als Gun und ich aus Peking kamen. Er sagte:

– Nun, das sind ja positive Helden.

Das aber war zweideutig. Im Moskau des Jahres 1963 gab es keine positiven Helden. Doch was ich wirklich geschrieben hatte, wurde erst während des revolutionären Kampfes im folgenden Jahrzehnt deutlich. Es war kein abstrakter Kampf. Er wurde von genau den Leuten geführt, die ich beschrieben habe. Die positiven Helden entstiegen dem Buch und veränderten ihre Wirklichkeit. Im Buch war das Material enthalten, als es im Jahre 1962 geschrieben wurde; aber erst die spätere Praxis konnte das zutage bringen, was relevant war, konnte die Konflikte verdeutlichen, die in den kommenden Jahren die Entwicklung vorantreiben sollten. Das Buch besteht im Jahre 1973 aus derselben Buchstabenkombination wie 1962, als es geschrieben wurde; aber es ist nicht mehr dasselbe Buch!

Die sowjetische Entwicklung wurde schließlich bestimmend für die Notwendigkeit der einleitenden Schritte bei der chinesischen Kulturrevolution und für die verschiedenen Initiativen Mao Tse-Tungs. Die Kulturrevolution in China war jedoch eine wirkliche Revolution, die die Gesellschaft beträchtlich verändert und ganz neue Strukturen hervorgebracht hat. Erst dadurch, daß die chinesischen Massen die Welt veränderten, ist es uns wirklich möglich geworden zu sehen, daß der Kaiser nackt ist; die Union der sozialistischen Sowjetrepubliken ist eine Supermacht mit Kernwaffen und Weltraumraketen – aber eine Supermacht, wo der Sozialismus fehlt; wo es nicht die arbeitenden Massen sind, sondern die »repräsentativen Vertreter«, die in den Sowjets herrschen, wo die Produktion das absolute Gesetz ist, das die Entwicklung bestimmt, Notwendigkeiten schafft, Kriegsflotten zum Indischen Ozean schickt und Truppen nach Prag und Quecksilber die Wolga hinunter ins Kaspische Meer und Oppositionelle in Irrenanstalten oder Lager.

Der staatsmonopolistische Kapitalismus ist zwar geplant –

schon das Deutschland des Ersten Weltkriegs war ein der wirtschaftlichen Planung unterworfener Staat – aber es bleibt doch eine anarchische Gesellschaft, spontanen Krisen ausgesetzt. Diese Krisen verschärfen sich umso mehr, je weiter der Kapitalismus sich entwickelt. Die kapitalistische Wandlung der Sowjetunion und die Entwicklung zum staatsmonopolistischen Kapitalismus in Schweden und anderen Ländern bringen keine stabile Welt hervor.

Die immer tiefgreifendere wirtschaftliche Krise kann nur durch immer neue außenpolitische Abenteuer überwunden werden. Der staatsmonopolistische Kapitalismus bringt mit an Gewißheit grenzender Wahrscheinlichkeit neue Kriege und Weltkriege mit sich. Es wundert mich, daß die Zufriedenheit mit Kissingers Diplomatie so allgemein verbreitet ist. Die Erfahrung zeigt ja, daß das Konzert der Nationen einen ebenso dröhnenden Abschluß zu finden pflegt wie das russische Roulett für den Spieler, der lange genug dabeibleibt.

Die großen Auseinandersetzungen zwischen den imperialistischen (also auch den sozialimperialistischen) Staaten werden nicht nur unter diesen stattfinden und sich in Europa, Nordamerika und im Fernen Osten abspielen, vielmehr werden diese Auseinandersetzungen immer mehr die Form blutiger Interventionen der imperialistischen Staaten gegen die Völker annehmen, welche ihre gesellschaftliche und politische Freiheit zu erlangen suchen. Nicht etwa, weil die Imperialisten ideologische Kriege gegen die gesellschaftliche und politische Freiheit führten, sondern vielmehr, weil ihre wirtschaftlichen Interessen bedroht sind, wenn unterdrückte Völker sich erheben, um ihre nationale, gesellschaftliche und politische Freiheit zu erlangen. Es geht um Rohstoffquellen und Absatzmärkte, es geht um ITT und den Profit, es geht um sowjetische Extraprofite in Osteuropa und um den Kampf, den die Sowjetunion und die Vereinigten Staaten um Indien führen, gegen das indische Volk. Die Befreiungskriege gegen den Imperialismus werden eine ganze historische Epoche prägen. Der Imperialismus ist ein Papiertiger mit wirklichen Krallen, er kann nur unter großen Opfern besiegt werden – wie in Indochina. Es wird auch noch viele Chiles geben.

Du weißt, wer die Opfer sind. Es sind ja nicht nur Vietnamesen, die in Vietnam gefallen sind; junge Arbeiter aus Chikago und Detroit; junge Farbige aus den Slums von Harlem; oppositionelle Begabungen aus Kalifornien und Delaware – sie alle sind in

Vietnam gefallen. So ist es seit hundert Jahren gewesen, und so wird es noch lange bleiben.

>»Das schönste Liebeslied im Land,
es wurde nie bekannt.
Denn in ein flandrisches Massengrab
nahm's ein armer Pariser Student mit hinab.«
                                    (Ture Nerman: Den vackraste visan.
                                    [»Das schönste Lied.«])

Das ist ein richtiger – ein singbarer – Text über eine Wahrheit, die uns allen in unserer schrecklichen Gegenwart bekannt ist.
    »Wir bitten zu bedenken, wer es ist, der in diesem und ähnlichen Fällen kämpfen muß. Sind es die Angehörigen der Klassen, welche nach neuen Märkten jagen? Nein! sondern die Söhne und Brüder der Arbeiterklasse daheim. Sie sind es, die gezwungen werden, für einen erbärmlichen Sold in diesen Handelskriegen zu dienen. Sie sind es, die für die reiche Mittel- und Oberklasse neue Länder erobern, damit sie ausgebeutet, neue Völker besiegen, damit sie ausgeplündert werden können, wie jene Klassen es verlangen. Und ihr Lohn ist, daß sie ›edelmütig für ihre Königin und ihr Vaterland kämpfen‹.« (Socialist League. Manifest zum Krieg im Sudan, 2. März 1885. Unterzeichnet von William Morris, Eleanor Marx-Aveling u. a. Zit. nach R. Palme Dutt: The crisis of Britain and the British Empire. Bombay 1953, S. 58.)
Aber noch bezeichnender für die Einstellung des europäischen Sozialismus war, was Jaurès am 9. November 1898 schrieb:
    »Wenn irgendein Tor danach trachten würde, Frankreich seiner Kolonialherrschaft zu berauben, so würden alle französischen Kräfte (énergies) und jede ehrliche Seele in der Welt sich gegen einen solchen Versuch zur Wehr setzen.« (Charles-Robert Ageron: L'anticolonialisme en France de 1871 à 1914. PUF 1973, S. 25.)
Jaurès selbst fiel im Kampf gegen den Krieg, als er am 31. Juli 1914 ermordet wurde. Er war – wie Léon Blum es ausdrückte – »der Sozialismus in Person«. Lenin beschrieb die Situation im Jahre 1916:
    »Es muß bemerkt werden, daß in England die Tendenz des Imperialismus, die Arbeiter zu spalten, den Opportunismus

unter ihnen zu stärken und eine zeitweilige Fäulnis der Arbeiterbewegung hervorzurufen, viel früher zum Vorschein
kam als Ende des 19. und Anfang des 20. Jahrhunderts.
/. . ./ Marx und Engels verfolgten jahrzehntelang systematisch diesen Zusammenhang des Opportunismus in der Arbeiterbewegung mit den imperialistischen Besonderheiten
des englischen Kapitalismus.« (Lenin: Der Imperialismus
als höchstes Stadium des Kapitalismus. Berlin: Dietz Verlag
1967, S. 113 f.)

Du erkennst ohne weiteres die Welt, die Lenin dann im Jahre
1920 im Vorwort der französischen und der deutschen Ausgaben
mit den folgenden Worten geschildert hat:

»Wie in der vorliegenden Schrift nachgewiesen ist, hat der
Kapitalismus jetzt eine *Handvoll* (weniger als ein Zehntel
der Erdbevölkerung, ganz ›freigebig‹ und übertrieben gerechnet, weniger als ein Fünftel) besonders reicher und
mächtiger Staaten hervorgebracht, die – durch einfaches
›Kuponschneiden‹ – die ganze Welt ausplündern.« (ebenda,
S. 12.)

Im Jahre 1924 wurde der V. Kongreß der Kommunistischen Internationale in Moskau abgehalten. Ein Vietnamese referiert zur
nationalen und kolonialen Frage. Er sollte später als Ho Tschi
Minh bekannt werden. Unter anderem sagte er:

»Nach Lenin hängt der Sieg der Revolution in Westeuropa
vom engen Kontakt mit den Befreiungsbewegungen in den
unterdrückten Kolonien, die gegen den Imperialismus ge-
richtet sind, und von der nationalen Frage ab; beide sind als
Teile des Problems der proletarischen Revolution und der
Diktatur des Proletariats zu verstehen. /. . ./ Was hat . . . die
bourgeoise Klasse in den von den Kolonialherren unterdrücken Ländern nicht alles unternommen, um die Knecht-
schaft ihrer Sklaven noch perfekter zu machen! Skrupellos
hat sie alle Mittel und Möglichkeiten ausgenutzt. Vor allem
aber haben die Bourgeois mit den Mitteln, die ihnen in Form
der Verwaltungsmaschinerie des Staates zur Verfügung
standen, intensive Propaganda betrieben. Mit Ansprachen,
Filmen, Zeitungen und Ausstellungen haben sie den Leuten
im jeweiligen Mutterland dermaßen zugesetzt, daß diese
heute ganz in kolonialistischem Denken befangen sind.
/. . ./ Was aber haben unsere kommunistischen Parteien in
Großbritannien, Holland, Belgien und in anderen Ländern

getan, um den Einzug kolonialistischer Gedanken in die Hirne der Proletarier ihrer Länder zu verhindern und den Verbrechen der bourgeoisen Klasse ein Ende zu bereiten? Was haben sie seit jenem Tage getan, als sie Lenins Programm akzeptierten, welches die Erziehung der Arbeiterklasse ihrer Länder im Geist eines gerechten Internationalismus sowie engen Kontakt mit den Massen der Arbeiter in den Kolonien forderte? Was unsere Parteien in dieser Hinsicht unternommen haben, ist nahezu wertlos. Ich selbst wurde in einer französischen Kolonie geboren und bin Mitglied der Kommunistischen Partei Frankreichs. Zu meinem größten Bedauern muß ich feststellen, daß unsere Partei für die Kolonien bisher so gut wie nichts getan hat. (Zit. in: Ho Tschi Minh: Revolution und nationaler Befreiungskampf. Reden und Schriften von 1920 bis 1968, übersetzt v. A. und E. Eggebrecht. München: Piper 1968, S. 64 f.)

In der Regierung aber, die nach dem Zweiten Weltkrieg den Krieg gegen Ho Tschi Minhs selbständiges Vietnam begann, saßen Repräsentanten der Kommunistischen Partei Frankreichs.

Das war kein Zufall. Maurice Thorez war ebenso standhaft wie jemals ein Jaurès, wenn es galt, Frankreichs große Mission zu verteidigen. Als das Zentralkomitee der Partei sich am 19. März 1947 vom Krieg in Vietnam distanzierte, war die Begründung kalt nationalistisch:

»Das nationale Interesse erfordert das Aufrechterhalten des französischen Einflusses und der französischen Positionen im Fernen Osten. Die Fortsetzung der Feindseligkeiten gegen das Volk von Vietnam in Verletzung der Prinzipien der Verfassung würde unweigerlich dazu führen, diese Positionen und diesen Einfluß zu zerstören, wie das früher schon in Syrien und im Libanon der Fall war.« (Cahiers du Communisme 3/4, 1947, S. 339 f. Zit. nach: Jakob Moneta: Die Kolonialpolitik der französischen KP. Hannover 1968, S. 138.)

Das Zentralkomitee der Partei übte zwar am 10. Dezember 1949 eine gewisse Selbstkritik wegen seiner »opportunistischen Abweichungen« hinsichtlich der Solidaritätsarbeit für das vietnamesische Volk, als aber die nächste große Krise den französischen Kolonialismus erschütterte, als am 1. November 1954 die algerische Revolution ausbrach, reagierten die französischen Kommunisten wieder als gute französische Bürger und Nationalisten. Am 8. November berief sich die Partei auf den Namen Lenins, um die Revolutionäre zu bezichtigen, sie seien Terroristen, die vielleicht im Auftrag der Kolonialisten handelten.

Ich selbst wohnte während der ersten Jahre des Algerienkrieges in Paris. Es war eine Periode bitterer Enttäuschungen. Die französischen Kommunisten wankten und kamen ins Schleudern. Diese große Partei war eine gewöhnliche sozialdemokratische Partei vom traditionellen Typ. Das einzige, was ihre Besonderheit ausmachte, war, daß ihre Führer sich eng an Moskau hielten. Daher konnten sie von Moskau auch eine gewisse Unterstützung der Politik der französischen Regierung erwirken. Es war nicht die »revolutionäre Partei«, die an der Spitze marschierte; es waren – und das erscheint wie ein Rückschritt zum Jahre 1820 – die Intellektuellen; Schriftsteller, Künstler, Wissenschaftler, Studenten. Der große Zusammenbruch der Kommunistischen Partei Frankreichs zeichnete sich lange vor dem Mai des Jahres 1968 ab. Am 27. Oktober 1960 wollten verschiedene französische Organisationen – darunter die Kommunistische Partei Frankreichs – eine Massenmobilisierung gegen den Krieg in Algerien durchführen. Am 20. Oktober verbot die Regierung diese Demonstration. Etwas anderes war ja auch nicht zu erwarten gewesen. Am selben Tag gab die kommunistische Partei Frankreichs eine ungewöhnlich feige Erklärung ab. Ihr Politbüro habe beschlossen, ihren ganzen Einfluß geltend zu machen, um diese Demonstration zu verhindern. Alle, die trotz des Verbotes der Regierung gegen den Krieg demonstrierten, würden nur de Gaulles Provokationen Vorschub leisten. Branting war in Kisa weitaus mutiger, ein viel leidenschaftlicherer Revolutionär, als das Politbüro dieser Partei, das meinte, die Verhältnisse seien noch nicht reif für Demonstrationen gegen den Krieg. Der damals schon sechs Jahre währte.

Die große Kommunistische Partei Frankreichs entwickelte sich genauso wie früher die großen sozialdemokratischen Parteien. Die Erklärung für diesen Opportunismus und dieses Zögern angesichts der Befreiung der unterdrückten Völker ist nicht allzu schwer zu finden; sie stellt ja eine zentrale Theorie in der Geschichte eben dieser kommunistischen Parteien dar. Es war ja wegen solcher Zusammenbrüche, daß Lenin die Schaffung von neuen, wirklich revolutionären Parteien forderte. Der Imperialismus plündert die ganze Welt zugunsten einiger weniger, besonders reicher und mächtiger Staaten aus:

»Es ist klar, daß man aus solchem gigantischen *Extraprofit* (denn diesen Profit streichen die Kapitalisten über den Profit hinaus ein, den sie aus den Arbeitern ihres ›eigenen‹ Landes herauspressen) die Arbeiterführer und die Oberschicht der Arbeiteraristokratie *bestechen kann*. Sie wird denn auch von den Kapitalisten der ›fortgeschrittenen‹ Länder bestochen – durch tausenderlei Methoden, direkte und indirekte, offene und versteckte.« (Lenin: Der Imperialismus . . ., a.a.O., S. 12 f.)

Lenin knüpfte an das an, was Engels im Jahre 1858 über die Verbürgerlichung des englischen Proletariats an Marx geschrieben hatte:

»Bei einer Nation, die die ganze Welt exploitiert, ist das allerdings gewissermaßen gerechtfertigt.«

Und Lenin fuhr fort:

»Fast ein Vierteljahrhundert später, in seinem Brief vom 11. August 1881, spricht er (Engels) von Gewerkschaften, ›die nur mit den schlimmsten englischen vergleichbar sind, die sich führen lassen von an die Bourgeoisie verkauften oder zumindest von ihr bezahlten Leuten‹. Und in einem Brief an Kautsky vom 12. September 1882 schreibt Friedrich Engels:

›Sie fragen mich, was die englischen Arbeiter von der Kolonialpolitik denken? Nun, genau dasselbe, was sie von der Politik überhaupt denken . . . Es gibt hier ja keine Arbeiterpartei, es gibt nur Konservative und Liberal-Radikale, und die Arbeiter zehren flott mit von dem Weltmarkts- und Kolonialmonopol Englands.‹ (Dasselbe sagt Engels auch im Vorwort zur zweiten Auflage der ›Lage der arbeitenden Klasse in England‹, 1892.)

Hier sind Ursachen und Wirkungen deutlich aufgezeigt. Ursachen:

1. Ausbeutung der ganzen Welt durch das betreffende Land; 2. seine Monopolstellung auf dem Weltmarkt; 3. sein Kolonialmonopol. Wirkungen: 1. Verbürgerung eines Teils des englischen Proletariats; 2. ein Teil des Proletariats läßt sich von Leuten führen, die von der Bourgeoisie gekauft sind oder zumindest von ihr bezahlt werden.« (ebenda, S. 114 f.)

Wie du weißt, sind diese Argumente und Zitate seit 1968 überall in Europa benutzt worden, um einen äußerst »revolutionären«

Determinismus zu legitimieren, der das politische Handeln durch theoretische Überlegungen ersetzen sollte. Wenn das Volk korrumpiert sei, könne das Volk nicht die treibende Kraft sein; hier schreitet der Weltgeist auf seinem Weg durch die Geschichte einher, deshalb sollten wir diese Frage durch eine andere Tür angehen.

In seinen Gefängnistagebüchern hat Gramsci sich ein Jahrzehnt nach Lenin mit Neapel und der Problematik der Parthenopäischen Republik auseinandergesetzt. Ich bin nicht sicher, ob du dich daran erinnerst, worum es bei der Parthenopäischen Republik geht, und deshalb zitierte ich, was in der ersten Auflage von *Nordisk Familjebok* (Schwedisches Konversationslexikon – Anm. v. V. R.) darüber geschrieben steht (dieser Artikel erlitt in späteren Auflagen eine ideologische und sachliche Verzerrung):

»*Parthenopäische Republik* (nach *Partheno'pe*, dem alten griechischen Namen für Neapel) hieß das ephemere Staatsgebilde auf dem süditalienischen Festland, das 1799 durch den Einmarsch der Franzosen dort entstand, nachdem der neapolitanische Hof sich bereits nach Sizilien zurückgezogen hatte. Am 22. Januar wurde die Republik ausgerufen, am folgenden Tag besetzte General Championnet Neapel nach einem heftigen Kampf mit den Lazzaroni. Eine provisorische Regierung, bestehend aus 25 Mitgliedern, wurde eingesetzt, doch drückende Steuerlasten riefen allerorten aufständische Bewegungen hervor, gegen die Championnet Truppen einsetzen mußte. Am 27. Februar wurde er von Macdonald abgelöst, dessen Maßnahmen die Bevölkerung noch härter trafen. Infolge des Kriegsverlaufs in Norditalien war Macdonald im Mai gezwungen, sich dorthin zurückzuziehen, worauf sich Ludovico Ruffo an der Spitze der königlichen Truppen zum Herrn von Neapel machte. Der 23. Juni war der Tag der republikanischen Kapitulation, auf die bald eine blutige Abrechnung folgte, bei welcher nicht nur die Namen von Ruffo, König Ferdinand IV. und Königin Karolina, sondern auch die der Ministergattin Lady Hamilton und des Seehelden Nelson in ein unvorteilhaftes Licht gerieten.« (Nordisk Familjebok. Stockholm 1888, Bd. XII, Sp. 820.)

Aus prinzipiellen Gründen möchte ich mich lieber mit dem Schicksal dieser Parthenopäischen Republik auseinandersetzen als eine vorgestellte isländische Revolution einer Analyse unterziehen. Die Parthenopäische Republik ist auch deshalb ein hervorragendes Beispiel, weil wir ihr Schicksal aus einer Perspektive von 175 Jahren betrachten können – wobei die grundlegenden sozialen Konflikte aktuell geblieben sind.

Das Besondere ist nicht, daß der Name des Seehelden Nelson bei der blutigen Abrechnung der Konterrevolution mit den Republikanern in ein unvorteilhaftes Licht geriet. Nelsons Heroismus war der der Konterrevolution. Konterrevolutionen sind immer blutig: Neapel 1799 oder Chile 1973, Finnland 1918 oder Indonesien 1965. Die weißen Helden sind noch nie vor einer Schändlichkeit zurückgeschreckt.

Die zugleich auslösende und hemmende Wirkung fremder Truppen kennen wir auch aus der jüngeren Geschichte. Aber bemerkenswert an der Darstellung in *Nordisk Familjebok* ist, daß die Lazzaroni (die Ärmsten und Unterdrücktesten) einen heftigen Kampf gegen ihre Befreier führten, selbst nachdem die königlichen Unterdrücker geflohen waren. Warum sollten die Unterdrückten gegen ihre Befreier kämpfen, um ihre Unterdrückung aufrechtzuerhalten? Auch wenn dies in den letzten Monaten des Direktoriums geschah, war Championnet doch ein junger (37-jähriger) republikanischer General, der seine Truppen im Namen der Vernunft und der Brüderlichkeit zum Sieg führte. Du kannst die siegreichen Soldaten des Direktoriums hören, wenn sie in Etienne Méhuls »Chant du retour de Campo Formio« aus dem Jahre 1797 vom Sieg der Französischen Republik und vom Wohlergehen Italiens singen. Es ist fast ebenso inspirierend wie sein »Chant du départ«. Warum haben nun diese Lazzaroni den Kampf gegen so vortreffliche Soldaten aufgenommen?

Im Jahre 1934 sitzt der sterbende Gramsci im Gefängnis von Formia; er schreibt seine Gefängnisaufzeichnungen über die italienische Geschichte ins reine:

> »Das erste augenfällige Beispiel für diesen scheinbaren Widerspruch kann man anhand der Episode um die Parthenopäische Republik im Jahre 1799 studieren. Die Stadt wurde von der Landbevölkerung – die in den Banden des Kardinal Ruffo organisiert war – aus doppeltem Grund zerstört. Einerseits hatte die Republik sowohl in ihrer ersten aristokratischen Phase wie auch in der folgenden bürgerlichen das Land völlig vernachlässigt. Indem sie andererseits auf die Möglichkeit eines Jakobiner-Aufstands hinwies, der die

Grundbesitzer, die ihre Einkünfte aus der Landwirtschaft in Neapel ausgaben, enteignen und so die große Masse des Volkes um die Quelle ihres Einkommens und Lebensunterhalts bringen würde, bewirkte sie beim einfachen Volk von Neapel eine gleichgültige, wenn nicht feindselige Haltung.« (Gramsci: Selections from the prison notebooks. New York: International Publishers 1971, S. 92.)

Was den ersten Punkt betrifft – die Unfähigkeit, die unterdrückte Landbevölkerung zu einem Aufstand zu bewegen – so ist das nicht unerklärlich. Die Generäle des Direktoriums konnten und wollten keinen Bauernkrieg auslösen. Sie zogen die militärische Niederlage der sozialen Revolution vor. Im Oktober 1812 wurde Kaiser Napoleon vor dasselbe Problem gestellt. Er war im Kreml, und rings um ihn her war Moskau niedergebrannt. Die große Armee hatte sich in ihre Niederlage hineingesiegt. Nun sollte der Rückzug angetreten werden. Es gab einen sicheren Weg, dieser Niederlage zu entrinnen. Er kannte ihn. Der russische Adel war vom Schrecken gelähmt. Vom Kreml aus hätte er die Abschaffung der Leibeigenschaft proklamieren und auf diese Weise einen Aufstand aller russischen Bauern entfachen können. Doch er wählte den furchtbaren Rückzug, die große Niederlage. Nach Waterloo wurde Napoleon noch einmal – ein letztes Mal – vor dieses Problem gestellt. Die Preußen drangen über die Grenzen vor. Es wäre möglich gewesen, das Volk zum revolutionären Krieg zu bewegen. Napoleon besaß auch das persönliche Prestige, das es ihm ermöglicht hätte, zum Symbol des revolutionären Krieges zu werden. Aber er tat es nicht. Wie er in Moskau den Rückzug gewählt hatte, wählte er diesmal die endgültige Niederlage. Am 3. September 1816 erklärt Napoleon auf St. Helena Las Cases seine Entscheidung:

> ». . . wir konnten uns nicht mit den gleichen Gräueln, noch mit der gleichen Gehässigkeit wie die Menge beladen. Ich für meinen Theil konnte und wollte kein König *der Jacquerie* seyn.« (Emmanuel de Las Cases: Denkwürdigkeiten von Sanct Helena, Bd. 6. Stuttgart 1823, S. 69.)

Napoleon war der Kaiser des Großbürgertums, wie Championnet und Macdonald aus dem Direktorium Generäle des Bürgertums waren; sie vermochten ihre klassenmäßig bedingten Grenzen ebensowenig zu überschreiten, wie sie sich an den Haaren hätten hochziehen können. (Diesem Umstand ist es zuzuschreiben, daß z. B. die Agenten des CIA es nie fertigbringen – wie

»wissenschaftlich« sie auch vorgehen – in irgendeinem Land eine soziale Revolution durchzuführen und sie »vernünftig zu lenken«; wie sie es auch anstellen, immer gibt es nur Putsche, Konterrevolutionen und Junten. Ihren loyalen Soziologen zum Trotz.)

Der zweite Punkt leitet zu einer Fragestellung über, die wir auf die Zukunft unserer eigenen Länder anwenden können. Warum haben die Lazzaroni den Kampf für die wirkliche Unterdrückung, gegen die relativen Befreier aufgenommen? Gramsci deutet die Antwort im Zusammenhang mit der Parthenopäischen Republik an und gibt eine ausführliche Beschreibung der sozialen Stellung der Lazzaroni, als er sich mit dem Amerikanismus und dem Fordismus auseinandersetzt:

> »Was das sogenannte ›Geheimnis von Neapel‹ angeht: es ist nützlich, sich Goethes Bemerkungen über Neapel in Erinnerung zu rufen und die ›tröstlichen moralischen Folgerungen‹, die Giustino Fortunato aus diesen Beobachtungen zog. Goethe hatte recht, als er die Legende von der naturwüchsigen Faulenzerei (lazzaronismo) der Neapolitaner zerstörte und darauf hinweis, daß sie im Gegenteil sehr aktiv und fleißig seien. Das Problem liegt aber darin, das tatsächliche Ergebnis ihres Fleißes nachzuweisen. Er ist nicht eigentlich produktiv, noch zielt er darauf ab, die Bedürfnisse und Forderungen der produktiven Klassen zu befriedigen. Neapel ist die Stadt, in der die Mehrheit der Gutsbesitzer aus dem Süden, ob sie nun dem Adel angehören oder nicht, die Einkünfte aus ihren Gütern ausgeben. Um Zehntausende von diesen mehr oder weniger bedeutenden Grundbesitzerfamilien mit ihrem unmittelbaren Gefolge von Dienern und Lakaien organisiert sich ein großer Teil des praktischen Lebens in dieser Stadt: ihre Handwerksbetriebe, ihr Straßenhandel und die unglaubliche Art, wie die rasche Versorgung mit Waren und Dienstleistungen unter den zahllosen, auf den Straßen herumlungernden Einheimischen verteilt ist.«
> (Gramsci: Selections . . ., a.a.O., S. 281 f.)

Allein die Gefahr, daß die große Revolution, die die Generäle der Republik noch repräsentierten, sich wirklich über das Land ausbreiten und den Boden seinen Bebauern zurückgeben könnte, reichte aus, damit all diese Lazzaronis sich zur Verteidigung des Thrones und der Unterdrücker erhoben.

Nun siehst du, wohin diese Überlegung zu führen scheint. Mit unerbittlicher Logik wandern die Kugeln auf dem Zählrahmen der Geschichte, wenn der Weltgeist Abrechnung hält. Der Imperialismus habe sich in seinen Heimatländern eine eigene Basis geschaffen; wenn nun die großen Auseinandersetzungen beginnen, die Interessen der multinationalen Konzerne bedroht sind und die Ölquellen beschlagnahmt werden, dann werde Europas Arbeiterklasse ihre Schmiergelder verteidigen. Du kennst dieses Argument. Es ist nicht ungewöhnlich. Es läßt sich mit einem glühenden Zukunftsglauben vereinen. Wenn die Rechenoperationen noch ein paar Jahre oder Jahrzehnte fortgesetzt, die Kugeln über unseren Köpfen hin- und hergeschoben worden sind, wird das Ergebnis sich als das erweisen, was wir schon gesehen haben, als wir nach dem Fazit der Geschichte Ausschau gehalten haben: die Revolution.

Aber: in seinem Gefängnis notierte Gramsci, nach der großen Niederlage angesichts des Faschismus, als die Partei, die er führte, auch den Kampf um die Massen verloren hatte:

> »Wenn man nicht selbst die Initiative im Kampf hat und der Kampf schließlich einer Folge von Niederlagen gleichkommt, wird der mechanische Determinismus zu einer ungeheuren Triebkraft für moralischen Widerstand, Zusammenhalt und geduldige, hartnäckige Ausdauer. ›Im Augenblick bin ich besiegt, aber auf lange Sicht arbeiten die Gezeiten der Geschichte für mich.‹ Wirkliche Willenskraft verkleidet sich als Akt des Glaubens an eine gewisse geschichtliche Rationalität und als primitive empirische Form eines leidenschaftlichen Finalismus, der als Ersatz für die ›Prädestination‹ oder die ›Vorsehung‹ der Bekenntnisreligionen dient.« (ebenda, S. 336.)

Für Branting ebenso wie für das Politbüro der Kommunistischen Partei Frankreichs sind die Voraussetzungen niemals reif geworden, hat der mächtige Strom der Geschichte sie niemals getragen, und so nahmen die Dinge ihren Lauf. Für Gramsci aber – sogar im Gefängnis, wo die Versuchung, seine Zuflucht bei einer marxistischen Vorsehung zu suchen, sehr groß war – nahmen die Dinge nicht einfach ihren Lauf. Es gab keine Endsumme. Kein Fazit.

Du kannst auf die Entwicklung der Sowjetunion zurückblicken und beobachten, wie die unerbittliche Logik der Ereignisse (die Kugeln werden in ihrem Rahmen hin- und hergeschoben) die Vorgänge verknüpft, vom ersten Schuß der Aurora auf den

Winterpalast bis zur gegenwärtigen Mehrwertproduktion in der Sowjetunion. Du kannst deinen Finger nicht auf eine einzige Zahl in der Berechnung legen und sagen:

– Die ist falsch!

denn alle Zahlen stimmen, und die Berechnung führt bis zum heutigen Tag. Bleibt also nur, die Wirklichkeit zu erklären. (Der Kommentar des Dozenten G. zum erweiterten Fazit.) Aber die Kulturrevolution!

Was Gramsci und Mao Tse-Tung (nicht aber Branting und Thorez) repräsentieren, ist die lebendige Tradition von Marx an. Es ist weder der Weltgeist, noch sind es automatisch ablaufende außermenschliche Kräfte, die die Geschichte bestimmen. Unsere Geschichte ist menschlich. Oder, um mit Mao Tse-Tung zu sprechen:

»Das Volk, und allein das Volk ist die treibende Kraft, die die Weltgeschichte macht.«

Mit *Folket i Bild/Kulturfront* in der Hand, auf einer verschneiten Straße in Västerås, durchbrichst du die eisernen Gesetze der Prädestination. Die Leute eilen in der Winterdunkelheit an dir vorbei, du verkaufst vielleicht alle zehn Minuten eine Zeitung; aber wenn du hinausgehst und dich da mit deinem Zeitungsstapel an die Straße stellst, machst du Geschichte. Dieses Bewußtsein ist es auch, mit dem du auf einer windigen Straße in Västerås zu einer Einsicht kommen kannst, die sich Branting und Thorez verschloß, während sie darauf warteten, daß die richtigen Bedingungen sich einstellten, daß der Strom der Geschichte sie zu tragen begänne. Du könntest entgegnen, daß dies: hinauszugehen und in einer kleinen Stadt in Mittelschweden eine progressive Illustrierte an Schweden zu verkaufen, die ihre Weihnachtseinkäufe machen, nicht nach einer Praxis des Augenblicks aussähe, wo die Quantität in Qualität umschlägt, wo die Kanonen der Aurora donnern und die Zeit aus ihrer alten Haut kriecht. Aber es ist gerade dieses Einfache und Notwendige, das jedes Fazit aufhebt und den Zählrahmen außer Kraft setzt.

Die entsetzlichen Kriege der Zukunft und die große Hungersnot sind möglich. Aber nicht zwingend notwendig. Unsere Gegenwart war im Jahre 1848 eine Möglichkeit. Aber sie war es nicht mit zwingender Notwendigkeit.

Denn wenn man sagen kann, der Untergang der Bourgeoisie sei unvermeidlich (wie früher einmal der des Feudaladels oder hier und jetzt im Kleinen dein Tod und meiner), dann wird der

Sieg des Proletariats durch die sozialen und politischen Kämpfe bestimmt, die aus dem Konflikt zwischen Produktivkräften und Produktionsverhältnissen entstehen, somit aber selbst dazu beitragen, diesen Konflikt zu gestalten (da es kein Konflikt zwischen »Kräften« oder »Dingen« ist, sondern zwischen lebendigen Menschen). Der Sieg ist in diesen Kämpfen mit der Zeit unvermeidlich, jedoch innerhalb der überschaubaren (Lebens)zeit nur eine für uns notwendige Möglichkeit.

(Hegel wäre mit dieser Art der Fragestellung nicht einverstanden.) Der Mensch erschafft sich selbst. (Dies hingegen ist eine rein Hegelsche Formulierung. Siehe: Die Vernunft in der Geschichte, hg. v. Johannes Hoffmeister. 5. Aufl., Hamburg: F. Meiner 1955, S. 58: »Der Mensch dagegen . . .« S. 66: »die Reihe seiner Taten . . .« S. 114: »Das, was der Mensch ist, ist seine Tat . . .« S. 151: »So produziert das organische Individuum sich selbst . . .«) Seit mehr als einem Jahrhundert steht den Lazzaroni die Möglichkeit offen, zu der Einsicht zu kommen, daß es in ihrem ureigensten Interesse liegt, sich so mit den besitzlosen Landbewohnern zu einigen, daß sie selbst ihrer Erniedrigung entrinnen und zu schöpferischen, produktiv arbeitenden Menschen werden.

Du erinnerst dich an die Vögel von Chauvigny? Die noch achthundert Jahre nach ihrer Entstehung auf den Betrachter zufliegen. Es gilt, diesen Vögeln starr in die Augen zu sehen. Denn es ist nicht nur so, daß der Künstler Gofridus sie aus seiner Gegenwart heraus erschaffen hätte; von ihren Kapitellen blickten sie auf diese Gegenwart hinunter und hielten sie in ihrem Griff. Da sitzen wir immer noch.

Lars Gustafsson:
Kommentar zu einem Hundeleben

Am Sonntag ist dieses lange Berliner Jahr von achtzehn Monaten zu Ende gegangen. Madeleine und die Kinder sind schon vor fünf Wochen nach Hause gefahren. In der frühen Morgendämmerung habe ich in der Küche das Geschirr gespült, die geborgten Teppiche und die geborgten Federbetten an einer Wand zusammengerollt und ganz einfach ein Taxi nach Tempelhof genommen.

Es war ein sonderbares Gefühl. So viel Leben, so viele Diskussionen, so viele Erlebnisse, die mich verändert haben, so viele Freunde verschwanden in einer halben Minute unter einer dichten Wolkendecke.

In Kopenhagen standen in der Flughafenbar große, vierschrötige schwedische Direktoren, richtige Hünen, und aßen Krabben-Sandwiches. Als ich nach Västerås kam, war die Dämmerung schon über den Wallinschen Friedhof mit den Gräbern der Ratsherren und Kaufleute hereingebrochen. Es herrschte ein sehr diskretes, sehr leises Schneetreiben. Es dauerte fünf Minuten, bis der Hund mich erkannte, so blind war er mittlerweile geworden. Nach sechs Minuten war er schon ganz vertraut mit dem Gedanken, daß ich wieder zu Hause war, und legte sich schniefend unter meinem Schreibtisch schlafen wie zuvor.

Mein Hund hat ein anderes Zeitgefühl als ich. In seinem Bewußtsein gibt es zwei verschiedene Zustände: einen, wenn ich zu Hause bin, und einen anderen, wenn ich nicht zu Hause bin.

Er kam an und begrüßte mich mit einem Ausdruck, als wollte er sagen: Aha, du bist also in Stockholm gewesen! Dann trabte er in die Küche hinaus. Fand Mohrrüben und Knochen.

Jetzt liegt er wieder schniefend unter meinem Schreibtisch und schläft wie zuvor, während der Schnee fällt.

Dieses Hundebewußtsein macht mich oft neidisch, denn es muß das Leben erleichtern.

Es gibt ja eine schöne alte Bedeutung von *Zynismus*, wo dieses Wort nicht Gefühlskälte und Gleichgültigkeit gegenüber dem Leiden und den Bedürfnissen anderer Menschen bedeutet, sondern vielmehr, daß man bedürfnislos lebt, daß man ein *Hundeleben* lebt, nach dem griechischen *kyon*, das heißt Hund. Ein Zyniker im spätantiken Sinn ist also ein Hundephilosoph.

Hinter den Abstraktionen der antiken Philosophen kann man

oft, wenn man sich ein wenig anstrengt, eine Menge Sinnlichkeit, Wirklichkeitsbeobachtung, Humor entdecken. Es sind klarsichtige Männer, und die Welt des Mittelmeers mit ihren Huren und Bettlern, Märkten und vornehmen Damen, die in Sänften über den Schmutz der Straßen getragen werden, den Rufen der Wasserverkäufer, den kurzsichtigen Töpfern, über ihre Drehscheiben gebeugt, den schweren Gewürzweinen in den Tavernen summt oft nur einen halben Meter unter der harten Kruste der Begriffe.

Antisthenes, der die kynische Schule begründet und seine (vermutlich reichen) Schüler im Gymnasium von Kynosarges die Vorteile der Bedürfnislosigkeit gelehrt hat, muß eine ganze Menge über Hunde gewußt haben.

Wenn mein Hund von einem Zimmer in ein anderes möchte und jemand aus Böswilligkeit oder Zerstreutheit die Tür verschlossen hat und das Jaulen des Hundes nicht hört, legt er sich ganz einfach vor der Tür schlafen. Er weiß, daß die Tür sich früher oder später öffnen wird.

Vor einer solchen Tür liege auch ich, aber das Einschlafen fällt mir schwer.

Im Laufe dieses Buches haben sich unsere Standpunkte deutlich verändert. Mir erscheint der Indeterminismus meines ersten Briefes allzu wohlfeil. Ich frage mich auch, ob ich nicht vielleicht allzu hart über das geurteilt habe, was z. B. in der DDR geschieht.

Ich habe das, was du mir geschrieben hast, mit meinem Freund Z. erörtert. Mein Freund Z. sagt:

O.K. Du sagst, um den Menschen zu befreien sei offenbar mehr nötig, als nur die Produktionsmittel zu verstaatlichen. Aber ist die Verstaatlichung der Produktionsmittel nicht der notwendige *erste Schritt* zu diesem Mehr, das du als notwendig erachtest? Ist die DDR nicht ein Staat, der den ersten Schritt getan hat?

– Doch, antworte ich. Sie hat den ersten Schritt getan, und es war ein falscher Schritt. Der erste Schritt ist nur dann ein erster Schritt, wenn – und nur wenn – er einen zweiten Schritt ermöglicht. Wie dieser zweite Schritt von der staatlichen Mehrwertproduktion aus getan werden könnte, die jetzt die Wirklichkeit der DDR ausmacht, ist mir unverständlich. Also existiert auch der erste Schritt nicht.

Diese Diskussionen haben einen unfruchtbaren Charakter, da sie sich nicht der konkreten Wirklichkeit nähern. Diskussionen dieser Art münden oft in ein Gespräch über China. Dann zeigt es sich, daß einer der Beteiligten zu wenig über China zu wissen meint, um sich dazu zu äußern, und daß der andere Chinas Außenpolitik für zynisch hält. Chinas Haltung gegenüber dem Schah von Persien, gegenüber dem gestürzten und ermordeten Allende, Chinas Ambition, sich die Marktlücke zunutze zu machen, die die arabischen Lieferanten offengelassen haben, um Rohöl zu verkaufen, das alles wird zum Gegenstand der unfruchtbaren Diskussionen.

Eine solche Diskussion neigt dazu, die wissenschaftliche Ebene zu verlassen. China wird dann leicht zu einer exzentrischen Tante mit einem Herzen aus Gold und abseitigen Neigungen, oder auch zu einem zynischen Weibsteufel, der zur Bettstunde geht, aber keine Hemmungen hat, mit zwielichtigen Existenzen zu verkehren, die um ihre Gunst buhlen.

Die Rolle, die China, das ich nur aus Büchern von dir, Edgar Snow und noch ein paar anderen kenne, in der heutigen Debatte spielt, ist eine ungeheure, und zwar aus sehr natürlichen Gründen.

Die chinesische Revolution weckt Hoffnungen auf ein *Vergleichsobjekt*. Erst wenn wirklich ein Vergleichsobjekt existiert (und ich glaube, daß China eines ist) wird es möglich, die europäischen Sozialismen zu beschreiben.

(Dies ist nun schon das zweitemal, daß China diese Rolle im europäischen Geistesleben spielt. Zum erstenmal war es zur Zeit von Leibniz, als die Berichte der jesuitischen Missionare über Konfuzius und Lao-tse die christliche Kultur zum erstenmal als *Kultur* sichtbar machten und man ihr Scheitern erkennen konnte. Die Erkenntnis, daß man gut zu Frau und Kindern sein könne, ohne ein Christ zu sein, eine der großen Entdeckungen der Aufklärungszeit, wurde durch die Begegnung mit China vermittelt.)

Es liegt nahe, in den tristen alten Fallen des Antikommunismus der fünfziger Jahre hängenzubleiben. Die Schablonen der freien Welt. Die Schablonen der zwei »Lager«. Wenn man liest, was ich über das Fiasko des europäischen Kommunismus geschrieben habe, über die Zeitnehmer, die in der ostdeutschen Industrie Einzug halten, über die Helikopterlieferungen der Sowjetunion an die ceylonesische Polizei und noch vieles andere, dann kann man zu merkwürdigen Ergebnissen kommen.

Viele Leser werden sagen, ich sei ein kalter Krieger. Ich meine, daß ich das nicht bin. Einige Leser werden sagen, ich sei es *objektiv* gesehen, weil ich die Sache des Sozialismus so darstellen würde, daß sie ins Zwielicht geriete. Auch mein Freund Z. sagt das. Ich würde dem Kapitalismus in die Hände arbeiten.

Ich antworte darauf, daß nicht ich es sei, der den Sozialismus ins Zwielicht gebracht habe. Er habe sich durch verschiedene historische Faktoren selbst hineingebracht.

Es gibt Freunde, die nach Cuba fahren und kein Buch darüber schreiben, wenn sie zurückkommen, obwohl sie es vorhatten, weil Cuba dann in ein schlechteres Licht geraten würde. Diese Freunde unterschätzen einerseits die Wichtigkeit ihrer Bücher und zum anderen, wie wichtig es ist, die Wahrheit zu sagen.

Mit »die Wahrheit sagen« meine ich, was Aristoteles meinte: von dem, was ist, zu sagen daß es ist, und von dem, was nicht ist, zu sagen, daß es nicht ist.

Die Unterscheidung zwischen einer bürgerlichen und einer sozialistischen Wahrheit ist für mich allzu subtil. Eine auf der Flucht niedergeknüppelte Frau bleibt für mich eine niedergeknüppelte Frau. Keine Diskussionen über unterschiedliche Wahrheits- und Objektivitätsbegriffe können sie weniger niedergeknüppelt machen.

Es ist wichtig, das festzuhalten, auch wenn man sich damit leicht Feinde macht, selbst unter Menschen, die man respektiert. Sonst ist jeder Versuch, die Gegenwart zu analysieren, etwas ähnliches, wie wenn man eine nasse Seife festzuhalten versucht.

Ich meine, mein Interesse an der Wahrheit ist meine Legitimation. Ich meine, es ist meine historische Aufgabe, ein Zeuge, ein Reporter zu sein. Dies ist eine Aufgabe, die ich meinen Gedichtsammlungen, meinen Romanen, meinen Essays immer deutlicher zuzuteilen beginne.

Was *eigentlich* darin zu lesen ist, wissen wir noch nicht. Die Geschichte wird es an den Tag bringen, genau wie bei dem Photographen, der 1914 ein Bild von einer jubelnden Volksmenge vor der Münchner Feldherrenhalle schoß, ohne zu wissen, daß das kleine schnurrbärtige Gesicht inmitten des Bildes, umgeben von hundert anderen, Adolf Hitler war.

Ob dem Zeugen ein bürgerliches Bewußtsein oder ein proletarisches, ein agrarisches oder ein intellektuelles zuzuschreiben ist, das ist aus dieser Perspektive weniger bedeutungsvoll. Eines schönen Tages wird das Negativ ganz entwickelt sein, das Bild

..ird deutlich hervortreten, und was für ein Negativ es war, auf das das Licht eingewirkt hat, ist dann von zweitrangigem Interesse angesichts der einzigen objektiven Qualität des Bildes: seiner Wahrheit.

Solche Entwicklungsprozesse können oft peinlich sein.

Ich meine, wir schreiben auf Blätter, auf denen die Schrift nur teilweise sichtbar ist, während wir schreiben. Erst nach langer Zeit wird die Schrift vollständig.

Deshalb die unabweisliche Forderung, die Wahrheit zu sagen, die Wahrheit so zu sagen, wie man sie jetzt sieht.

Nur so kann man mit einiger Gemütsruhe dem historischen Entwicklungsprozeß entgegensehen.

Damit bin ich an dem Punkt angelangt, wo diese Diskussion mich stark beeinflußt und meinen Standpunkt verändert hat. Ich stehe der marxistischen Überbautheorie jetzt bedeutend wohlwollender gegenüber als am Anfang, als ich mein erstes Kapitel schrieb.

Ist das Denken der Menschen von ihren Interessen abhängig?

Eine erste Schwierigkeit besteht natürlich darin, daß wer darauf mit ja antwortet, denen, die mit nein antworten, immer erwidern kann, es liege in ihrem Interesse, mit nein zu antworten.

Solche eingebauten Sicherungen sind ja nun in einer wissenschaftlichen Theorie nicht gut. In einer schlechten Psychoanalyse gibt es etwas Ähnliches: die Skepsis gegen die psychoanalytische Theorie kann als Widerstand gegen die Analyse abgetan werden. So wird die Kritik von vornherein entwaffnet.

Wäre Kant in der Frage der synthetischen Urteile a priori zu einer anderen Ansicht gekommen, wenn Preußens gesellschaftliche Basis zur Entstehungszeit der »Kritik der reinen Vernunft« eine andere gewesen wäre?

Meiner Ansicht nach ist das eine unsinnige Frage. Kants Standpunkt in der subtilen erkenntnistheoretischen Frage nach der Natur der synthetischen Urteile folgt aus den Prämissen, die er gewählt hat, und diese Prämissen wählt er deshalb, weil sie ihm auf Grund seines umfassenden philosophischen Wissens und seiner logischen Fähigkeiten (die nun einmal zu den besseren in der Weltgeschichte gehören) vernünftig erscheinen.

Handelt Immanuel Kant im Interesse einer Klasse, wenn er erklärt, daß synthetische Urteile a priori möglich seien?

Sonderbarerweise ist es durchaus möglich zu sagen, daß er das tue, oder doch zumindest, daß das Ergebnis, zu dem er gelangt, ein starkes Interesse der Gesellschaft, in der er lebt, widerspiegele:

Wenn es so ist, daß synthetische Urteile a priori möglich sind, d. h. wenn es Wahrheiten gibt, die nicht aus der Erfahrung hergeleitet sind, sondern direkt aus unserer Vernunft, und diese Wahrheiten etwas anderes sind als triviale Wiederholungen vom Typ $2 + 2 = 4$ (wo also nur zwei Summenbezeichnungen dieselbe Menge ausdrücken), dann ergeben sich daraus tatsächlich viel stärkere Argumente für einen Gott, die lutherische Religion und die preußische Pflichtmoral als wenn man sich beispielsweise auf Lord Russels Standpunkt stellt, daß alle apriorischen Wahrheiten trivial seien und daß alle Wahrheiten, die etwas Interessantes über die Wirklichkeit aussagen, sich auf die Erfahrung gründen müßten.

Gott und die Pflichtmoral sind natürlich die stärksten ideologischen Interessen der preußischen Monarchie. Und ein Philosoph, der zum gleichen Zeitpunkt den gegenteiligen Standpunkt, also Lord Russels, vertreten hätte, wäre für Preußen tatsächlich von sehr viel geringerem Nutzen gewesen. Hätte er die Konsequenzen gezogen und über Moralfragen so geschrieben, wie Lord Russel es tut, dann hätte er zudem die Zensur und einen Prozeß wegen Gotteslästerung an den Hals bekommen.

Nur ein sehr naiver Mensch könnte sich einreden, daß Immanuel Kants Ansichten über die Natur des Urteils käuflich gewesen seien. Die Vorstellung, er hätte mit Orden und Stipendien dazu gebracht werden können, eine seiner Ansichten in einer späteren Auflage der »Kritiken« zu ändern, ist absurd. Sein Diener Lampe wäre angewiesen worden, jeden, der so etwas vorgeschlagen hätte, vor die Tür zu setzen, selbst wenn das Schafott gedroht hätte.

Aber es könnte vielleicht bedenkenswert sein, daß Heine, als er 1835 sein »De l'Allemagne« herausgibt, mit dem Gedanken spielt, es sei vielleicht die Angst vor der Polizei, die dem scharfen Kontrast zwischen der Destruktivität von Kants theoretischer Philosophie und der konstruktiven Tätigkeit seiner praktischen zugrunde liege. Ich zitiere nach Heines »Sämtliche Werke« in der Ausgabe von Ernst Elster, Bd. 4, Leipzig o. J., S. 259:

»Nach der Tragödie kommt die Farce. Immanuel Kant hat bis hier den unerbittlichen Philosophen traciert, er hat den Himmel gestürmt, er hat die ganze Besatzung über die Klinge springen lassen, der Oberherr der Welt schwimmt

unbewiesen in seinem Blute, es gibt jetzt keine Allbarmher-
zigkeit mehr, keine Vatergüte, keine jenseitige Belohnung
für diesseitige Enthaltsamkeit, die Unsterblichkeit der Seele
liegt in den letzten Zügen – das röchelt, das stöhnt – und der
alte Lampe steht dabei mit seinem Regenschirm unterm
Arm als betrübter Zuschauer, und Angstschweiß und Thrä-
nen rinnen ihm vom Gesichte. Da erbarmt sich Immanuel
Kant und zeigt, daß er nicht bloß ein großer Philosoph, sondern auch ein guter Mensch ist, und er überlegt, und halb
gutmütig und halb ironisch spricht er: ›Der alte Lampe muß
einen Gott haben, sonst kann der arme Mensch nicht glücklich sein – der Mensch soll aber auf der Welt glücklich sein
– das sagt die praktische Vernunft – meinetwegen – so mag
auch die praktische Vernunft die Existenz Gottes verbür-
gen.‹ Infolge dieses Arguments unterscheidet Kant zwischen der theoretischen Vernunft und der praktischen Vernunft, und mit dieser, wie mit einem Zauberstäbchen,
belebte er wieder den Leichnam des Deismus, den die theoretische Vernunft getötet.

Hat vielleicht Kant die Resurrektion nicht bloß des alten
Lampe wegen, sondern auch der Polizei wegen unternommen?«

(Und Leibniz hatte zwei Versionen seiner Philosophie parat, eine
zum Gebrauch bei Hofe und eine zu einem sozusagen mehr intellektuellen Gebrauch. Das hat Lord Russell gerade in einer
glänzenden Studie nachgewiesen.)

Die Beziehung zwischen Kants Philosophie und der Gesellschaft, in der er lebte, hat man sich viel komplizierter vorzustellen. Daß Kant zu dem Ergebnis kommt, zu dem er kommt, beruht auf seinen Prämissen. Wenn man von etwas anderem
ausgeht, wird es fast unmöglich zu erklären, warum die Philosophiegeschichte im Laufe der Zeit tatsächlich Veränderungen unterworfen ist, und ebenso unmöglich zu erklären, warum sie sich
in bestimmten Punkten nicht verändert, sondern tatsächlich
hartnäckig immer wieder zu bestimmten Fragen zurückkehrt.

Daß Kant in den erkenntnistheoretischen Kernfragen nicht zu
einem radikaleren, also weniger idealistischen Standpunkt
kommt, beruht nicht auf Orden, Bestechungsgeldern und Fünf-
zigtausend-Taler-Preisen, sondern darauf, daß ein radikalerer
Standpunkt in seiner historischen Situation kaum *möglich* ist.

Jeder, der auch nur die geringste Ahnung von der Ideengeschichte hat, sieht das natürlich ein. Für Kant sind gewisse Ansichten selbstverständlich. Er muß seine Prämissen so wählen, daß sie dem Selbstverständlichen in seiner intellektuellen Ausrüstung nicht widersprechen. Eine solche Selbstverständlichkeit ist die gesetzmäßige Ordnung der Gesellschaft, eine andere ist der freie Wille, der es ermöglicht, Menschen zur Verantwortung zu ziehen, die dagegen verstoßen, eine dritte Selbstverständlichkeit ist, daß es möglich sein muß, eine Handlung zu vollbringen, ohne daß man eine Belohnung dafür erwartet.

Es ist durchaus mit der Integrität des Denkens zu vereinbaren, daß es durch den begrifflichen Rahmen begrenzt ist, den uns unser Platz in der Geschichte steckt.

Der Philosoph befindet sich in der Situation des Hundes: ist die Tür nicht geöffnet, so muß er sich davor niederlegen und darauf warten, daß sie sich öffnet. Öffnet sie sich nicht zu seinen eigenen Lebzeiten, dann öffnet sie sich vielleicht später jemand anderem.

Astronomische Abgründe trennen das intellektuelle Niveau des deutschen Idealismus von dem, das Herr Svensson vom Ausschuß für Psychologische Verteidigung repräsentiert, das du so verdienstvoll in deinem Brief analysierst.

Gleichwohl dürfen wir uns nicht Angst machen lassen. Auf die Gefahr hin, tief zu fallen, tun wir den Sprung.

Ist der Redakteur Olle Svensson ein Heuchler? Lächelt er heimtückisch in den Spiegel, wenn er nach einem Lunch mit dem Vorsitzenden des Gemeindeverbands auf die Herrentoilette des Opernrestaurants geht?

Es kommt ja manchmal vor, daß Leute einen etwas amüsanteren Charakter haben als ihnen zunächst anzusehen ist, aber im Falle von Herrn Svensson bin ich auf keine Überraschungen gefaßt.

Ich glaube, daß er durchaus in gutem Glauben redet, wenn er sich einbildet, eine öffentliche Kritik am Vorgehen der Behörden sei undemokratisch, sofern sie nicht von Ombudsmännern vorgebracht werde.

Der Grund für seine Ansicht liegt natürlich darin, daß er sich in einer historischen Situation befindet, in der eine gegenteilige Annahme eine Konsequenz haben würde, die *unerträglich* wäre. Wenn du, sein Gesinnungsgegner, recht hättest, wäre er nicht nur überflüssig, sondern geradezu schädlich für genau die Dinge, die er angeblich verteidigen möchte.

Vor die Wahl gestellt, sich entweder in einer Abteilung der Nervenklinik Ulleråker in die Schattenwelten der schizophrenen Sprache zurückzuziehen, oder davon auszugehen, daß Myrdal so redet wie er es tut, weil er *eigentlich* die Demokratie haßt und gegen die Freiheit ist, entscheidet sich ein robuster sozialdemokratischer Chefredakteur selbstverständlich sofort für das letztere.

Svensson ist also ein Ehrenmann. Er lügt nicht. Er existiert. Wie alle Geschöpfe unter der Sonne möchte er ein notwendiges Leben führen, nicht ein unnötiges.

Doch die Selbstverständlichkeit dieser Wahl zwischen der Schizophrenie und dem Ehrenmann ist in Wirklichkeit ein außerordentlich starkes Argument für die marxistische Überbautheorie.

Wohlgemerkt: bei einer solchen Darstellung ist die Theorie weder mechanistisch, noch behindert sie die Annahme, daß Schlüsse kraft der Regeln logischer Schlußfolgerungen aus ihren Prämissen folgen.

Es *gibt* Menschen, die die Schizophrenie wählen, wenn alle anderen Auswege einer existentiellen Motivierung ihnen verschlossen erscheinen:

»Bei Impotenz kann man folgende latente Phantasien finden. Das Individuum befürchtet, seine genitalen Funktionen zu verlieren, darum benutzt es sie nicht (vermeidet Kastration), indem es kastriert erscheint. Es wehrt Kastrationsdrohung ab, indem es sich einredet, es sei kastriert und entsprechend handelt. Die Abwehr des Psychotikers beruht auf dem gleichen Prinzip, aber sie wird nicht im Hinblick auf Penisfunktionen, sondern im Hinblick auf das Selbst eingesetzt. Es ist die letzte und paradoxeste, absurde Möglichkeit der Abwehr, keine magische Abwehr kann darüber hinausgehen. Und sie ist, soweit ich sehen konnte, in der einen oder anderen ihrer Formen die grundlegende Abwehr in jeder Form von Psychose. In ihrer generellsten Form kann sie definiert werden als: *die Negation des Seins als Mittel, Sein zu bewahren.* Der Schizophrene fühlt, er hat sein ›Selbst‹ getötet, und das scheint den Sinn zu haben zu vermeiden, daß Sein getötet wird. Er ist tot, um lebendig zu bleiben.« (R. D. Laing: Das geteilte Selbst, übersetzt v. Christa Tansella-Zimmermann. Köln: Kiepenheuer & Witsch 1974, S. 184f.)

Das Dreieck: *Philosophie – Gesellschaft – Schizophrenie* ist keine literarische Metapher in meiner Argumentation. Es ist eine ernsthafte Behauptung.

Irgendwo müssen wir hin. Wenn es nichts gibt, wo wir hin-können, muß der Verstand zu überleben versuchen, indem er sich selbst auslöscht Das Laingsche Paradox, das eigene Sein zu negieren, als Mittel, das Sein zu bewahren, wird Wirklichkeit.

Wenn wir den Gedanken akzeptieren, daß bestimmte Ideen zu einem bestimmten historischen Zeitpunkt notwendig werden, nicht nur möglich, sondern auch notwendig, scheint es eine einleuchtende Konsequenz zu sein, daß bestimmte Ideen zur gleichen Zeit unmöglich, d. h. psychologisch unmöglich werden, im Sinne von untragbar für das gesellschaftliche Interesse.

Es fällt mir schwer, mir eine rationale Überbautheorie vorzustellen, die nicht gleichzeitig eine soziale Theorie der Schizophrenie enthält, die nichts anderes ist als die Kehrseite der gesellschaftlichen Lüge: der Zustand derer, die gezwungen sind, sich auszulöschen.

Ein zentraler Gedanke bei Marx ist ja, daß die bürgerliche Revolution, die im Interesse einer bestimmten neuen Klasse, nämlich des Bürgertums, durchgeführt wird, sich eine Legitimation verschaffen muß, indem sie im Interesse der gesamten Menschheit spricht. Das geschieht durch die Parolen: Freiheit. Gleichheit. Brüderlichkeit.

Zu einem bestimmten Zeitpunkt fällt tatsächlich das Interesse dieser Klasse mit dem der Menschheit zusammen.

Nach 1848 tut es das nicht mehr. Aber die Klasse muß weiterhin so reden, *als ob* sie im Interesse der Menschheit handelte. In diesem Augenblick entsteht die öffentliche Lüge, das Verhalten der Handelnden stimmt nicht mehr mit dem überein, was sie zu tun vorgeben, und das Sonderbare ist, daß alle klar und deutlich *sehen*, daß es so ist, ohne daß jemand es sagt. Das Öffentliche an der öffentlichen Lüge ist ihr wichtigstes Merkmal.

Und tatsächlich, im Jahre 1835 kommen H. C. Andersens »Eventyr og historier« (»Märchen und Geschichten«) heraus. 1837 erscheint das dritte Heft mit der Erzählung »Des Kaisers neue Kleider«.

»Alldieweil die Gesellschaft auf gebrochene Übereinkünfte gegründet ist, das heißt auf Lügen, sind die ursprünglich einfachen Verhältnisse so kompliziert geworden, daß die öffentliche Lüge zu einer ständigen Notwendigkeit, einer Art stillschweigenden gesellschaftlichen Übereinkunft geworden ist, die nicht ohne große Gefahren gebrochen werden kann. /. . ./

Wir sind oft von unseren Mitmenschen entzückt, wenn wir sie bei einem fröhlichen Beisammensein treffen! Warum? Sie hören auf zu lügen! Sie sind wahrhaftig! Man ist bezaubert von seinem erbittertsten Widersacher, weil man entdeckt, daß er das, was er gesagt hat, nicht in vollem Ernst gemeint hat, und wir verstehen, daß die Umstände (die Gesellschaft) ihn dazu gezwungen haben, eine Dummheit zu verfechten. Er ist vielleicht bereit, das einzugestehen, wenn er sich erwärmt, und die schlimmsten Streithähne können einander zulächeln wie Auguren, wenn sie sich bei einem Zechgelage treffen – solange man nur keine Reden hält, denn dann steht man in der Öffentlichkeit, und da muß gelogen werden.« (August Strindberg: Om den offentliga lögnen, kanoniseringar och festtal. [»Von der öffentlichen Lüge, Kanonisationen und Festreden«.] Aus: Det nya riket [»Das neue Reich«], 1882.)

Eine Unklarheit, die man manchmal in vulgärmarxistischen Argumentationen antrifft, ist die Verwechslung zwischen dem Überbau als allgemeinem Phänomen, d. h. daß bestimmte Gedanken zu einem bestimmten Zeitpunkt notwendig sind, andere unmöglich, und der öffentlichen Lüge. Eine vernünftige Überbautheorie muß bei der Ideologie vollständige Aufrichtigkeit, höchste Anstrengungen und absolute Redlichkeit voraussetzen, bevor eventuell das Gegenteil bewiesen worden ist. Die Philosophen der Aufklärung sind bei Gott keine Heuchler.

Auch die Politik gehört in der marxistischen Philosophie zum Überbau, ein Gesichtspunkt, der so oft vernachlässigt wird, daß es der Mühe wert sein kann, ihn in einem Jahrzehnt hervorzuheben, wo junge Eiferer über das Verhältnis zwischen Literatur und Politik so reden, als sei die Literatur irgendwie weiter von der gesellschaftlichen Basis entfernt als die Politik. Beide gehören zum Überbau. Sie können aufeinander einwirken, sind aber natürlich keineswegs völlig abhängig voneinander.

Heuchelei, d. h. öffentliche Lüge, wird erst in dem Moment zu einer Ideologie, wo diese gestorben ist und mit künstlichen Mitteln aufrechterhalten werden muß. Dieser Zustand ist ein Sonderfall, und er fasziniert mich. Man stößt darauf in Gesellschaften, die ausgeprägte Harmonietheorien über sich selbst haben.

Unter extremen Verhältnissen, d. h. wenn die Kluft zwischen der offiziellen Ideologie der Gesellschaft und der Ideologie, nach der sie wirklich handelt, *sehr* groß wird, wie in Schweden, den USA und einer ganzen Menge anderer moderner Staaten, drängt sich das Gefühl einer *heimlichen Regierung* immer mehr auf. Der Watergateskandal, die IB-Affäre und andere herausragende Rechtsskandale in den letzten Jahren können ja als Zeichen für Bewegungen im System betrachtet werden. Die Widersprüche werden allzu groß. Man probiert, wie weit die Bedeutungen der Worte strapaziert werden können, bevor sie explodieren. Es entsteht eine Krakelee, Risse laufen mit wahnsinniger Geschwindigkeit in unvorhergesehene Richtungen, einen Augenblick meint man, den Pulsschlag und das Atmen der wirklichen Gesellschaft unter der harten, blanken Oberfläche zu vernehmen.

Die schizophrene Bedrohung muß abgewehrt werden.

Die »Affäre« im politischen Sinn des Wortes läßt sich durchaus als eine Art betrachten, sie abzuwehren. Die Affäre, die sensationelle Enthüllung, die Suche nach Sündenböcken bestätigt den Verdacht, den alle schon lange gehegt haben. Alle Versuche, die Öffentlichkeit davon zu überzeugen, daß es die Regierung hinter der Regierung nicht gibt, werden nur die Überzeugung stärken, daß es sie gibt. Die Affäre bestätigt die Öffentlichkeit der öffentlichen Lüge.

Aber sie ändert nichts an den grundlegenden Tatsachen, denn die grundlegenden Tatsachen durchdringen die gesamte Sprache, die gesamte Lebensführung, den gesamten Arbeitsstil der Staatsverwaltung.

Im fortgeschrittenen Zustand toter Ideologie erstreckt sich durch alle Ebenen, alle Grade der Öffentlichkeit in der Gesellschaft eine Art *Vieldeutigkeit*.

Die Dinge bedeuten das eine und zugleich etwas anderes. Und es ist allen *bekannt*, daß sie sowohl das eine als auch etwas anderes bedeuten.

Unter solchen Verhältnissen wird Wissen buchstäblich und unmittelbar zur Macht, insofern nämlich als derjenige, der bei einem Wort oder in jemandes Sprachgebrauch noch andere Bedeutungen (Denotationen) als die üblichen kennt, die Oberhand über den anderen gewinnt.

Folgerichtig wird *das Vorenthalten von Information* zu einem bedeutenden Machtmittel.

Während die ideologische Regierungsform eine parlamentarische Demokratie ist, besteht die reale Regierungsform nahezu aus einer Art Mafia, einem weitverzweigten Verbindungsnetz zwischen Eingeweihten, d. h. Informierten. Eine außerordentliche Loyalität nach außen hin und eine Sprache, die es durch ihre Vieldeutigkeit ermöglicht, daß diese Mafia völlig offen auftritt, als sei das die natürlichste Sache der Welt.

Einer von den zwei oder drei mächtigsten Männern in Schweden ist in der wirklichen Gesellschaft der Vorsitzende des Gemeindeverbandes. Eine staatliche Untersuchungskommission, die ihm nicht im voraus über ihre Pläne und Absichten Rechenschaft gibt, kann sich von vornherein als gescheitert betrachten. In der Verfassung sucht man natürlich vergebens sowohl nach dem Gemeindeverband als auch nach seinem Vorsitzenden. Der Begriff »Gemeindeverband« gründet sich natürlich auf die falsche Analogie zwischen einer Interessengemeinschaft der Gemeinden und einer Interessengemeinschaft von einzelnen, in der Art einer Gewerkschaft. Wie sollten aber Gemeinden als Staatsbürger in einer Interessengemeinschaft auftreten? Die Gemeinden sind ja die Repräsentanten des Volkes in lokalen Versammlungen, deren Tätigkeit und Befugnisse in der Verfassung festgelegt sind. Eine Interessengemeinschaft zwischen Gemeinden, das kann ja nichts anderes sein als der schwedische Staat!

Gleichwohl gibt es einen Gemeindeverband. Sein Vorsitzender ist wichtiger als die meisten Minister.

Wenn diese Organisation streng geheim wäre, hätten wir es mit der klassischen Form der Mafia zu tun. Der ehrenwerten Gesellschaft.

Unter dem Gesichtspunkt der Überbautheorie ist natürlich das Interessante daran, daß es gesellschaftliche Verhältnisse gibt, wo eine Organisation dieser Art völlig offen auftreten kann. Sie könnte jederzeit wenigstens neunundneunzig Prozent ihrer Korrespondenz veröffentlichen, das Fernsehen dazu einladen, ihre Vorstandsverhandlungen zu verfolgen, ohne daß eigentlich irgendwelche Sensationen ans Licht kommen würden.

Die sonderbare Tatsache, daß wir Parallelregierungen haben, ist auf der sprachlichen Ebene absorbiert worden, und der Gemeindeverband würde nur dann sonderbar erscheinen, wenn wir eine eindeutige und adäquate Sprache finden könnten, um ihn zu beschreiben.

Vom Gemeindeverband läßt sich also sagen, daß er ein Stück politische Wirklichkeit ist, das keinerlei Übereinstimmung mit dem offiziellen Überbau der Politik zeigt, wobei jedoch die Vieldeutigkeit der Sprache den Stoß dieses Widerspruchs auffängt.

Wenn wir uns einem anderen Bereich des Überbaus zuwenden, der Literatur, ist es natürlich selbstverständlich, daß auch er weitgehend von der Vieldeutigkeit infiziert ist.

Die Rolle des Schriftstellers unter den Verhältnissen der öffentlichen Lüge ist zweideutig.

Ein Bild des 19. Jahrhunderts vom Romanschriftsteller ist das einer Person, die eine Wand des Wohnzimmers abdeckt und das *private* (das »abgeschlossene« – privé) Leben im Tageslicht des öffentlichen Lebens zeigt. Vom Leser wird angenommen, daß er der geschilderten Klasse angehöre, die Verlockung besteht in seiner Möglichkeit eines mehr oder weniger partiellen Wiedererkennens: nichts ist ihm fremd, aber es ist ihm fremd, dem Privaten als einem öffentlichen Phänomen zu begegnen. Der Schriftsteller ist ein Schamane, ein Zauberer, der die Wirklichkeit umkrempeln kann, indem er die Grenze zwischen öffentlich und privat aufhebt. Fredrika Bremers Romane folgen diesem Modell.

Ein anderes Bild des 19. Jahrhunderts vom Romanschriftsteller: Eugène Sue, »Die Geheimnisse von Paris«. Der Romanautor öffnet dem schaudernden bürgerlichen Leser einen Spaltbreit die Tür zu einer fremden Welt. Einer von den Typen, die dabeigewesen sind, plaudert aus der Schule.

In beiden Fällen verstößt der Schriftsteller gegen die Prinzipien der Diskretion. Damit verliert er eine Form der sozialen Achtbarkeit. Ein Zauberer oder Medizinmann zu sein ist nicht respektabel, aber man wird gefürchtet.

In der heutigen Welt ist Modell Nummer zwei von größerer Aktualität als Modell Nummer eins.

Sue späht in die Schlupfwinkel der Diebe, Zuhälter und Hehler. Im Prinzip ist das derselbe Mechanismus, wie in die Labyrinthe der Herrschenden hineinzuschauen.

Mitte der sechziger Jahre schrieb ein Journalist, *Åke Ortmark*, ein paar sog. Machtspielbücher, d. h. Reportagen, die vorgaben, die Stellen zu schildern, wo sich in Schweden die Macht befindet.

Diese Bücher waren nicht sehr tiefgründig, es waren seichte Kopien eines Buches, das seinerseits ziemlich oberflächlich war, nämlich Anthony Sampsons »The Anatomy of Britain«. Der Erfolg dieser Bücher war ungeheuer. Angeblich gesellschaftskritisch, konnten sie einerseits dem Leser das angenehme Gefühl vermitteln, durchs Schlüsselloch spähen zu dürfen, und obendrein hatten sie noch eine ganz andere Funktion: sie schmeichelten den Machthabern selbst.

Sie dienten als eine Art (sehr schlecht geputzte) moderne Fürstenspiegel. Schaudernden Lesern eröffnete sich ein Einblick in die Säle der Macht, und die Machthaber fühlten sich selbstverständlich geschmeichelt durch die Möglichkeit, daß man vor ihnen erschauerte.

Eine gesellschaftskritische Belletristik – und die gesellschaftskritischen Ambitionen sind Gottseidank heute noch in der schwedischen Literatur lebendig – läuft natürlich Gefahr, einem ganz falschen Überbau einverleibt zu werden, wenn sie nicht genügend Bewußtsein von ihrer eigenen Situation mitbringt.

Es liegt etwas Zweideutiges in der Rolle des Schriftstellers als »Enthüller«. Er ist gerade in seiner Enthüllerrolle schmeichelhaft für das Staatsleben. Er festigt die Identität der Machthaber. Ich bin gar nicht so sicher, daß die Bonzen es wirklich so sehr mißbilligen, wie sie vorgeben, wenn über die Bonzenherrschaft geschrieben wird.

Die Struktur unter der sichtbaren Struktur wird bestätigt, und wer möchte nicht bestätigt werden?

Es wäre eine sonderbare Schlußfolgerung aus meiner Argumentation, wenn man sie so verstehen würde, daß die Literatur nicht kritisch sein solle. Aber eine kritische Literatur, die sich ganz oder teilweise im sprachlichen System der Machthaber bewegt, muß, das ist meine Überzeugung, eine zweideutige Wirkung haben.

Neulich abends habe ich eine Fernsehsendung gesehen. Sie handelte von den Menschenrechten und war von lauter warmherzigen, empfindsamen, engagierten Leuten gemacht, die sich das Leiden in der Welt wirklich sehr zu Herzen genommen hatten.

Die Dichterin Elisabeth Hermodsson las Gedichte zur Begleitung von geschickt gefilmten afrikanischen Slums und rachitischen Säuglingen mit Fliegen in den Augenwinkeln.

In dieser Sendung redete man fast ununterbrochen von dem Leiden, das wir in der Welt erlebten. Eine ganze Weile verstand ich nicht, was damit gemeint war, dann kam ich dahinter, daß

»erleben« soviel bedeutete wie »im Fernsehen sehen«. Dann wurde mir der Zusammenhang ziemlich schrell klar. Was ich sah, war eine Art Unterhaltungssendung, bei der das unterhaltende Moment darin bestand, daß die Sentimentalität des Zuschauers mit Hilfe von Bildern über das Leiden in der Welt stimuliert wurde.

An diesem Punkt brach ich meine Studien ab. Ich habe meine Grenzen.

Eine »kritische« Literatur, eine kritische Kunst kann in einem Staat wie dem unseren keine andere Rolle spielen als die, dem großen Wolf den Rücken zu kraulen. Ich bin überzeugt, daß er, der Wolf, das mag.

Die tiefen Gefühle, das herzliche Mitgefühl, das überströmende Einfühlungsvermögen in die Situation des leidenden Mitmenschen, ach ja! Wir kennen all diese Phrasen aus den Buchrezensionen der Tagespresse.

Es ist leicht, für tiefe Gefühle von der Schwedischen Akademie und von Gustaf VI. Adolfs Fond für Schwedische Kultur Preise zu bekommen, auch wenn es tiefe Gefühle des Unbehagens und des Protests sind.

Die einzige Art, wie eine Literatur für die herrschenden Machtstrukturen bedrohlich werden kann, ist natürlich, wenn sie sehr intellektuell ist, d. h. so intellektuell, daß sie in Sprachkritik übergehen kann. Das ist ein größerer Sprung.

Für eine solche Literatur gibt es tatsächlich auch seltener ein Stipendium.

Beim Lunch erzählte ich Madeleine, daß ich am Ende dieses Buches gerade ein paar Zeilen über dieses Überbauphänomen schreibe: die vage empfindsame Protestliteratur als Schmeichelinstrument der Gesellschaft.

Ihr fiel gleich eine bizarre Stelle in den Memoiren des Auschwitzkommandanten Höss ein, wo er erzählt, wie alle Offiziersgattinnen im Vernichtungslager eine Zeitlang Jacken für die süßen kleinen Zigeunerkinder strickten – im vollen Bewußtsein, daß sie binnen kurzem sterben würden und die Jacken nicht sehr lange tragen könnten.

Diese Episode ist, gelinde gesagt, zutiefst kompromittierend für das philantropische Gefühl. Sie sagt auch etwas über die Rolle der Sentimentalität im allgemeinen aus: es ist nicht unvereinbar mit dem Interesse der Unterdrücker, daß jemand öffentlich Tränen vergießt.

Wenn diese Tränen über Slums im fernen und auf alle Fälle unterentwickelten Afrika vergossen werden können, ist es nur umso besser.

Aber Tränen über das Seelenleben von Dieben, den Alltag von Arbeitslosen und Mädchen im Fürsorgeheim sind auch nicht so schlecht.

Das Wesentliche dabei ist, daß Tränen schneller produziert werden als Gedanken.

Hier beende ich meine Reflexionen zur Überbautheorie. Ich bin also zu der Überzeugung gekommen, daß sie, undogmatisch und pragmatisch angewandt, ein Analyseinstrument ersten Ranges darstellt.

Sie erklärt, warum das Leben der Intellektuellen in diesem Zeitalter ein Hundeleben ist, ein Warten vor der geschlossenen Tür.

Wir führen also, als Intellektuelle, eine Art Defensivkampf im Dunkeln, ohne für uns selber richtig klar formulieren zu können, was wir eigentlich verteidigen.

Der Überbau, in dem sich unsere Arbeit abspielt, ist kein gewöhnlicher Überbau. Die Projektion ist durch so viele Filter gegangen, daß jeder Begriff von verwischten Konturen, vier- und fünffachen Schattenbildern umgeben ist, ungefähr wie bei einem Fernsehapparat mit einer wirklich schlechten Antenne. In dieser großen Ungewißheit sind wir gezwungen zu handeln, zu agieren.

Daß die Grenze zur Schizophrenie in einem solchen Zeitalter ebenso verwischt erscheint, darauf haben viele Spezialisten hingewiesen. Ich habe den Verdacht, daß sie noch eine viel größere Rolle spielt. Ich glaube, daß sie einige von den Funktionen übernommen hat, die Marx' Überbau in einer älteren Industriegesellschaft zukam.

Das Haus kann nicht mehr nur mit einem Dachboden auskommen. Es braucht auch einen Keller.

. . . und im übrigen, sagte Y., unsere gemeinsame Freundin in der Wollmar Yxkullsgatan neulich, als sie mich anrief, anläßlich eines Romans, den sie gelesen hatte,

. . . und im übrigen habe ich nie verstehen können, warum es irgendeinen Widerspruch zwischen Optimismus und Pessimismus geben sollte.

Zu den Autoren

Lars Gustafsson: geb. 1936 in Västerås/Mittelschweden. Lyriker, Philosoph, Romancier und Kritiker. Nach Studien in Oxford und Upsala 1961 Promotion zum Dr. phil. Lebte 1973 als Stipendiat des Deutschen Akademischen Austauschdienstes in Berlin. Buchveröffentlichungen im Hanser-Verlag: Die Maschinen (Gedichte, 1967); Der eigentliche Bericht über Herrn Arenander (Roman, 1969); Utopien (Essays, 1970); Herr Gustafsson persönlich (1972); Wollsachen (Roman, 1974).

Jan Myrdal: geb. 1927 in Stockholm. Journalist, Kritiker, Gründer der Zeitschrift ›Folket i Bild/Kulturfront‹, Autor zahlreicher Romane, Kunsthistoriker – er ist einer der intelligentesten radikalen Intellektuellen Europas. Einige seiner Bücher sind auch in Deutschland erschienen (Bericht aus einem chinesischen Dorf; Die Albanische Herausforderung), seine Strindberg-Auswahl »Ein Lesebuch für die niederen Stände« als Band 49 der Reihe Hanser. Zur Zeit lebt er, wie vor ihm Lars Gustafsson, als Stipendiat des DAAD in Berlin (1975).

Lars Gustafsson im Carl Hanser Verlag

Die Maschinen
Gedichte. Aus dem Schwedischen von Hans Magnus Enzensberger.
1967. 80 Seiten. Broschur 14.80 DM.

Wollsachen
Roman. Aus dem Schwedischen von Verena Reichel. 1974. 228 Seiten.
Leinen 25.– DM.

Herr Gustafsson persönlich
Aus dem Schwedischen von Verena Reichel. ›hanser-manuskripte‹.
1972. 200 Seiten. Broschur 18.80 DM.

Der eigentliche Bericht über Herrn Arenander
Roman. Aus dem Schwedischen von G. A. Modersohn. Reihe Hanser
Band 19. 1969. 120 Seiten. Broschur 6.80 DM.

Utopien
Essays. Aus dem Schwedischen von Hans Grössel u. a. Reihe Hanser
Band 53. 1970. 132 Seiten. Broschur 8.80 DM.